부富의 얼굴, 신용

리더를 성공으로 이끌고 부자로 만드는 처세술

부(富)의 얼굴 사돈

이수광 지음

StarRich Books

부富의 얼굴, 신용

초판 인쇄 2014년 12월 10일
초판 발행 2014년 12월 20일

지은이 이수광
펴낸이 김광열
펴낸곳 (주)스타리치북스

책임편집 이혜숙
출판진행 한수지 · 최지현
편집교정 이상희
캘리그라피 조성윤
편집디자인 권대홍 · 조인경
경영지원 공잔듸 · 권다혜 · 김문숙 · 김지혜 · 김충모 · 명수인
문성연 · 손연주 · 심두리 · 이광수 · 이지혜 · 한정록

등록 2013년 6월 12일 제2013-000172호
주소 서울특별시 강남구 강남대로62길 3 한진빌딩 5층
전화 02-2051-8477
스타리치북스 페이스북 www.facebook.com/starrichbooks
홈페이지 www.starrich.co.kr

값 16,500원
ISBN 979-11-85982-02-1 13190

프롤로그

신용은 성공으로 이끌고
부자로 만들어준다

중국 명나라의 철학자 왕양명은 "사람은 반드시 자기 자신을 위하는 마음이 있어야 자기 자신을 극복하고, 자기 자신을 극복해야 비로소 자기 자신을 완성할 수 있다"라고 말했다. 자기 자신을 완성하는 것은 신용을 완성하는 것으로 이루어진다. 신용은 말[言]과 몸[行] 그리고 사람[人]에 대한 모든 것이다. 신용이라는 글자는 믿는다는 뜻[信]과 쓰임이라는 뜻[用]이 어우러져 있다. 이 말을 해석하면 능력이 있는 사람과 그 사람에 대한 믿음이다. 그래서 옛날의 현자들은 나를 알아주고, 나를 믿어주는 사람을 위해 목숨을 아끼지 않았고 미인은 자신을 사랑하는 사람을 위해 화장을 한다고 했다.

현대에 와서 신용의 의미는 약속 또는 계약을 성실하게 지키는 것으로 좁아졌다. 그러나 신용은 말과 행동, 그 사람이 지나온 과거[誠], 그 사람의 품격[口]까지 의미하는 것이다. 공자는 이 모든 것을 통틀어 예[禮]라고 했고, 예를 지키는 사람을 성인(聖人, 인간의 완성)으로 보았다.

신용을 잃으면 성공할 수도 없고 부자가 될 수도 없다. 아니 신용을 잃으면 당장 경제 활동에 제약을 받아 사회에서 밀려난다.

우리나라는 최근에야 신용의 중요성을 인식하고 신용불량자를 구제하는 각종 대책을 만들어내기에 여념이 없다. 교육부는 중·고등학교 교과서에 건전한 신용관리와 소비생활의 중요성을 인식하게 하는 신용교육을 실시하고 있다. 그러나 교과서를 활용한 교육이 경제적인 신용교육으로만 그친다면 원래 목적을 제대로 이룰 수 없을 것이다.

신용불량자가 400만 명에 이르게 된 것은 단순하게 개인의 책임이 아니라 사회 전체의 책임이고 국가의 책임이다. 국가와 사회의 지도자들이 거짓말을 밥 먹듯이 하여 신뢰를 잃은 상황에서 사회가 어떻게 바르게 돌아가겠는가.

중국 주나라 무왕은 도탄에 빠진 백성을 구제하기 위해 군사를 일으켰을 때 "나는 거짓말[食言]을 하지 않는다"라고 선포했다. 식언이라는 말이 유래된 배경인데, 정치지도자들의 거짓말이 얼마나 큰 영향을 미치는지 살필 수 있는 대목이다.

고위 공직자들이 부정과 비리를 일삼고 수많은 정치인이 기업에서 정치자금을 받아 줄줄이 구속되어 국민의 탄식을 자아내는가 하면 실형을 선고받은 정치인들은 불과 몇 달을 살지 않고 형집행정지나 사면 등으로 석방된다. 이렇게 되면 법이 신용을 잃는다. 지도자들을 신뢰하지 않게 되고 사회적인 불만이 팽배한다.

일반인이 죄를 저지르면 좀처럼 가석방이나 사면·복권의 기회를 얻을 수 없다. 무전유죄無錢有罪, 유전무죄有錢無罪라는 인식이 우리 사회에 팽배해 있다면 누구나 한탕주의와 일확천금을 꿈꾸게 되고 건전한 신용사회는 설 곳을 잃게 된다. 우리 사회의 법조차도 공정하게 집행되지 않기 때문에 국민은 정치인들이나 기업가들을 신뢰하지 않는다.

물질만능주의와 배금주의가 사회를 휩쓸고 명품 바람이 한국 젊은이들에게 미친바람처럼 불고 있다. 신용불량자 400만 시대가 육박한 것은 사실상 불황 때문이 아니라 우리 사회에서 신뢰와 신용이 무너졌기 때문이다.

우리는 역사에서 철저하게 신용을 지키는 사람을 보았다. 신용을 지켜 진정한 부자가 된 사람들은 단순하게 부富를 축적하고 증식하는 데 만족한 것이 아니라 이를 가난한 사람들에게 나누어줘 공자가 말한 예의 완성, 성인의 경지에 이르렀다. 노블레스 오블리주를 실천하여 부의 분배 정의를 실현한 것이다.

《부富의 얼굴, 신용》은 신용을 단순하게 경제적 차원에서 보는 것이 아니라 사회 윤리적 차원에서 접근하여 건전한 신용사회를 이루고 개인의 성공에 도움을 주기 위하여 썼다. 특히 역사와 고전을 통해 신용문제를 꼼꼼히 살펴 오늘의 교훈으로 삼았으면 한다. 신용을 철저하게 지키고 행동하면 성공하게 되고, 부자가 될 수 있다.

2014년 12월 이수광

차례

프롤로그 · 5

1장 상인의 신용

1. 상인이 이익만 취하면 신용을 잃는다　　　14
2. 신용은 복이다　　　20
3. 사람을 의심하지 마라　　　27
4. 상인의 신용은 물건의 품질이다　　　35
5. 1년을 잘사는 법과 100년을 잘사는 법　　　39

2장 치자治者의 신용

1. 지도자가 모범을 보여야 한다　　　46
2. 신용을 지켜서 천하를 얻다　　　51
3. 참외가 익을 때를 또 기다려야 하는가　　　63
4. 약속을 지키지 않아 천하를 잃다　　　69
5. 지도자는 거짓말을 하지 않는다　　　80
6. 치자는 공평해야 한다　　　85

3장 신자臣者의 신용

1. 성실이 신용이다　　　104
2. 자식들 끼니를 이을 양식이 없었다　　　107
3. 미인의 목을 베어 신망을 얻다　　　114
4. 임금을 위해서는 자식도 죽인다　　　119
5. 선비는 자기를 알아주는 사람을 위하여 죽는다　　　130
6. 직언하는 것이 충성이다　　　137

4장 부모와 자식의 신용

1. 부모는 아이들에게 거짓말을 해서는 안 된다   144
2. 부모와 자식의 신용은 사랑으로 시작된다   148
3. 아들을 버린 아비와 아비의 원수를 갚은 아들   154
4. 자애慈愛가 없으면 사랑이 아니다   163
5. 아들이 아버지를 죽이다   168
6. 눈물로 얼굴을 씻다   175

5장 벗과의 신용

1. 진정한 벗은 어려울 때 돕는다   182
2. 흰 수레와 흰 말   187
3. 백사 이항복과 한음 이덕형   195
4. 미생지신   200
5. 관포지교의 관중과 포숙   202
6. 친구를 배신하여 멸망하다   209

6장 부부의 신용

1. 남녀의 결혼은 계약이다   224
2. 목숨을 잃더라도 버리지 않은 부부의 신의   228
3. 결혼은 약속이다   232
4. 네 이웃의 여자를 담하지 마라   239
5. 한 번 쏟아진 물은 다시 주워 담을 수 없다   246
6. 죽음도 부부를 갈라놓지 못했다   254

7장 여러 나라의 신용

1. 유대인의 신용   266
2. 일본인의 신용   276
3. 중국인의 신용   280
4. 미국인의 신용   284
5. 한국인의 신용   291

8장 말의 신용

1. 말에는 책임이 따른다   298
2. 말 한마디가 심장을 수술하게 했다   302
3. 헛된 말이 반란을 일어나게 하다   311
4. 말의 신뢰는 진실에 있다   316
5. 어리석은 자는 식언으로 목숨을 잃는다   319
6. 더러운 말과 착한 말   324

에필로그 · 331

1
상인의 신용

무염은 끝내 쌀을 팔지 않고 저녁때가 되자 왕노인에게 쌀을 배달했다.
왕노인은 다른 사람들에게서 무염이 자기보다 다섯 배나 더 주겠다는 사람에게조차
쌀을 팔지 않았다는 말을 전해듣고 깊이 감동했다.

1장
상인의 신용

신용은 누구에게나 필요하지만 특히 강조되는 것이 상인의 신용이다. 상인의 신용은 얼핏 생각할 때 계약을 잘 지키는 것으로 국한할 수 있지만 여러 분야로 나누어 생각할 수 있다. 중국 상인들은 거래할 때 계약만 중요시하는 것이 아니라 상인相人이라고 하여 사람에 대한 믿음, 상물相物이라고 하여 제품에 대한 신뢰, 상택相宅이라고 하여 그 사람의 재산까지 살펴보고 거래했다. 이처럼 중국 상인들이 여러 가지 면으로 거래하는 사람을 평가한 것은 상거래가 그만치 어렵기 때문이다.

우리나라에는 부보상負褓商이 있었다. 부보상은 보부상褓負商이라고도 하는데 부상負商과 보상褓商을 합쳐 이르는 말이다. 보부상은 일제 강점기에 일본인이 부보상을 보부상으로 바꾸어 부른 것이다.

부상은 등에 짐을 지고 다니면서 물건을 파는 사람들이고 보상은 보따리를 머리에 이고 다니면서 파는 사람들이다. 즉 등짐장수와 보따리장수다.

부보상은 신용을 철저하게 지켰다.

1. 상인이 이익만 취하면 신용을 잃는다

상인의 이익은 적절한 선에서 유지되어야 한다. 상인의 이익이 지나치게 적어도 안 되지만 폭리를 취해도 고객을 잃고 신용을 잃는다. 조선시대 상인들이 여러 가지 상도를 지켜온 것은 사실이나 그에 못지않게 폭리를 취하여 시장을 문란하게 하고 백성들의 삶을 피폐하게 한 폐단도 적지 않았다. 특히 18세기가 되면서 조선은 상업이 크게 발달하여 많은 사람이 상업에 종사하게 되었고, 이로써 전통적인 상인의 미덕이었던 신용을 지키지 않아 상도를 잃는 폐단이 생기면서 신용사회가 붕괴되고 사회적으로 많은 혼란을 불러왔다.

조선시대 순조 33년(1833) 정초부터 조선의 미곡상들은 쌀값이 오르지 않자 폭리를 취하기 위해 담합한 뒤 한양에 쌀을 들여오지 않았다. 미곡상들이 한양에 쌀을 공급하지 않으면서 한양의 쌀가게들이 모두 문을 닫게 되었고, 쌀값이 폭등했다.

하루하루 쌀을 사서 먹어야 하는 백성들은 당장 굶어야 하는 처지가 되고 말았다. 도성의 수만 가구가 쌀을 사지 못해 아우성치면서 돌아다니고 굶주리는 사람들이 속출했다. 한양의 민심은 흉흉해졌다. 쌀을 살 수 없는 이유가 폭리를 취하기 위해 거상들이 농간을 부렸기 때문이라는 사실이 밝혀지면서 불온한 공기가 감돌더니 마침내 장안에 엄청난 폭동이 일어났다. 흥분한 백성들이 몽둥이를 들고 떼를 지어 몰려다니면서 미곡상들을 습격하여 불을 질러 많은 민가와 쌀가게가 불에 탔고 미곡상들이 난민들에게 몰매를 맞았다. 폭동을 일으킨 난민들은 울부짖으면서 한양의 저잣거리를 휩쓸고 다니더니 급기야 조정에까지 저항할 조짐을 보였다. 이에 경악한 조정은 포도청과 병조를 동원하여 난민들을 모조리 체포해 조사한 뒤에 순조 임금에게 보고서를 올렸다.

……대개 강상에 곡식을 모아둔 것이 올해와 같이 넉넉한 적이 없었던 까닭으로 2월 10일부터 15일 사이에 쌀값이 조금 헐해져서 백성들이 이에 힘입어 편안하게 살 수 있었습니다. 그런데 강가의 상인들은 쌓아둔 곡식 값이 뛰어오르지 않는 것을 안타깝게 여겨 여객旅客들을 지휘하여 곡식을 감추게 하고 저잣거리 장사꾼들과 야합하여 값을 더하게 했습니다.

2월 스무날부터 그믐날 이래로는 한 바리, 한 짐의 곡식도 도성에 들어오지 못하게 하더니, 여객 10여 명 가운데에서 한 사람만이 행매行賣하고 나머지 사람들은 모두 가게를 닫아버렸습니다. 이와 같은 짓을 차례로 돌려가면서 한 까닭에 쌀을 사려는 사람들이 한곳에 부쩍 모이게 되니, 쌀값이 다락같이 뛰어오르지 않을 수 없었습니다.

3월 초 6일, 7일 사이에 쌀값이 갑자기 곱절로 뛰어올랐고, 초 8일에 이르러서는 서울의 가겟방을 닫아버리는 극단에 이르렀습니다.

성 안 백성들은 가게에서 쌀을 사다가 끼니를 끓여왔는데 하루아침에 쌀가게들이 문을 닫아 빈 자루를 가지고 돌아가지 않는 자가 없었습니다. 그리하여 울부짖는 사람이 길가에 가득 찼고 분하여 꾸짖는 사람들이 거리를 메웠으며, 굴뚝에서는 연기가 나오지 않아 경색(景色, 거리 모습)이 참혹하였으니, 또한 예전에 없던 변고였습니다. 무지한 백성들이 굶주림을 참고 분한 마음을 머금었으니, 무슨 변고인들 생기지 않았겠습니까?

순조 33년 3월 10일 비변사에서 임금에게 아뢰었다. 미곡상들이 담합하여 쌀을 팔지 않아 백성들이 울부짖었다고 하니 그 참상이 어떠했을지 짐작할 수 있을 것이다. 조정에서는 처음에 단순한 난민 무리로 오해하여 김광헌 등 주모자 일곱 명을 재빨리 잡아들여 참수하고 나머지는 석방했다. 그러나 폭동이 일어난 원인을 살펴보니 뜻밖에 상인들의 담합에 따른 농간이 있었다.

대저 일곱 놈의 죄는 만 번 죽어도 오히려 가볍지만, 그 근본을 자세히 살펴보면 먹을 것을 구하다가 얻지 못하여 용서받지 못할 죄를 범해서 죽게 된 것입니다. 비록 산업産業을 절제하여 굶주린 백성이 없도록 하지는 못하였을지라도, 강가의 가게와 서울 저잣거리에 쌓아둔 곡식에 간사한 짓을 미리 금지하지 못하여 곡식을 감추고 가게를 닫도록 내버려두어, 굶주림을 손 놓고 보고만 있다가 죽는 형벌을 받을 죄를 범하게 한 것입니다. 그런데 저잣거리 백성들과 강가의 상인들에 대해서는 하나도 일곱 명 목숨에 대거리한 자가 없었습니다.

저 죽은 사람들의 마음은 저들의 죄가 마땅히 죽어야 함을 알지 못하고, 이 무리만이 목숨을 보존하고 있는 것을 원망해보게 되었으니, 울분으로 화기和氣를 막는 단서가 되지 않겠습니까? 이것은 신의 말이 아니라, 곧 도성 안 천만 사람의 말입니다.

강가의 상인 가운데에서 곡식을 가장 많이 가졌으면서도 감추어두고 내지 않은 사람과 저잣거리 백성들 가운데서 문을 닫고 팔지 않아 난민들을 북돋우어 일어나게 한 자는, 청컨대 깊이 살피고 조사해서 일곱 놈에게 이미 시행한 율律을 적용하게 하소서.

형조판서 이면승李勉昇은 난민 일곱 명을 처형했으나 실제 원인은 상인들에게 있으니 그들도 모조리 잡아들여 사형에 처해야 한다고 피를 토하는 주장을 했다. 백성들의 원성이 하늘을 찌르니 악독한 미곡상도 처벌하라는 것이다.

참으로 경의 말과 같다면 한번 곤란하고 위급한 환경을 만난 사람들은 앞으로 하지 못할 짓이 없을 것이 아닌가? 그렇다면 난민 무리는 당초에 죽일 만한 죄가 없었고, 바로 이것은 조정의 형정刑政이 정당하지 못한 것이 되니, 참으로 부끄러운 일이다. 강가의 상인들과 저자의 백성들을 사형에 처하느냐, 아니 하느냐는 것은 오직 그 죄가 죽일 만한 것인지 아닌지를 보아야 할 뿐이다. 어찌 난민들의 분을 풀어주기 위해서 목숨으로 갚는 것처럼 할 수 있겠는가? 묘당으로 하여금 품의하여 처리하게 하라.

순조가 이면승의 상소에 비답批答을 내렸다. 조선 조정의 논의는 분분했다. 조정에서는 비상대책회의를 열어 폭동의 원인이 된, 담합 행위를 한 상인들을 형장刑杖을 때리고 귀양을 보내는 것으로 사건을 마무리 지었다. 그러나 상인들에게 죄가 더욱 크다고 말한 형조판서 이면승은 대신들의 빗발치는 반발에 부딪혀 파면되었다. 이면승의 파면은 참으로 억울한 일이었다. 결국 조정이 진상을 제대로 파악하지도 않은 채 난동을 부렸다는 이유만으로 처형한 잘못을 시인하는 결과가 되었는데, 시장 상인들의 로비가 맹렬했던 것으로 보인다.

신이 그윽이 살피건대, 전 세대에 흉년을 구제한 정책에서는 언제나 값을 더하여 장사치들을 불러오는 것을 좋은 계책으로 삼았습니다. 대개 쌀값이 높아지고 낮아지는 것은 실로 시세에 관계되니, 원래 인력으로서 억지로 할 수는 없는 것입니다. 요컨대, 쌀 장사꾼들이 많이 모이면 쌀값이 저절로 낮아지는 것이니 이와 같은 사리는 촛불을 밝힌 것과 같이 명백합니다.

대사간 홍영관洪永觀은 폭동 대책에 대하여 쌀값을 올리는 것이 오히려 장사치들을 불러모으는 방법이라고 상소를 올렸다. 얼핏 시장 기능에 맡겨야 한다는 주장으로 볼 수 있었으나 이것은 자연스러운 시장 기능이 아니라 담합에 따른 조정이었다.

조선시대 초기나 중기 상인들이 신용을 복福이라고까지 하면서 고객 위주 장사를 해왔던 상도를 완전히 버림으로써 사회적으로 큰 혼란을 불러왔고, 폭리를 취하려다가 결국 조정의 개입을 불러들이는 재앙을 초래했다.

미곡상들은 대부분 곤장을 맞은 뒤 귀양을 갔고, 사건을 무마하기 위해 뇌물을 많이 쓴데다 쌀을 원가에도 미치지 못하는 값에 팔아야 했기 때문에 이익은커녕 막대한 손해를 보았다.

신용을 복이라고까지 하면서 전통적인 신용교육을 해온 조선의 상인들이 말기에 이르러 이토록 폭리를 취하기 위하여 담합한 것은 혼란했던 정치 상황과도 무관하지 않다.

신용은 약속이나 계약만을 말하는 것이 아니라 적절한 가격까지 포함하는 고객과의 무언의 약속이다. 상인들이 갑자기 값을 올리게 되면 고객의 신뢰는 깨진다. 미곡상들은 이익을 많이 얻기 위해 고객의 신뢰를 헌신짝처럼 버렸기 때문에 폭동으로 발전한 것이다. 아랍과 아프리카에서 재스민혁명Jasmine Revolution이 일어났다. 재스민은 튀니지의 국화인데 튀니지에서 혁명이 일어났기 때문에 튀니지혁명이라고 불리게 되었다.

튀니지혁명은 독재에 항의한 민주혁명이다. 그러나 튀니지혁명을 자세하게 들여다보면 권력자들은 부를 독점하고 있었고 시민들은 굶주림에 시달리고 있었다. 시민들은 굶어죽지 않기 위해 혁명을 일으킨 것이다.

2. 신용은 복이다

우리나라 상인의 전통은 보부상에서 시작되었다. 보부상들은 비바람이 불거나 눈보라가 몰아쳐도 반드시 신용을 지켜야 장사를 할 수 있었고 많은 단골을 확보할 수 있었다.

상인들에게 신용은 목숨과 같은 것이어서 신용을 어떻게 지키느냐에 따라 돈을 벌거나 벌지 못한다. 신용을 지키는 것은 또한 단골손님을 확보하는 일이어서 조선시대 상인들은 단골손님 명부인 녹심첩錄心帖을 복첩福帖이라고 부르면서 애지중지했는데 단골을 잃지 않는 방법은 신용관리를 철저히 하는 것이었다.

아버지가 죽을 때 녹심첩을 물려주는 것은 단골손님 명부를 물려주는 것으로, 지금으로 말하면 가장 훌륭한 재산상속이었고, 아버

구한말의 보부상 모습. 보따리장수는 사치품을 취급한 반면 등짐장수는 값싼 생활용품을 주로 취급하였다.

지가 운영하던 상단의 모든 권리를 물려받는 것이었다.

구한말과 일제 초기에 조선 최고 부자로서 무역왕으로 군림했던 최봉준崔鳳俊은 러시아에 소와 콩을 팔고 러시아나 중국에서 비단을 비롯하여 진귀한 물품을 조선에 들여와 팔아서 당시에는 천문학적 숫자인 1,000만 원대 재산을 소유한 인물로 알려져 있다.

최봉준은 1850년 함경도 최북단 경흥 지방에서 태어났다. 평범한 농사꾼의 아들이었는데 1858년 미증유의 흉년이 함경도 일대에 휘몰아쳤다. 함경도 일대에서 수천 명이 굶어죽게 되자 최봉준 일가

1905년경 러시아 연해주 지역의 한인들. 러시아는 변방을 개척하기 위해 조선인의 연해주 이주를 토지와 물자를 제공하면서까지 장려하였다. 이로써 블라디보스토크에는 신한촌이 생겨나기도 했다.

는 같은 마을 13가구와 함께 두만강을 건너 연해주로 이주했다. 그들은 광활한 대륙에서 황무지를 개간하면서 농사를 짓기 시작했다. 러시아는 남진정책을 추진하기 위해 조선인 이주자들을 환영했고, 그들이 굶어죽지 않도록 밀까지 배급하면서 이민을 장려했다.

최봉준 일가와 함께 러시아로 이주한 13가구 구성원이 최초의 러시아 이민자들이었다. 그들은 지신허와 얀치헤 일대에 거주했으나 여전히 가난했다. 최봉준은 어릴 때부터 품삯을 받는 일을 했다. 하루는 매서운 추위를 무릅쓰고 일자리를 찾아다니다가 설원에서 길을 잃었다. 눈보라가 자욱하게 몰아치고 있었다. 그는 눈보라 속에서 쓰러져 죽어가다가 사냥을 나왔던 러시아 귀족에게 구조를 받았다. 최봉준은 러시아 귀족의 농장에서 18세 때까지 일하다 농장주가 죽자 지신허로 돌아와 가족과 만났다.

블라디보스토크는 당시 제정러시아가 부동항으로 개발하면서 군사가 많이 주둔하고 있었다. 최봉준은 블라디보스토크에서 채소장사를 하다가 군대에 채소와 곡물을 납품하게 되었다.

"최봉준은 착하다. 그를 만나면 복이 온다."

러시아인은 최봉준을 좋아했다. 그는 언제나 웃었고, 러시아인이 무엇을 부탁해도 웃는 얼굴로 들어주었으며, 약속을 하면 철저하게 지켰다. 최봉준이 러시아인을 향해 미소를 짓게 된 것은 처음 러시아에 왔을 때 말을 알아듣지 못해 미소로 얼버무리기 시작하면서부터다. 순박한 시골 출신인데다가 미소를 지으니 러시아인도 덩달아 미소를 지었다. 최봉준이 러시아인과 약속을 잘 지키게 된 것도 남의 나라에서 살아남으려면 약속을 지키지 않을 수 없었던 것이 자연스럽게 몸에 밴 것이다.

최봉준이 항상 웃자 러시아인도 웃게 되어 하루를 기분 좋게 보내고는 했다.

최봉준은 1910년을 전후하여 조선 최고 부자 반열에 올랐다. 1904년 러일전쟁이 발발하기 전부터 최봉준은 러시아 군대에 콩과 생우生牛를 납품했다. 러일전쟁을 앞두고 있어서 만주 일대에 러시아군 수십만 명이 주둔했는데 최봉준이 이들에게 콩과 소를 납품한 것이다. 워낙 큰 시장이 형성되었기 때문에 러시아 이민자들 중에 부자가 많이 나오게 되었다.

함경도에서 소를 수백 마리 수집하여 개마고원을 넘고 두만강을 건너 대륙을 횡단하여 러시아 군대에 납품하는 것은 쉬운 일이 아니었다. 그러나 최봉준은 모든 고난을 무릅쓰고 장사에 열중했다. 구한말 교통이 좋지 않은 당시 사정을 감안하면 사실상 기적과 같은 일이었다.

해발 1,500미터 이상 되는 개마고원을 비바람을 헤치고 종단하는 일도 어려웠으나 당시 만주에는 마적들의 횡포도 극심했다. 최봉준은 목숨에 위협을 받으면서 철저하게 신용을 지켜 군납을 더욱 많이 하게 되었고, 그 결과 조선 최고 거부가 된 것이다.

최봉준은 훗날 '준창호'라는 3,000톤급 무역선까지 사들여 중국, 러시아와 무역하여 장보고 이후 가장 주목받는 무역왕으로 불렸고, 독립운동을 고취하는 《해조신문》을 발행하는가 하면 안중근 의사가 하얼빈에서 이토 히로부미를 암살했을 때 변호사 비용을 대주기까지 했다. 이와 같이 최봉준이 러시아에 군납을 하게 되고 그들에게 인정받은 것은 조선 상인들의 전통인 신용을 물려받았기 때문이다.

조선시대 개성상인들이나 한양 종로에 있던 육의전六矣廛 상인들은 녹심첩을 장첩長帖 또는 복첩이라는 별칭으로 부르면서 애지중지하여 조상들의 신주와 나란히 모셨다. 이들은 단골손님을 복인福人이라고 했는데 개성상인이나 육의전 상인들은 단골손님을 확보하려면 신용을 잘 지켜야 했기 때문에 신용을 복이라고 하면서 상술의 으뜸에 놓았다.

최봉준이 러시아 블라디보스토크에서 창간한 《해조신문》(1908년 4월 21일자). 《해조신문》은 해외에서 우리말로 발행된 최초의 일간신문이었는데, 최봉준은 이 신문을 통해 일본 제국주의의 침략을 규탄하고 국권회복운동을 전개하였다.

　육의전 상인들은 해마다 재신당(財神堂)이라고 부르는 동대문의 동묘(東廟, 관우 사당)에 제사를 지냈는데, 제사가 끝나면 자녀들에게 복을 빌기 위해 신용을 가르치는 행사를 벌였다. 신당 앞에 큰 느티나무가 있는데 아이들에게 그 나무에 올라가 나뭇가지를 붙잡고 매달리게 했다. 그리고 가지 끝으로 조금씩 옮겨가다가 한 손을 놓게 하여 아슬아슬하게 매달리게 해서 상인이 신용을 지키지 않으면 나뭇가지 끝에서 떨어지듯 상인 자격을 잃는다는 것을 철저히 가르쳤다. 육의전 상인들은 이 행사를 '복나무 타기'라고 했는데 어떠한 일이 있어도 신용을 잃지 말라는 교육을 한 것이다.

　이는 자린고비로 유명한 충청도의 구두쇠 조륵(趙功)의 전설에도

구한말의 남대문 칠패시장. 조선 후기에 인구가 증가하고 상권이 확대되면서 시장 규모가 점차 커졌는데 이때 시장에서 장사하는 민간상인 또한 크게 늘어났다.

나온다. 조륵이 물건을 얼마나 아꼈는지 새삼스럽게 논할 필요가 없으나 절약정신을 강조하려고 충주 탄금대 절벽에 있는 소나무에 전라도 구두쇠를 매달리게 한 뒤 '절약을 죽을 각오로 하라'고 가르친 것과 일맥상통한다. 절벽의 소나무 가지 끝에 매달린 전라도 구두쇠는 손을 놓으면 시퍼런 강물에 떨어져 죽기 때문에 식은땀을 흘리며 조륵에게서 물건 아끼는 방법을 배웠다.

    조선의 상인들이 신용을 복이라는 별칭으로 불렀을 정도니 신용이 상인에게 얼마나 중요한지 알 수 있을 것이다.

3. 사람을 의심하지 마라

상업은 사람과 사람이 거래를 하는 것이다. 이 과정에서 많은 물건을 팔고 이익도 많이 남기려다보니 여러 가지 장사 기술이 발전하여 상술商術이 되고, 계획을 세워 장사하다보니 상략商略이 생겼다. 그러나 얄팍한 상술과 상략이 횡행하여 거래 질서가 어지러워지자 상도商道를 지키려는 움직임이 일어났다.

거래는 서로 이익이 있어야 하는데 어지러운 상술이나 상략이 난무해 한쪽은 이利를 얻고 한쪽은 해害를 얻게 되어 서로 의심하게 된다. 중국의 역사학자 태사공 사마천司馬遷이 남긴《사기史記》의〈화식열전貨殖列傳〉은 부자들 이야기로, 상인의 신용에 대해서도 다루었다.

춘추전국시대 제나라의 상인 조간이 소금장사를 했는데, 강도질을 했거나 살인을 한 죄수들까지 직원으로 받아들여 충분히 대우하면서 장사를 시켰다. 물론 이들은 이미 죗값을 치렀으니 이른바 전과자였다.

"죄수들을 상인으로 쓰면 그들이 돈을 갖고 달아날 것이다."
"조간이 어리석다. 고양이에게 생선을 맡기는 꼴이 아닌가?"
사람들은 조간이 무모하다고 비난했다.
'죄수들은 누구에게서도 신뢰를 받지 못한다. 선비는 자신을 알아주는 사람을 위해 목숨을 버린다고 했다. 내가 죄수들을 신뢰하면 죄수들이 나를 배신하지 않을 것이다.'

사마천의 초상. 기원전 145년경 산시성(陝西省) 용문시 하양에서 출생한 사마천은 아버지 사마담(司馬談)이 죽으면서 유언으로 남긴 《사기(史記)》를 완성하기 위해 일생을 바쳐 무려 130권 52만 6,500자에 이르는 대저서를 남겼다.

    조간은 사람들의 비난에도 아랑곳하지 않았다. 조간은 장사를 떠나는 죄수들에게 가족을 돌봐주고 이익을 나누겠다고 말했다. 내가 당신들을 의심하지 않으니 당신들도 나를 의심하지 말라고 했다.
    죄수들은 조간과 헤어져 장사에 나섰다. 2,000년에서 2,500년 전의 일이다. 광대한 대륙인 중국 땅은 여러 나라로 나뉘어 있어 상인들은 나라와 나라를 오가면서 장사했다. 조간의 상인들도 제나라에서 노나라, 연나라 등 많은 나라를 오가며 장사를 했다.
    한 번 장사를 떠나면 며칠이 걸리고 몇 달이 걸릴 때도 있었다. 조간의 상인들은 산을 넘고 강을 건너서 장사를 하고 돌아왔다.
    "죄수들이 돌아왔다고? 허, 별난 일이네."
    제나라 사람들은 죄수들이 돌아오자 놀라서 혀를 찼다. 조간은 약속한 대로 이들에게 이익을 나눠주었다.

조간이 죄수들을 의심하지 않고 신뢰하자 더욱 많은 죄수가 몰려왔다. 제나라 사람들이 모두 죄수들이 조간을 배신할 거라고 예측했으나 조간이 전적으로 신뢰했기 때문에 그들은 오히려 많은 돈을 벌어주었다. 심지어 벼슬을 하는 것보다 조간의 노예가 되는 것이 더 낫다고 하는 사람이 있을 정도로 조간이 사람을 의심하지 않고 부리자 많은 사람이 자발적으로 찾아와 상인이 된 것이다.

사마천은 부를 천박하게 생각하지 않고 오히려 장려했다.

> 부를 얻는 것은 일정한 직업이나 물품이 정해져 있는 것이 아니고 물자의 주인이 정해져 있는 것도 아니다. 재화를 모으는 능력이 있는 자에게는 부가 집중되고, 우매하고 불초한 자에게서는 부가 흩어진다. 천금의 부자는 한 나라를 경영하는 제후에 견줄 만하고 수만금을 가진 부자는 왕자王者와 즐거움을 같이하고 천자에게 귀빈으로 초대된다. 그들이야말로 무관無冠의 제후諸侯와 다름없다.

중국에는 오래전부터 전장錢莊이 있었다. 전장은 돈을 맡기거나 빌려주는 곳으로 지금의 은행과 같은 곳이다. 중국 한나라 때 무염無鹽이라는 전주錢主가 있었다. 그는 사람들에게 돈을 빌려주고 이자를 받아 돈을 많이 벌었다.

고대 중국의 전장(錢莊)은 돈을 맡아두거나 빌려주는 은행 역할을 했다. 전점(錢店)·전국(錢局)·전호(錢號)라고도 했으며 장쑤성·저장성 등지에 생겨난 일종의 상업 금융기관이었다.

그 무렵 한나라에서 추은의 영[推恩-令]이 실시되었다. 추은의 영은 제후 세력을 억제하려고 봉지封地의 분할을 인정한 법령이다. 한무제는 주부언主父偃의 건의를 받아들여 종래 원칙적으로 장자에게만 상속하던 제후왕의 영토를 다른 아들들에게도 분봉하게 했다. 군현제와 봉건제를 병용한 군국제를 실시하면서 제후왕의 봉국이 한나라 국토의 3분의 2에 이르러 세력이 강대해지자 봉국의 세력을 억제함으로써 강력한 중앙집권체제로 전환하려고 추은의 영을 실행한 것이다.

이 법령을 실시한 결과 제후가 아들들에게 준 봉지는 중앙 직할의 군郡 밑에 속하게 되고, 제후왕의 영토는 축소됨과 동시에 자치권도 박탈되어 한나라는 군국제에서 군현제로 이행하게 되었다. 그러자 제후국들이 일제히 반발하여 전쟁이 일어났다.

무염은 추은의 영이 시행될 때 한나라에서 전장을 하고 있었다. 한나라 맹장 주아부周亞夫는 전쟁을 하기 위해 10만 군사를 이끌고 출정해야 했으나 비용이 부족했다. 그는 한나라에서 가장 큰 전장을 하는 무염을 만나 담판을 지었다.

"그대에게 전쟁 비용을 빌리러 왔소."

"이 전쟁은 승리할지 패배할지 아무도 예측할 수 없습니다."

"전쟁에서 승리하면 노획한 재물로 빌린 돈의 열 배를 갚겠소."

무염은 주아부와 약속하고 전 재산을 털어 전쟁 비용을 댔다. 주아부는 악전고투 끝에 반란을 일으킨 제후들을 제압하고 막대한 재물과 보물을 노획했다.

주아부는 무염에게 약속한 돈을 모두 갚았다.

'너무 많은 이익을 취하면 욕을 먹는다.'

무염은 주아부에게서 받은 돈의 절반을 고통받는 사람들에게 나눠주었다. 무염은 이 일로 역사에 이름을 남기게 되었다.

무염은 전주로 성공하기 전에는 한낱 농산물을 거래하는 이름 없는 장사치에 지나지 않았다. 그러나 그는 계약을 철저하게 지켜 신용을 쌓았다. 계약은 문서로 하는 것도 있지만 대개 구두로 한다.

무염이 농산물 장사를 할 때 흉년이 들었다. 한나라는 고조가 통일한 뒤 한편으로는 흉노와 전쟁을 하고 한편으로는 토목공사를 하느라고 막대한 재정이 필요했고, 수해까지 겹쳐 크게 흉년이 들었다. 쌀값이 하루가 다르게 폭등과 폭락을 반복했다.

"쌀을 오늘 저녁까지 배달해주시오."

하루는 무염의 이웃에 사는 왕노인이 무염과 쌀값을 흥정한 뒤 말했다.

"예. 그렇게 하겠습니다."

무염이 공손히 대답했다. 왕노인이 돌아가고 얼마 되지 않았을 때 다른 사람이 와서 무염에게 쌀을 팔라고 말했다. 무염은 가지고 있던 쌀이 이미 왕노인에게 팔렸기 때문에 팔 수 없다고 말했다.

"그가 지불한 쌀값의 두 배를 지불하겠소."

"저는 이미 약속했기 때문에 팔 수 없습니다."

"그렇다면 다섯 배는 어떻소?"

"죄송합니다만 상인의 신용은 목숨과 같습니다. 저에게 이익이 많다고 해도 약속을 지키지 않을 수 없습니다."

무염은 끝내 쌀을 팔지 않고 저녁때가 되자 왕노인에게 쌀을 배달했다. 왕노인은 다른 사람들에게서 무염이 자기보다 다섯 배나 더 주겠다는 사람에게조차 쌀을 팔지 않았다는 말을 전해듣고 깊이 감동했다.

그로부터 여러 해가 지난 뒤 무염은 전장을 개업했는데, 많은 사람이 돈을 빌려간 뒤 갚지 못해 전장의 자금이 바닥났다. 그때 왕노인이 무염에게 아무 조건 없이 많은 돈을 빌려주었다. 무염은 왕노인의 돈으로 위기에서 벗어나 전장을 계속할 수 있었고 마침내 중원의 부호가 되어 《사기》 〈화식열전〉에까지 올랐다.

　상인은 계약을 많이 하게 된다. 때때로 문서로 정확하게 작성할 때도 있고 구두로 약속만 할 때도 있다. 그러나 어느 경우에도 정확하게 지키지 않으면 신용을 잃는다. IMF 사태 이후 우리나라에 외국 금융자본이 많이 들어왔는데, 이들은 대부분 비과세 국가나 지역에 사무실을 두고 있기 때문에 많은 나라가 투기 자본에도 세금을 부과하지 못했다.

　론스타라는 외국 기업은 2,000억 원대 시세 차익을 올린 것으로 추정되는 강남의 스타타워를 매각하고 세금을 한 푼도 내지 않아 국민을 경악하게 했다. 그러나 언론은 국제 신인도 하락을 우려해 이러한 상황을 노골적으로 비난하지도 못했다.

　이들이 이렇게 막대한 이익을 올리고도 세금을 내지 않은 것은 이중과세 방지에 따른 계약 때문이다. 그러나 론스타는 이익을 취하고도 우리나라에 기부나 투자를 하지 않아 온 국민의 비난을 받았고, 결국 우리나라 진출까지 어렵게 되었다.

　현대그룹을 창업한 정주영 회장은 신당동에서 쌀집 점원으로 일하다가 쌀가게를 인수했다. 그는 성실과 신용을 바탕으로 쌀가게를 번창시켰으나 중일전쟁이 일어나자 전시총동원령이 내려지고 미곡도 배급제가 실시되는 바람에 더는 쌀가게를 할 수 없었다.

　성주영은 쌀가게를 정리한 뒤 아도서비스라는 자동차정비공장을 인수하게 되었다. 그러나 자금이 모자라 사채업을 하는 삼창정미소

현대그룹을 창립한 고 정주영 회장. 1937년 경일상회라는 미곡상을 시작으로 손대는 사업마다 성공하여 세계적인 재벌이 되었다. 1998년에는 두 차례에 걸쳐 소 1,001마리와 함께 판문점을 넘어 자신이 태어난 강원도 아산마을로 금의환향하기도 했다.

오윤근 노인에게 3,000원이라는 거금을 빌리게 되었다.

"내가 자네 무엇을 보고 돈을 빌려주어야 하나?"

"저는 신용을 목숨처럼 지키겠습니다."

정주영은 굳게 약속했다. 그러나 공장을 시작한 지 한 달도 안 되어 공장에 불이 나는 바람에 공장이 완전히 불에 타서 잿더미가 되고 말았다. 정주영은 본격적으로 일을 시작하기도 전에 빚더미에 올라앉았다. 정주영은 눈앞이 캄캄했으나 다시 오윤근을 찾아가지 않을 수 없었다.

"나는 단 한 번도 담보를 잡고 돈을 빌려준 일도 없고 돈을 떼인 일도 없다. 철저하게 신용만으로 돈을 빌려주었기 때문이다. 그런데 자네에게 돈을 받지 못하면 오점이 남는 것이 아닌가?"

오윤근은 정주영에게 3,500원을 다시 빌려주었다. 훗날 우리나라 최고 재벌이 되는 정주영은 젊은 시절 이렇게 신용을 바탕으로 돈을 빌려 사업을 일으켰다. 정주영이 그때 신용을 지키지 않는 사람이었다면 오윤근은 결코 돈을 빌려주지 않았을 것이고 오늘날의 현대는 없었을 것이다.

4. 상인의 신용은 물건의 품질이다

중국은 전통적으로 상술이 발달했다. 기원전부터 지금까지 수많은 왕조가 명멸했으나 상술만큼은 변하지 않고 발전에 발전을 거듭했다.

중국 톈진에서 물건을 살 때는 별 생각 없이 사도 상관없으나 팔 때는 세심하게 주의를 기울여야 한다는 말이 있다.

톈진 상인들이 물건의 품질을 철저하게 중시하기 때문에 물건을 살 때는 특별히 주의하지 않아도 되지만 팔 때는 자기 물건이 불량이 아닌지 주의해야 한다는 것이다. 한 번 신용이 떨어지면 두 번 다시 거래를 할 수 없기 때문이다.

조선시대에는 유기(놋그릇)가 상인들의 주요 거래 품목의 하나였다. 저잣거리에 숨어사는 현자라는 뜻인 시은市隱 한순계韓舜繼는 선조 때 교하(파주)에 살다가 송도로 이사했다. 그는 일찍 부친을 여의고 홀어머니를 모시고 살고 있었다. 그는 효성이 지극하여 가난 때문에 어머니를 극진하게 모시지 못하는 것을 언제나 한탄했다. 그러다가 그는 어머니를 위해 돈을 벌기로 결심하고 유기를 만들어 팔기 시작했다.

유기 만드는 기술은 배우기가 어려운데 총명하고 눈썰미가 뛰어난 한순계는 정성을 다해 기술을 배워 품질 좋은 유기를 만들었다. 그의 유기는 정교하고 황금빛으로 번쩍번쩍 빛나서 금세 널리 소문이 퍼졌다. 많은 장사꾼이 한순계를 찾아와 유기를 사갔고, 그의 유기는 없어서 못 팔 지경이 되었다.

"아버님, 사람들이 우리가 만든 유기만 찾습니다. 그러니 너무 정성들여 만들지 말고 대충 많이 만들어서 이익을 더 내야 하지 않겠습니까?"

손님이 밀려들자 한순계의 아들이 유기를 대충 만들자고 했다.

"무슨 소리냐? 사람들이 내가 만든 유기만 사려고 하는 것은 품질이 좋기 때문이다. 품질이 좋지 않으면 무엇 때문에 상인들이 나에게 몰려오겠느냐?"

"하지만 우리 유기는 이미 품질이 좋다고 널리 알려졌습니다. 이제는 주석을 약간 덜 넣어도 잘 팔릴 것입니다."

당시 주석은 중국에서 수입했기 때문에 값이 비쌌다. 주석은 유기를 만들 때 구리와 합금을 하는 중요한 재료였다. 구리와 주석이 적당한 비율로 섞여야 황금빛이 나는 유기를 만들 수 있었다. 주석의 비율이 너무 높으면 유기가 약간의 충격에도 깨지고 구리의 비율이 너무 높으면 유기가 물렁물렁해서 쉽게 찌그러졌다.

"상인의 신용은 물건의 품질이다. 품질이 나빠지면 신용을 잃는 것이니 다시는 그런 말을 하지 말라."

"그렇다면 값이라도 올려야 하지 않겠습니까?"

"안 된다. 물건 값은 적당해야 한다. 절대로 폭리를 취해서는 안 된다."

한순계는 아들을 엄격하게 나무랐다. 한순계는 상인들이 자기 유기만 사가서 다른 유기장들이 이익을 얻지 못하게 되자 이익을 독점할 수 없다면서 이들에게도 기술을 가르쳤다.

한순계의 이러한 정신은 공동의 이익을 추구하는 상도로 보부상을 통해 내려온 전통이다. 보부상은 철저하게 상도를 지켰는데 육의전에는 오리금계五里禁戒라는 엄격한 계율이 있었다. 5리(2킬로미터) 안에 소금을 파는 가게가 있으면 다른 사람이 5리 안에 소금 가게를 낼 수 없었고 보부상도 그 안에서는 장사를 할 수 없었다. 요즘의 거리제한제와 같은 것으로 불문율처럼 지켜졌다. 그것은 다른 상인의 이익을 철저하게 보장하는 상인정신에서 비롯된 것이다. 한순계는 이러한 전통 위에 혼자서만 독과점적 이익을 취하지 않고 다른 사람들도 충분히 장사할 수 있는 여지를 만들어주었다.

한순계가 한 번은 구리를 사서 녹이는데 도가니 안에서 금빛이 번쩍거렸다. 자세히 살펴보니 그것은 구리가 아니라 황금이었다. 한순계는 구리의 품질이 거칠다는 핑계를 대고 주인에게 돌려주었다.

한순계는 역사에 이름이 오른 저명한 사람은 아니었으나 구리를 녹이는 가마 옆에서 등잔불을 밝히고 책을 읽었다. 그의 학문이 뛰어나자 율곡 이이, 성혼 같은 인물들이 찾아와 밤새도록 담론을 했고 시은이라는 호를 붙여준 이도 당대의 대학자 이이와 성혼이었다.

한순계는 유기장에 지나지 않았으나 당대 석학들과 교류하여 유재건劉在建이 평민들 이야기를 담은 《이향견문록里鄕見聞錄》에 그 이름이 남아 있다.

한순계는 자신을 엄격하게 다스렸고, 사치를 부리거나 거들먹거리지도 않았다. 그는 가족이 먹고살만 하면 그 이상 돈을 벌지 않았다. 부가 남아 있을 때는 가난한 사람들에게 나누어주었다. 그는 한가할 때면 강에서 낚시를 하고 시를 지었다. 밤에는 호롱불을 밝히고 책을 읽었다. 개성 유수 정언지鄭彦智가 그의 행실이 훌륭하다고 하여 세금과 부역을 면제해주라고 조정에 청했다.

"옳지 않습니다. 집집마다 세금이 있고 사람마다 군역이 있는 것은 백성의 본분입니다."

한순계는 특별한 대우를 원하지 않았다. 그는 아들 셋을 모두 군대에 보내고 나라에서 정한 세금을 꼬박꼬박 냈다. 오늘날 연예인이나 권력층의 아들이 군대를 면제받기 위해 온갖 방법을 동원하기도 하는데 이는 공인의 도리가 아니다. 심지어 재벌 2세들은 국적까지 외국으로 하고는 한국에서 돈을 벌어들이면서 세금을 내지 않는 경우도 많다.

옹백雍伯은 중국 고대의 기름장수다. 중국은 음식을 대부분 기름에 튀겨서 만든다. 그러므로 음식점뿐 아니라 가정집에서도 기름을 많이 사용해서 기름장수가 많았다. 옹백은 가난한 기름장수에 지나지 않았으나 언제나 좋은 기름만 팔아서 부자가 되었다. 사람들은 옹백의 기름은 믿을 수 있다며 멀리서도 찾아와 그의 기름만 사갔다.

한순계와 옹백의 예에서 볼 수 있듯이 좋은 물건은 상인의 얼굴, 신용이 된다. 중국에서는 체면이라는 말을 미엔즈面子라고 한다. 미엔즈는 위신이라는 뜻도 있는데 신용을 지키지 않으면 당연히 체면이 손상되어 철면鐵面이 된다. 철면피라는 말은 신용을 지키지 않아 얼굴에 철가면을 두른 사람이라는 뜻이다.

5. 1년을 잘사는 법과 100년을 잘사는 법

우리는 부자가 되려고 노력한다. 사마천의 주장에 따르면 관리가 되거나 장사를 하거나 기생 일을 하는 것도 돈을 벌기 위한 것이고, 돈을 버는 목적은 잘살기 위한 것이다. 예부터 1년을 잘살기 위해서는 농사를 잘 짓고, 30년을 잘살기 위해서는 나무를 심고, 백 년을 잘살기 위해서는 덕을 쌓으라고 했다. 상인도 이러한 원칙을 철저히 지켜야 한다.

조선시대 한양에 최생이라는 선비가 살았다. 그의 조상들은 대대로 판서와 정승을 지낸 명문가였으나 최생 대에 이르러 몰락하고 말았다.

'가문을 다시 일으키려면 반드시 과거에 급제해야 한다.'

최생은 관직에 나아가려고 공부했으나 어찌된 일인지 번번이 낙방했다. 부인은 남편을 뒷바라지하려고 혼례 때 가지고 온 패물을 팔고 머리카락까지 잘라 팔았다.

최생은 10년 이상 과거 공부에 매진했으나 계속 낙방했다. 공부하려고 절에 들어가기도 하고 산속에 들어가기도 했으나 어쩐 일인지 급제하지 못했다. 그러는 동안 집안이 더욱 빈한해져 부모를 봉양하기도 어려워졌다. 맹자孟子가 이르기를 부모를 제대로 봉양하지 못하는 것이 첫째 불효라고 했는데, 부인도 딱했으나 부모를 굶주리게 하는 것은 죄인이라고 생각했다. 과거 공부를 계속하다가는 가족이 모두 굶어죽을 것 같았다.

집안이 찢어지게 가난하여 아궁이에 불을 지피지 못하고, 양친은 늙어서 일을 할 수 없고, 처는 병약하여 길쌈을 못하고, 조상 제사도 변변히 지내지 못할 정도로 살림이 궁색하다면 열등한 인간이다.

최생은 사마천이 한 이 말을 가슴속에 되새겼다. 부모를 봉양하지 못하고 가족을 부양하지 못하니 열등한 인간이라고 생각했다.
"나는 아무래도 관운이 없는 모양이오. 시골로 내려가 농사를 지어야겠소."
"선비가 농사를 지을 수 있겠습니까?"
"농사를 열심히 지으면 부를 이룰 수 있을 것이오."

최생은 부인과 상의한 뒤 한양의 집을 팔고 제전祭田이 있는 청주로 내려갔다. 제전은 제사를 지내는 제수를 마련하기 위한 농토다.

"너희가 열심히 일하면 부를 이루었을 때 백 냥씩을 나눠주겠다."

최생은 노비들에게 약속하고 그들과 열심히 일했다. 한양 집을 판 돈과 농사지은 돈을 합치자 500냥이 되었다. 최생은 그 돈으로 풍년이 들어 곡식 값이 쌀 때 사들였다가 흉년이 들어 곡식 값이 오르면 팔아 이득을 많이 올렸다.

몇 해가 지나 농사지은 돈과 제전 판 돈을 합치자 3,000냥이나 되었다. 마침 그해 풍년이 들어 곡식 값이 쌌기에 곡식을 4,000석 살 수 있었다.

"곡식을 왜 이렇게 많이 사들입니까?"

"곡식이 쌀 때 사서 비쌀 때 팔아야 이익을 올릴 수 있소."

다음 해는 흉년이 들어 곡식 값이 폭등했다. 충청도 일대에서 많은 사람이 굶어죽었다. 최생은 굶어죽어가는 사람들을 구제하기 위해 1,300석을 내놓고 나머지는 팔아 돈을 많이 벌 수 있었다. 이듬해 풍년이 들자 최생에게 도움을 받은 사람들이 곡식을 6만 석이나 가지고 왔다.

"은혜를 갚아야 하니 이 곡식을 받아주십시오."

농민들이 최생에게 공손하게 말했다.

"나는 이 곡식을 받을 수 없습니다."

최생은 사양했으나 농민들은 곡식을 놓고 갔다. 최생은 몇 년 되지 않아 청주의 큰 갑부가 되었다. 그러나 그는 인심을 잃지 않았다. 곡식을 팔아서 이득을 보기는 했으나 근방에서 굶어죽는 사람이 없게 했다. 나라가 혼란하고 흉년이 들자 도처에서 도적 떼가 들끓었다. 도적 떼들은 부자들을 습격하여 재물을 약탈하고 불을 질렀으나 최생의 집은 약탈하지 않았다. 도적들 중에 최생의 도움을 받은 사람이 많았기 때문이다.

    최생은 부자가 되자 노비들에게 약속한 백 냥씩 나눠주고 대대로 부를 누리면서 살았다. 그는 덕을 실천했기 때문에 도적들의 습격도 받지 않고 대를 물려가며 부를 누릴 수 있었다.

2

치자治者의 신용

어질고 지혜로운 군주는 백성에게 복을 불러오고,
우매하고 어리석은 군주는 백성에게 재앙을 불러온다.
어질고 지혜로운 군주는 곤궁했을 때를 잊지 않고 한마디 약속이라도 반드시 지킨다.

2장
치자治者의 신용

상인들에게 신용이 강조되는 것처럼 위정자들에게도 신용이 강조된다. 공자孔子는 위정자나 백성들 사이에 '신의'가 없다면 정치나 백성도 존립할 수 없다고 제자 자공子貢에게 철저하게 가르쳤다. 임금이 신용을 지키지 않으면 백성이 임금을 따르지 않는다.

국제 유가가 요동치자 위정자들이 텔레비전에 나와 에너지 절약 정책을 마련하고 대체에너지 개발을 서두르겠다고 공언했다. 그러나 그 뒤 어떤 후속 대책을 세워 시행했는지 국민 대부분이 모르고 있다. 지도자들은 당장 위기를 모면하기 위해 종종 시행하지도 못할 공약을 내걸고 정책을 수립했다가 국민의 저항에 부딪힌다.

동양의 이상향은 요순시대堯舜時代이고 많은 치자가 요순에 버금가는 성군이라는 말을 듣고 싶어했다. 요임금은 누더기를 걸치고 백성과 고초를 같이했고, 순임금은 치자로서 백성에게 필요한 것이 무엇인지 찾아서 시행했다.

요임금은 말년이 되자 임금 자리를 아들에게 물려주지 않고 천하에서 덕이 가장 뛰어난 순임금에게 물려주었다. 권력을 아들에게 물려주지 않는 임금을 백성은 당연히 신뢰했다. 치자의 신용은 국가의 흥망과 관계가 있다.

1. 지도자가 모범을 보여야 한다

인류는 개인인 나에서 가족, 가족에서 사회, 사회에서 국가로 발전해왔다. 사회와 국가에는 대중을 이끌거나 지배하는 지도자가 존재한다. 지도자가 어떤 사람이냐에 따라서 사회와 국가가 흥하기도 멸망하기도 한다. 또한 지도자에게는 권력과 부가 쏠리기 때문에 누구나 지도자가 되려고 한다. 조선 후기 실학자 이익李瀷은 《성호사설星湖僿說》에서 다음과 같이 말했다.

> 권력이 없거나 가난하면 친구들에게 버림받고 부첩(婦妾, 부인과 첩)이 먼저 괄시하며, 남들이 천하게 여길 뿐만 아니라 자기 마음부터 먼저 옹졸해져 반드시 뜻을 잃는다.

이익은 최소한의 권력과 부가 인간의 생존 조건이라고 말한 것이다. 사마천은 《사기》 〈화식열전〉에서 다음과 같이 말했다.

> 상대방의 재물이 나보다 열 배 많으면 공손해지고, 백 배 많으면 굽실거리게 되고, 천 배 많으면 비굴해지고, 만 배 많으면 노예가 된다.

지도자가 국민의 신망을 받으려면 더 높은 도덕성이 요구되며, 이 도덕성은 국민과 한 약속을 철저하게 지킬 때 얻어진다. 임금이 임금답지 못하면 신하가 충성하지 않게 되고 신하가 충성스럽지 않으면 백성이 따르지 않는다.

중국 춘추전국시대 위나라 위의공衛懿公은 학鶴을 좋아하여 정사를 팽개치고 오로지 학만 돌본 임금이다. 학을 잘 기르는 사람을 대부로 임명하고 백성은 흉년이 들어 굶어죽어도 돌보지 않았다.

백성은 그러한 임금을 임금으로 생각하지 않았다. 그 무렵 북쪽의 적나라가 형나라와 위나라를 동시에 침략했다. 임금이 학만 돌보며 별다른 대비를 하지 않고 군사도 양성하지 않은 위나라는 풍전등화의 위기에 몰렸다. 적나라는 순식간에 국경을 돌파해 도읍으로 파도처럼 밀어닥쳤다.

위나라의 임금이 백성에게 적나라와 싸우라고 영을 내렸으나 백성은 싸울 생각도 하지 않고 달아나기만 했다.

"너희는 어찌하여 적나라가 침략해오는데 달아나기만 하느냐?

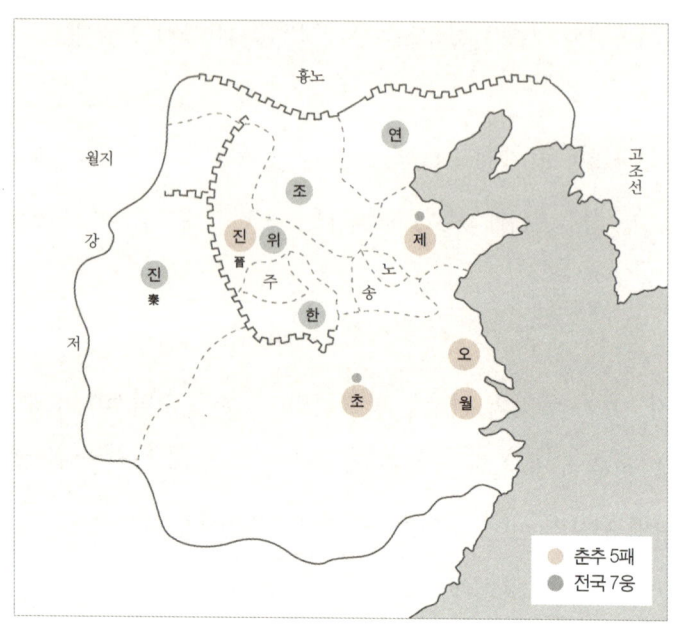
춘추전국시대의 중국

너희는 나라가 망하기만 바라는 것이냐?"

위나라 임금이 도망가는 백성을 잡아서 물었다.

"임금이 우리를 돌보지 않는데 우리가 무엇 때문에 나라를 지키겠습니까? 임금께서는 학에게만 은혜를 베풀었으니 학에게 나라를 지키라고 하십시오."

한 백성이 퉁명스럽게 내뱉고 달아났다.

위나라 임금은 그때서야 후회했으나 백성이 모두 달아나서 나라를 지킬 수 없었다. 위나라 임금은 춘추전국시대의 패자인 제환공齊桓公에게 구원을 요청하는 한편 얼마 되지 않는 군사를 이끌고 적나라

춘추시대 제(齊)나라의 재상 관중(管仲). 어릴 적 친구인 포숙아(鮑叔牙)와의 깊은 우정으로 '관포지교(管鮑之交)'라는 말을 남겼다. 제나라 환공을 도와 군사력을 강화하고 상업을 발달시켜 부국강병을 꾀한 인물이다.

와 싸우기 위해 출정했다.

제나라 임금 제환공은 명재상 관중管仲을 거느리고 있었다. 관중은 민심의 정치를 하고 현실에 바탕을 둔 정치를 했다. 그는 노나라가 혼란에 빠지자 노나라를 위기에서 구해주었으나 형나라와 위나라가 혼란에 빠져 적국의 침입을 받았을 때는 위의공이 혼암昏闇하다고 보아 구원해주는 척하면서 군사를 늦게 출동시켰다. 그러나 실제로는 강대한 적국과 싸우면 제나라의 손실이 클 것을 우려하여 그들의 힘이 약해질 때를 기다렸기 때문에 후세의 사가들에게는 명분보다 제나라 국익만 취했다고 비난받는 빌미가 되었다.

관중은 냉철한 정치가였다. 그는 적국이 형나라와 위나라를 공격했을 때 명분에 얽매이지 않고 위나라가 완전히 멸망할 때를 기다려 군사를 움직였다. 적국 군사들은 위나라를 노도처럼 휩쓴 뒤 관중이 제나라 군사를 이끌고 위나라를 구원하러 온다는 소식을 듣자마자 그대로 달아났다.

관중이 제환공과 함께 대군을 이끌고 위나라로 달려왔을 때는 위나라가 완전히 망한 뒤였다. 적나라는 제나라군이 강대할 뿐 아니라 형나라·위나라와 싸우느라고 전력 손실이 컸기 때문에 제나라와 싸울 수 없었다. 관중이 노린 전략도 사나운 적나라가 형나라·위나라와 결전을 치러 전력 손실을 입었을 때를 기다린 것이었다.

학만 좋아하여 나라를 돌보지 않은 위의공은 백성에게서 버림받아 전쟁터에서 비참하게 죽었고 길바닥은 위나라 군사들의 시체로 길이 메워졌다.

이웃 나라에 구원을 청하러 갔던 위의공의 신하 광연이 돌아와 보니 들판이 위나라 군사들 시체로 가득했고 위나라 임금 시체도 적나라 군사들에게 난도질당해 수습할 수 없을 정도였다. 위의공은 팔다리가 모두 잘려나가고 온전한 곳은 간 하나뿐이었다.

이에 광연은 임금의 간을 놓고 통곡한 뒤 그 간을 관도 없이 버려둘 수 없다며 자기 배를 가른 다음 배에 간을 넣고 죽었다. 훗날 위나라는 광연의 시체에서 임금의 간을 꺼내 장례를 치렀다. 위나라는 임금이 백성에게서 신뢰를 잃었기 때문에 결국 멸망했다.

치자가 신용을 잃으면 백성이 흩어져 나라가 멸망하게 된다. 이스라엘에 전쟁이 일어나자 미국으로 유학 갔던 젊은이들이 이스라엘로 돌아가 전쟁에 참여했으나 우리나라는 지도층 인사들이 병역까지 회피하려고 한다. 우리나라에 전쟁이 일어나면 어찌될지 자명한 일이 아니겠는가. 병역을 기피하는 사람들을 탓하기에 앞서 임금이나 위정자들은 백성이 실망하지 않도록 바른 정치를 해야 한다.

2. 신용을 지켜서 천하를 얻다

치자의 신용은 국가 간에도 절대적으로 필요하다. 외교관이 지나치게 자국 이익에 몰두하여 상대국을 궁지로 몰아넣으면 필연적으로 반발을 불러온다. 국가원수가 외국에 거짓말을 하면 그 나라 백성까지 치욕을 당하고 고통스러운 전쟁에 말려든다. 어질고 지혜로운 군주는 백성에게 복을 불러오고, 우매하고 어리석은 군주는 백성에게 재앙을 불러온다. 어질고 지혜로운 군주는 곤궁했을 때를 잊지 않고 한마디 약속이라도 반드시 지킨다.

춘추전국시대에 무왕이 세운 주나라가 기울면서 제후국들이 강대해졌다. 진晋나라는 진헌공晋獻公 시대에 상당히 강력해져 있었다. 진헌공에게는 아들과 딸이 여럿 있었다. 진헌공은 말년에 춘추전국시대 최고의 요부로 꼽히는 여희驪姬를 총애해 그녀에게서 해제奚齊와 탁자卓子라는 두 아들을 두었다.

태자는 중원에 어질기로 유명한 신생申生이었다. 그러나 신생은 여희의 모함을 받아 자살하고 이복형제인 중이重耳와 이오夷吾는 여희에게 모함을 당해 죽을까봐 어머니들의 나라인 적나라와 양나라로 달아났다.

춘추전국시대 진(晉)나라의 공자(公子) 중이(重耳). 왕 헌공(獻公)의 후처로 들어온 여희의 계략에 빠져 19년간 중원을 표랑(漂浪)하며 망명생활을 하게 되나 진(秦)나라의 도움으로 동생 이오(夷吾)의 뒤를 이어 진문공(晉文公)에 올라 중원의 패자가 되었다.

진헌공이 죽자 여희는 자기 아들 해제를 왕위에 추대했다. 그러나 해제는 진나라 대신들에게 죽임을 당하고, 둘째아들 탁자마저 비참하게 죽었다. 여희는 신생을 모함해 자신이 낳은 아들을 왕위에 앉히려고 했으나 뜻을 이루지 못하고 반란군을 피해 달아나다가 연못으로 뛰어들어 목숨을 끊었다. 진나라 대부들은 여희 시체를 끌어내어 목을 벤 뒤 어진 인물인 중이를 왕위에 추대하려고 했다.

'저들은 임금인 해제와 탁자를 죽였다. 나를 왕위에 추대했다가도 여차하면 죽일 것이다.'

이렇게 판단한 중이는 진나라로 돌아와 왕위에 오르라는 진나라 대부들의 제안을 거절했다. 진나라 정세가 어지러워지자 중원의 여러 나라가 진나라 동정에 촉각을 곤두세웠다. 진나라와 국경을 맞대고 있던 진秦나라 진목공은 군대를 파견해 자신의 영향권에 있는 인물을 진나라 임금으로 세우려고 했다. 그는 공자 칩을 보내 중이와 이오의 인품을 살핀 뒤 이오가 군위에 오르는 것이 좋겠다고 결론을 내렸다.

중이는 인품이 뛰어나 군위에 오르면 적이 될 수 있고, 이오는 탐욕스러워 진晉나라를 바로 이끌지 못할 것이 분명했기 때문이다. 이웃 나라에 현명한 임금이 있으면 자신들의 나라에 위협이 되는 것이 당시 실정이었다. 게다가 중이는 임금 자리에 오를 뜻이 없다고 천명했다. 진晉나라 대부들은 어쩔 수 없이 이오에게 부탁할 수밖에 없었다.

"나를 진나라 군위에 앉게 해주면 진목공에게 우리나라 성(城, 큰 고을) 다섯 개를 주겠소."

이오는 진목공에게 애원했다. 진晉나라의 쟁쟁한 공자(公子, 제후의 아들)들 틈에서 임금이 되려면 진군秦軍의 도움이 절대적으로 필요했다. 진목공은 성을 다섯 개나 주겠다는 이오의 청을 수락한 뒤 군사들에게 그를 호위해 진나라 도읍으로 들어가게 해서 그가 왕위에 오르도록 도와주었다.

중이는 군위에 오를 기회가 있었으나 스스로 시기가 적당치 않다고 판단해 어머니의 나라인 적나라를 떠나 중원을 떠돌기 시작했다. 그러나 중이의 인품이 워낙 뛰어났기 때문에 진나라의 내로라하는 충신들인 조쇠, 선진, 개자추, 위주 등이 항상 옆에서 죽음을 각오하고 보좌했다.

중이는 중원을 19년 동안 떠돌면서 여러 나라에서 망명생활을 했는데 빗속에서 굶주리기도 했고, 개자추介子推가 자신의 살을 베어 중이에게 대접하기도 했다.

채蔡나라는 중이 일행이 성에 들어오지 못하게 했고 조曺나라는 중이가 목욕하는 모습을 훔쳐보고 저녁조차 대접하지 않았다. 그러나 관중이 있는 패권국가 제나라는 중이에게 제환공의 딸까지 주면서 후대했다. 중이는 제나라에서 편하게 망명생활을 하다가 제환공이 죽자 초楚나라로 들어갔다.

"중이는 오랫동안 중원을 떠돌면서 많은 현사와 교분을 나누었습니다. 그를 후대하시면 어진 임금이라는 칭송을 받을 것입니다."

대부 굴완이 초성왕에게 아뢰었다.

"중이 공자가 어진 인물이라는 것은 과인도 들었다. 어진 이를 만나는 것은 금은보화를 얻는 것보다 더 귀한 일이다. 국빈의 예로 대접하라."

초성왕은 기뻐하면서 대부들에게 지시한 뒤 중이가 도착하자 대부들을 이끌고 몸소 성 밖으로 나가 영접했다. 중이는 초성왕이 성 밖까지 나와 영접하자 놀랐다. 초성왕은 중이에게 구헌九獻의 예까지 올리려고 했다. 구헌의 예는 외국의 제후들을 대하는 예법으로, 술을 세 잔씩 아홉 번 따라 올리는 의전상 절차였다.

"초성왕이 나를 제후의 예로 영접하는데 나는 한낱 초라한 망명객에 지나지 않소. 초성왕의 예를 사양하는 것이 어떻겠소?"

중이는 당황하여 조쇠漕衰에게 은밀하게 물었다.

"공자님, 우리는 고국을 떠난 지 19년이 넘었습니다. 그동안 크고 작은 나라들이 세력이 없는 우리를 얕보고 업신여기기도 했습니다. 그러나 초는 대국인데도 공자님을 국빈의 예로 대접하고 있습니다. 이는 하늘의 뜻인 것 같으니 초성왕의 대접을 사양하지 마십시오."

조쇠가 아뢰었다.

중이는 손님의 예로 초성왕에게 정중하게 인사했다. 초성왕은 크게 잔치를 베풀어 중이 일행을 환영했다. 초나라의 영윤(슈尹, 재상) 투곡오도와 맹장 성득신成得臣은 초성왕이 중이를 환대하자 근심에 잠겼다. 중이 같은 인물을 환대하는 것은 집 안에 호랑이를 키우는 것이나 마찬가지라고 생각했다.

중이는 초성왕의 극진한 대접을 받으면서 초나라에서 여러 달을 보냈다. 하루는 초성왕이 중이 일행을 대궐에 초대해 주연을 베풀었다. 중이와 초성왕은 진나라 정세를 의논하면서 몹시 취했다.

"진혜공이 병들었다고 하오. 태자는 진秦나라에 인질로 잡혀가 있으니 이제는 공자께서 진晉나라로 돌아가 군위에 올라야 하지 않소?"

초성왕이 중이에게 물었다.

"그렇게만 된다면 무엇을 더 바라겠습니까?"

중이가 공손하게 예의를 갖춰 대답했다.

"과인은 공자를 도울 생각이오. 그런데 공자는 과인의 도움을 받아 왕위에 오르면 무엇으로 보답하겠소?"

초성왕이 웃음 띤 얼굴로 중이에게 물었다.

"대왕의 나라에는 아름다운 미녀며 보물이 헤아릴 수 없이 많습니다. 그런 것을 드린다고 한들 무슨 소용이 있겠습니까? 상아_{象牙}와 구슬 또한 초나라에서 생산되니 마땅히 드릴 것이 없습니다."

중이가 조용히 말했다.

"옳은 말씀이오. 과인의 나라에도 미인과 보물은 얼마든지 있소. 그래도 무엇인가 보답을 해야 할 것이 아니오?"

초성왕이 짓궂게 다시 물었다. 초성왕은 천하에 명성이 높은 중이를 시험하고 있었다.

"만약에 대왕의 도움을 얻어 왕위에 오른다면 진나라와 초나라가 화평하게 지내도록 힘쓰겠습니다. 그러나 그것이 뜻대로 되지 않아 초나라와 진나라가 부득이 전쟁을 하게 되면 진나라 군사에게 명하여 3사_{三舍}를 물러나게 하겠습니다."

중이의 대답은 뜻밖이었다. 초나라 대부들뿐만 아니라 중이를 수행하는 조쇠까지 경악했다.

"아니, 과인의 은혜를 갚기 위해 고작 삼사를 퇴각하겠다는 말씀이오?"

초성왕의 얼굴에 은은하게 노기가 떠올랐다.

"그렇습니다. 군대의 행군에서 1사_{一舍}를 30리(11킬로미터)로 치는 법이니 도합 90리(35킬로미터)를 퇴각하겠습니다."

중이가 당당하게 대답했다.

"하하하! 좋소. 공자는 절대로 그 약속을 잊지 마시오."

초성왕은 중이를 지그시 쏘아보다가 유쾌하게 웃음을 터뜨렸다.

진晉나라는 14년 동안이나 군위에 있던 진혜공이 병들면서 나라가 혼란해졌다. 태자 어圉는 진나라에 인질로 끌려가 있었다.

어는 진혜공이 병들었다는 말을 듣고 진나라를 탈출해 진晉나라로 돌아갔다. 인질이 탈출하자 진목공은 대노하여 군사를 일으켰다. 진혜공이 죽자 공자 어가 군위에 올라 진회공이 되었다. 진목공은 대군을 이끌고 진晉나라를 침략하고는 초나라 중이를 불러 군위에 오르게 하는 한편, 진회공을 죽이고 자신의 딸인 진회공의 부인을 중이에게 주어 사위로 삼았다.

중이는 19년 만에 진晉나라로 돌아와 군위에 올랐다. 중이는 진문공이 되자 나라를 안정시킨 뒤 채나라와 조나라를 멸망시켰다. 그들 나라는 모두 중이가 정처 없이 떠돌 때 핍박하고 업신여겼다. 다만 조나라는 희부기僖負羈가 극진하게 대접했으므로 사직만은 보존하게 해주었다.

초나라는 이때 송나라를 공격하고 있었는데 위기에 몰린 송나라는 진晉나라와 제齊나라에 구원을 청했다. 진문공은 진秦나라에 도움을 청하고, 제군齊軍과 연합해 초군을 대적하기로 했다.

진문공은 적재적소에 능력에 걸맞은 인물들을 배치하여 그들이 능력을 최대한 발휘하게 했다. 용병에 뛰어난 선진에게 군사를 맡기고, 정치적 감각이 뛰어난 조쇠에게는 내정을 맡겼다. 한때 자신을 암살하려고 했던 사인(寺人, 하인) 피까지 발탁하여 말을 끌게 했다.

확실히 진문공이 군위에 오르자 진나라는 몇 년 되지 않아 중원을 좌지우지하는 강대국이 되었다. 그 진문공이 송나라를 구원하기 위해 군사를 끌고 왔으므로 초나라는 당황하지 않을 수 없었다. 초성왕은 성득신에게 대군을 주어 진나라 군사를 막게 했으나 싸움은 하지 말라는 영을 내렸다.

"진문공은 천하에 어진 인물이다. 그와 싸우는 것은 하늘을 거역하는 것이니 우리나라를 침략하지 못하도록 막기만 하라."

성득신은 초성왕의 명령에도 진문공을 탐탁지 않게 여기고 진군과 싸우기로 결정했다. 초군은 전열을 가다듬고 진군을 향해 진격했다. 진군도 대대적으로 전투태세를 갖추었다. 진군 대영大營에는 진목공이 파견한 진군秦軍과 제군齊軍이 가세했고, 초군이 포위를 풀어서 자유로워진 송나라도 사마 공손고公孫固를 파견하여 진문공을 돕게 했다. 진군秦軍의 장수는 백을병白乙丙과 진목공의 둘째아들 소자은小子憖이었다.

초군은 질풍처럼 달려서 진군晉軍 영채 앞에 진을 쳤다. 바야흐로 진초대전晉楚大戰이 벌어지려는 순간이었다. 양군의 기치창검이 들판을 새카맣게 뒤덮었다.

"초군이 우리 진영 앞에까지 쇄도해왔다. 이를 물리칠 계책을 말하라."

진문공은 장수들을 소집해서 작전을 논의했다. 진문공은 적과 싸울 때 반드시 장수들의 의향을 먼저 물었다.

"초군은 오랫동안 송나라 휴양성을 공격한 뒤 이곳까지 달려왔기 때문에 군마가 모두 지쳐 있을 것입니다. 이 틈을 놓치지 않고 우리 진군이 일제히 초군을 공격하면 쉽게 격파할 수 있을 것입니다."

선진先軫이 선제공격을 주장하고 나왔다. 선진은 용병에 뛰어난 인물이었기 때문에 원수에 임명되어 있었다.

"원수 말씀이 옳기는 하나 주공께서는 지난날 초성왕과 약속한 일이 있습니다. 신의를 지켜야 합니다."

호언狐偃이 진문공을 쳐다보며 말했다.

"과인이 초성왕과 무슨 약속을 하였소?"

진문공이 어리둥절한 표정으로 호언에게 물었다.

"주공께서 지난날 초성왕에게 의탁하고 있을 때 말씀하시기를, 부득이하여 진나라와 초나라가 전쟁하게 되면 반드시 3사를 후퇴하겠다고 하셨습니다. 이제는 그 약속을 지켜야 합니다."

"그렇소. 그대 말을 듣고 보니 내가 초성왕에게 그와 같은 약속을 한 것이 틀림없소."

"군주가 군주와 한 약속을 어찌 신하와 비교하십니까? 초성왕이 군사를 이끌고 왔다면 모르되 성득신이 초군을 끌고 왔으니 그 약속은 지키지 않아도 괜찮습니다. 초군을 단숨에 격파하면 우리 군사는 대승을 거둘 수 있습니다. 속히 진격 명령을 내려주십시오."

선진이 다시 싸울 것을 주장했다.

"신의는 생명과 같은 것입니다. 주공께서는 신의를 지키시기 바랍니다."

호언이 강경하게 말했다.

"대부의 말씀은 옳지 않습니다. 주공께서 여러 나라 군사를 거느리고 전쟁하는데 어찌 한때의 약속 때문에 적을 피한다는 말씀입니까? 그렇게 되면 우리 군사들이 사기를 잃을 것입니다."

장수들이 일제히 호언의 의견에 반대하고 선진의 의견을 지지했다.

"성득신은 초나라의 일개 장수에 불과하지만 그렇다고 우리 주공께서 신의를 잃어서는 안 됩니다."

호언이 장수들의 말을 반박했다.

"우리가 퇴각하다가 초군에게 기습당하면 어찌하겠소?"

진문공은 고뇌에 빠졌다.

"우리는 전쟁에 패하여 후퇴하는 것이 아니라 신의를 지키기 위해 후퇴하는 것이오. 그러므로 대오를 정연하게 갖추고 팔괘八卦의 법에 따라 후퇴하면 기습당할 우려는 없소."

호언과 장수들의 의견은 팽팽하게 대립했다.

"과인은 초왕과 한 약속을 지키겠노라. 제후가 신의를 잃으면 누가 따르겠는가? 목전의 이익을 바라는 자는 하늘이 버릴 것이다."

진문공은 마침내 군사들에게 삼사를 물러나라는 영을 내렸다. 이에 진군은 일제히 영채를 뽑아서 퇴각한 뒤 사자를 초군에 보내 그와 같은 사실을 알렸다.

"하하하! 진군이 도망치면서 핑계 댈 것이 없어서 신의를 지키기 위해 삼사를 후퇴한다고 하니 가소롭기 짝이 없구나."

성득신은 진문공의 서찰을 읽고 비웃었다.

"진문공이 신의를 지키기 위해 퇴각한다니 잘되었습니다. 우리는 싸우지 않고 이긴 것이나 다름없습니다. 진군과 싸워야 승패를 예측할 수 없는데 명분을 얻었으니 이제 군사를 거두어 돌아가는 것이 어떻겠습니까?"

투월초가 성득신에게 말했다. 투월초는 초성왕의 명을 어기는 것이 불안했다.

"진군이 퇴각하는데 돌아가자니 그게 무슨 망발인가? 나는 반드시 진군을 격파하여 승리한 뒤 돌아갈 것이다. 대승을 거둔다면 대왕께서도 우리가 영을 어겼다고 문책하지 않으실 것이다!"

성득신은 투월초의 말을 듣지 않고 즉시 대군을 휘몰아 진군을 추격했다.

"초군이 어디까지 왔느냐?"

진문공이 군사를 이끌고 퇴각하면서 장수들에게 물었다. 진군은 그날 하루 종일 퇴각했으나 병거와 군량을 실은 수레를 이끌었기 때문에 꼬박 하루 동안 30리밖에 퇴각하지 못했다.

"1사를 퇴각하였습니다."

장수들이 일제히 아뢰었다.

"그렇다면 다시 퇴각한다!"

진군은 이튿날도 쉬지 않고 퇴각했다. 진문공은 그날 밤에도 장수들에게 물었다.

"얼마를 퇴각했느냐?"

"2사를 퇴각하였습니다."

장수들이 다시 대답했다.

"그렇다면 더 퇴각한다."

진문공은 다시 영을 내렸다. 진군은 사흘째 되는 날에도 지체하지 않고 계속 퇴각하여 마침내 위나라 성복城濮에 이르렀다.

"얼마나 퇴각하였느냐?"

"이제 3사를 퇴각하였습니다."

장수들이 맥 빠진 목소리로 대답했다.

"그렇다면 초성왕과 약속한 것은 모두 지켰다. 전군은 하마하여 영채를 세워라!"

진문공이 마침내 영을 내리자 군사들이 일제히 병거에서 내려 영채를 세우고 전투 준비를 했다. 초군도 질풍처럼 달려와 휴鄵 땅에 주둔했다. 진문공은 여러 나라의 연합군을 이끌고 막강한 초군을 격파함으로써 제환공에 이어 중원의 두 번째 패자가 되었다. 이 전투가 중원의 주인을 가른 유명한 진초대전이다.

진문공이 초나라 군사에게 삼사를 양보했다는 소문을 들은 중원의 여러 나라 제후들은 진문공을 중원의 진정한 패자로 인정했다. 진문공이 초나라와 전쟁하면서 삼사를 물러난 것은 유명한 일화다. 국가 간의 전쟁이 치열해 수많은 제후국이 부침을 거듭하고 이합집산하던 시절, 제후들도 신의를 밥 먹듯이 어겼으나 진문공은 오히려 신의를 지켜 중원의 진정한 패자가 되었다. 진문공은 치자로서 신의를 지켰기 때문에 제후국들이 그를 신뢰하게 된 것이다.

3. 참외가 익을 때를 또 기다려야 하는가

신하들이 임금에게 충성을 바치는 것은 임금이기 때문이 아니라 충성을 바치는 군주에게서 이利를 얻기 때문이다. 지혜로운 군주는 충성을 바치는 신하들에게 마땅히 그 이로움을 주고 가족처럼 돌봐준다. 지금도 국가를 위하여 충성을 바치다가 순직하면 국가가 유가족을 돌보아준다. 그러나 어리석은 군주는 신하들을 하인이나 종처럼 대우하여 신망을 잃는다. 신망을 잃은 군주는 자신을 망칠 뿐 아니라 국가를 피폐하게 하고 백성을 도탄에 빠뜨린다.

춘추시대 제나라 양공襄公은 자신의 여동생인 천하의 요부 문강文姜과 불륜을 저지른 임금으로도 유명하다. 양공은 군위에 오르기 전에 이미 이복여동생 문강과 통정했다. 탕아의 전형이라 할 양공은 신하들과 한 약속도 지키지 않았다.

문강은 절세미인으로 말을 하면 시가 될 정도로 문장에도 능했다. 양공은 문강이 자랄수록 점점 그 아름다움에 취했다.

복숭아나무에 꽃이 만개하니
그 아름다운 빛이 아지랑이처럼 가물거리도다.
바로 눈앞에서 하늘거리는데 꺾지 못하니
아아, 철석같은 간장이 타는 도다.

양공이 문강을 유혹하기 위해 지은 시다. 양공은 음탕한 이 시를 문강에게 보내 그녀의 뜻을 타진했다.

복숭아나무의 아름다운 꽃은
그대가 꺾지 않으면 저 혼자 시들어버리겠지요.
행여 봄이 가기 전에 꽃이 먼저 지려 하네.
꽃이 지기 전에 꺾는 것이 어떻겠어요?

문강의 시는 양공의 시에 노골적으로 화답하는 내용이었다. 양공은 문강의 교태가 넘치는 시를 보고 곧바로 문강 처소로 달려갔다. 양공과 문강은 그렇게 해서 욕념을 억제하지 못하고 사람들의 시선을 피해 정사를 나누었다. 문강과 정사를 나눈 양공은 황홀해했다. 이복 남매의 사랑은 불륜이다. 그러나 남의 이목을 속이면서 불태운 사랑이기 때문에 양공과 문강은 더 애절했고 더욱 뜨겁게 불타올랐다.

중국에 과기(瓜期)라는 말이 있다. 이는 참외가 익을 때를 말하는 것으로 변방에서 근무를 마치고 중앙이나 고향으로 돌아오는 기한이 되었다는 것을 뜻한다.

양공은 이복여동생인 문강과 불륜을 저지르다가 문강을 노나라 환공(桓公)에게 시집을 보내고도 잊지 못해 부부를 제나라로 초청해서 노환공에게 술을 먹여 재운 뒤 문강과 통정했다. 그리고 이러한 사실이 발각될 것을 우려하여 노환공을 살해했다.

노환공이 비명에 죽자 임금이 된 노나라 장공(莊公)은 아버지를 살해한 양공에게 복수하려고 은밀하게 군사를 양성했다.

제양공은 노나라가 쳐들어올까봐 두려워 연칭(連稱)과 관지부(管至父) 두 장수에게 노나라와의 국경인 규구를 방어하라고 영을 내렸다. 연칭과 관지부는 군사를 이끌고 규구로 가서 노나라를 방어했으나 몇 년이 지나도 양공이 교체해주지 않았다. 이에 고향 생각이 난 연칭과 관지부의 군사들 사이에 불만이 쌓이기 시작했고, 이를 눈치 챈 관지부는 업무 보고차 제나라 도읍 임치에 들어왔다가 양공에게 인사를 올렸다.

"신이 주공의 영을 받아 규구에서 국경을 수비한 지 여러 해가 되었습니다. 군사들이 고향의 부모처자를 그리워하여 교체해주기를 희망하고 있습니다."

관지부가 공손하게 양공에게 아뢰었다. 양공은 마침 새로 딴 참외를 먹고 있었다.

"이 참외가 다시 익으면 교대해주겠다."

양공이 대수롭지 않게 생각하며 대답했다. 관지부는 참외가 다시 익으려면 1년이 걸려야 했으나 어쩔 수 없이 규구로 돌아왔다.

연칭과 군사들은 실망했으나 1년을 더 기다릴 수밖에 없었다. 그러나 다시 1년이 지났는데도 양공에게서 교대해준다는 영이 내려오지 않았다. 고향을 그리워하는 군사들의 불만은 더욱 팽배했다.

연칭과 관지부는 양공이 교체해준다는 사실을 잊어버린 것이 아닌가 하여 전령에게 규구에서 딴 참외를 가지고 임치로 달려가서 양공에게 바치게 했다.

"규구의 연칭 장군께서 참외가 다 익었다고 주공에게 아뢰라 하였습니다."

연칭의 전령이 아뢰자 양공은 벌컥 화를 냈다.

"참외가 익은 것을 누가 모른다고 하더냐? 내년에 참외가 익을 때까지 기다리라고 해라."

양공의 말을 전령에게서 전해들은 연칭과 관지부는 치를 떨었고 군사들은 분노했다.

"임금이 우리에게 식언食言을 했다. 임금이 약속을 지키지 않고 우리를 이용만 하니 이런 임금을 위해 충성할 필요가 없다."

연칭과 관지부는 분노한 군사들을 이끌고 반란을 일으켜 사냥 나온 양공을 습격하여 죽인 뒤 공자 무지無知를 임금으로 세웠다.

식언은 한번 입 밖으로 꺼낸 말을 다시 입 안에 넣는다는 뜻으로 거짓말을 일컫는다. 양공은 신하들과 약속했으나 지키지 않았기 때문에 반란이 일어나 비참하게 살해된 것이다.

제나라 영공靈公은 남장한 려인(麗人, 아름다운 여자)을 좋아하여 대궐의 궁녀들에게도 남장을 하게 했다. 대궐의 아리따운 궁녀들이 남장을 하자 제나라의 모든 여인이 남장을 하고 돌아다녔다.

제영공은 제나라에 금령을 내려 여자들이 남장을 하지 못하게 했다. 그러나 제나라 여자들은 한결같이 유행만 따를 뿐 영공의 영을 듣지 않았다.

"임금이 금령을 내렸는데 백성들이 따르지 않으니 이게 무슨 일인가?"

제영공이 대부들에게 물었다.

"군주가 백성에게 영을 내리고 안에서는 시행하지 않으니 백성이 따르지 않는 것입니다. 위에서 먼저 금령을 지켜야 합니다."

춘추시대의 명재상으로 불리는 대부 안평중晏平仲이 머리를 조아리고 대답했다. 안평중은 제나라 사람으로 이름은 영嬰이고 내萊라는 지방에서 출생했다. 어려서부터 공부를 많이 하여 재상이 되었으나 언제나 청빈하여 밥상에는 육류가 한 가지밖에 없고, 첩은 비단옷을 입지 못하게 했다.

안평중은 뛰어난 기지로 제나라에서 일어난 많은 변란과 전쟁을 방지하려고 애썼다. 그러나 안평중이 재상으로 활약하는 동안 끝없이 변란이 일어나 안평중도 몇 번이나 위기를 당했다.

제나라는 제영공, 제장공, 제경공 시대에 변란이 많이 일어났는데 대신들이 부인을 서로 바꾸어 살 정도로 풍속이 음탕해지고 권력투쟁이 치열했다. 그러나 안평중은 올곧게 자기 자리를 지켰기 때문에 제나라가 그렇게 어지러운 가운데도 명맥을 유지할 수 있었다. 사마천은 안평중에게 탄복하여 그가 살아 돌아온다면 기꺼이 그의 마부가 되겠다고 했다.

"대부, 대궐에서도 금령을 지키라는 말이오?"

제영공이 안평중에게 물었다.

"그렇습니다. 백성에게는 남장을 하지 말라고 금령을 내리고 대궐에서는 이를 지키지 않는 것은 푸줏간에서 밖에는 양머리를 내걸고 안에서는 개고기를 파는 것과 같습니다. 이를 양두구육羊頭狗肉이라고 합니다."

안평중의 말을 들은 제영공은 비로소 대궐에서도 남장을 금하게 했다. 그러자 제나라 여자들도 더는 남장을 하지 않았다.

역시 치자의 신용 이야기다. 군주가 모범을 보이지 않으면 백성은 결코 따르지 않는다. 참외가 익을 때를 기다리라 해놓고 몇 년씩이나 국경에 방치한 군주에게 충성을 바칠 군사들은 없을 것이다.

기업을 경영할 때도 직원들을 충분히 대우하지 않으면 비리와 횡령이 일어난다. 귀중한 산업 비밀을 빼돌려 경쟁사에 팔아버리는 것도 대우를 해주지 않기 때문이다. 직원들은 좋은 브랜드를 생산하려고 하지 않을 것이고 기업의 이익을 위해 정성을 기울이지 않을 것이다.

4. 약속을 지키지 않아 천하를 잃다

난세에 약속을 지키는 것은 어려운 일이다. 난세에 수없이 부침을 거듭한 영웅호걸도 약속을 지키지 않아 천하를 잃고, 천하를 빼앗긴 일이 허다하다. 영웅호걸의 운명은 천하의 운명과도 관계되고, 치자의 약속은 나라의 운명과도 관계된다.

진秦나라는 천하를 통일했다. 그러나 천하를 통일한 진시황이 죽자 통일 진나라는 2대 황제 호해와 환관 조고의 전횡으로 나라가 어지러워졌다. 중국의 광대한 영토를 다스리는 일이 한계가 있는 데다 고위 관리들이 부패해 전국에서 민란이 일어났다.

몇 해째 계속된 흉년도 백성을 분노하게 했다. 역발산의 힘을 갖고 있는 항우項羽는 옛날의 초 땅에서 일어나고 유방劉邦은 패현에서 일어났다. 항우와 유방은 각기 군사를 거느리고 진나라 도읍인 함곡관을 향해 맹렬하게 달려갔다. 항우는 진나라의 맹렬한 반격을 받자 화가 나서 20만 명이나 되는 진나라 군사를 생매장해서 죽였기 때문에 군사들의 원성을 샀다. 유방은 책략을 사용해 투항하는 진나라 군사들을 대우함으로써 손쉽게 함곡관으로 들어가 함양을 점령했다. 항우는 뒤늦게 관중에 도착했으나 함곡관으로 들어갈 수 없었다.

한고조(漢高祖) 유방(劉邦). 가난한 농부의 아들로 태어났으나 성격이 대담하고 포용력이 있어 부하를 적재적소에 활용하는 데 능숙하였다. 진(秦)나라 말기에 군사를 일으켜 진왕으로부터 항복을 받아내고 천하를 얻기 위해 초패왕(楚霸王) 항우의 군대와 4년간에 걸친 기나긴 쟁패전을 벌인다. 기원전 202년 마침내 항우를 대파하고 천하통일의 대업을 이룬다.

유방의 군대가 함양을 향해 질풍처럼 달려오자 진나라 황제 자영子嬰은 베옷을 입고 나와 울면서 항복했다. 이로써 진시황이 통일한 진나라는 불과 3대에 이르러 멸망했다. 유방은 군사를 거느리고 보무당당하게 함양으로 입성했다.

"이제 항우 장군이 곧 군사를 이끌고 달려올 것입니다. 항우와 싸우면 우리에게는 승산이 없습니다. 그러므로 진나라 대궐에 가득한 진기한 보물에 손을 대지 말고 항우를 기다리십시오. 진나라 백성 또한 터럭 하나 다치지 않게 해야 천하를 얻을 수 있습니다."

책사 장량張良이 유방에게 말했다. 유방은 장량의 말을 듣고 진나라 백성에게 민폐를 끼치지 못하도록 군사들에게 엄명을 내렸다. 진나라 백성은 한군漢軍이 입성하면 약탈과 부녀자 겁탈이 횡행할 것이라 생각하고 피난을 가다가 아무 일이 없자 모두 되돌아와 유방을 받들었다.

항우는 대군을 휘몰아 함곡관에 이르렀다. 그러나 함곡관에는 유방의 군사들이 빽빽하게 진을 치고 문을 열어주지 않았다. 항우는 대노하여 함곡관을 쳐부수고 파죽지세로 함양을 향해 달려 희서 땅에 이르렀다. 당시 유방은 패상에 주둔했기 때문에 항우와 만나지는 않았다. 그러나 유방의 좌사마左司馬로 있는 조무상趙無傷이 몰래 유방 진영을 빠져나와 항우에게 고해 바쳤다.

"패공은 관중의 왕이 되려는 야심을 갖고 있습니다. 그는 진왕 자영을 재상으로 삼고 진나라의 진기한 보물을 모두 독차지하였습니다."

조무상이 아첨하자 항우는 대노했다.

"유방이 교활하게 나를 속였다. 내가 어찌 유방과 같은 젖먹이에게 농락당한다는 말이냐?"

항우는 군사를 휘몰아 관중으로 달려가 유방을 죽이려고 했다. 항우의 군사는 수십만이었지만 유방의 군사는 10만도 되지 않았다.

유방은 겁이 덜컥 났다. 항우와 격전을 벌이면 천하의 맹장인 항우에게 패배할 것이 틀림없었다. 유방이 벌벌 떨고 있을 때 항우의 숙부인 항백項伯이 슬그머니 장량을 찾아와 항우가 유방을 죽이려고 하니 빨리 피하라고 알려주었다.

항백과 장량은 진나라에 반란을 일으키기 전부터 두터운 교분을 나누고 있었다. 장량이 박랑사에서 진시황을 암살하려다가 실패했을 때 항백에게 의탁한 일이 있는데 그때부터 교분을 나누었다. 장량은 항백의 용맹을 좋아했고 항백은 장량의 의기義氣를 좋아했다.

"초왕이 패공(沛公, 유방)을 죽이려 하니 그대도 같이 있다가는 살아남기 어려울 것이오. 속히 관중을 떠나 고향으로 돌아가시오."

항백이 장량에게 말했다.

"항형이 아우를 생각하는 마음에 몸 둘 바를 모르겠습니다. 하지만 저는 일신을 패공에게 맡겼으니 그를 배신하고 달아나 혼자 살 수는 없습니다."

장량은 유방을 버리고 달아나라는 항백의 말을 따를 수 없었다.

"현자는 자신이 죽을 곳을 찾지 않는다고 했소. 장형은 부디 살 길을 도모하시오."

"패공이 살 수 있는 계책이 있을 것입니다."

장량은 항백에게 술을 대접한 뒤 슬그머니 자리를 빠져나와 이 일을 유방에게 알렸다. 항우가 자신을 죽이러 군사를 휘몰아 달려온다는 말을 들은 유방의 얼굴이 파랗게 질렸다.

"이 일을 어찌하면 좋겠소?"

"항우에게 사죄하는 수밖에 없습니다. 대체 누가 함곡관을 막으라고 했습니까?"

장량이 유방에게 말했다.

"어리석은 소인배의 말에 내가 속았소."

"그러면 일단 항백을 불러 사과하십시오. 항백은 의로운 인물이

초패왕(楚覇王) 항우(項羽). 어렸을 때부터 힘이 장사였다고 전하는 항우는 검술과 병법, 전투에 능해 유방과의 전투에서 5만 명의 군사로 무려 50만 명의 대군을 무찌르기도 했다. 하지만 성질이 급하고 쉽게 노여워하는 성격 탓에 수하의 장수들이 유방에게 투항하면서 점점 고립되기 시작했다. 해하전투에서 유방과 명장 한신(韓信)에게 포위되자 자살하였다.

니 반드시 주공을 도울 방법을 알려줄 것입니다."

"알겠소."

유방이 항백을 불러 절을 한 뒤 공손하게 말했다.

"나는 함곡관에 들어온 뒤 사사로이 재물을 탐하지도 않았고 관리와 백성들의 호적을 그대로 보관하고 있습니다. 또한 대궐의 모든 곳간을 봉한 뒤 항우 장군께서 입성하기만 기다렸습니다. 장수를 보내 함곡관을 지키게 한 것은 도적의 출입을 막으라는 것이었는데 어리석은 장수가 항우 장군의 입성까지 막는 우를 범하였습니다. 이는 장수가 어리석기 때문이지 제 진심은 아닙니다. 모쪼록 항우 장군께 제 진심을 고해주시기 바랍니다."

유방은 항백에게 넙죽 엎드려 절을 했다. 항백이 깜짝 놀라 유방

한나라 유방의 책사 장량(張良). 항우의 대군에 유방이 위기에 처하자 지략을 발휘해 유방과 함께 홍문(鴻門)으로 가서 항우를 달래 위기를 모면한다. 홍문에서 유방과 항우가 벌인 연회를 '홍문지회(鴻門之會)'라고 하는데 이때의 상황을 그린 영화와 드라마가 중국에서 제작되기도 했다.

을 잡아 일으켰다.

"패공이 살고자 한다면 항우 장군에게 가서 죄를 빌어야 합니다."

항백이 송구스러워하면서 말했다. 패공은 유방이 태어난 패현의 제후라는 뜻이었다. 항백의 말에 유방의 얼굴이 창백하게 변했다.

유방이 장량의 얼굴을 쳐다보자 장량이 가만히 고개를 끄덕거렸다. 유방은 장량에게 어떤 계책이 있다는 것을 알고 그렇게 하겠다고 항백에게 약속했다.

"주공께서 항우에게 가서 잘못을 빌면 항우는 주공을 용서할 것이나 항우가 아부亞父처럼 여기는 책사 범증范增은 반드시 주공을 죽이려고 할 것입니다. 그러나 신이 군사를 약간 거느리고 가서 그의 계책을 무위로 만들 테니 안심하고 사죄하러 가십시오."

유방은 장량의 말을 믿고 항우를 찾아가 홍문鴻門에 이르러 사죄했다. 유방과 항우가 관중의 홍문에서 만난 것을 홍문지회鴻門之會라고 한다. 천하의 책사인 장량과 범증의 책략이 불꽃을 튀긴 곳이다.

"장군과 저는 하북과 하남에서 포악한 진나라와 싸웠습니다. 그러나 뜻밖에 소제가 먼저 관중에 들어와 진왕조를 멸하게 되었으나 장군께서 들어오실 때를 기다리느라고 진왕조의 보물과 사람들에 손끝 하나 대지 않았습니다. 소제는 장군을 하늘처럼 우러러 받드는데 어느 소인배가 감히 장군과 저를 이간질하여 오해를 사게 되었습니다. 장군께서는 고금에 없는 영웅이십니다. 천하를 호령하는 장군을 면전에서 뵙는 것만으로도 이 아우는 무상의 영광입니다. 패현의 부랑자인 소제를 하해와 같은 마음으로 용서해주십시오."

유방이 절하면서 추어올리자 항우는 흐뭇하여 유방을 용서하고 잔치를 베풀었다. 항우의 책사 범증은 이미 나이가 칠십에 이른 사람이었다. 그는 유방이 반드시 천하를 도모할 영웅이라는 것을 알았기 때문에 그를 죽여야 한다고 항우에게 말했다. 범증이 워낙 강경하게 유방을 죽이라고 청했기 때문에 항우는 술을 마시다 기회를 보아서 유방을 죽이겠다고 굳게 약속했다.

"유방을 죽이지 않으면 크게 후회할 것이니 주공께서는 반드시 약속을 지켜야 합니다."

범증은 몇 번이나 다짐했다.

"걱정하지 마시오. 내 반드시 그대와의 약속을 지키리다."

항우는 그렇게 약속했지만 유방이 자신을 영웅으로 높이 받들고 스스로 소제라고 칭하자 우쭐하여 죽일 생각이 없어졌다. 범증이 몇 번이나 옥결玉玦을 들어 보이면서 신호를 보내도 죽이려고 하지 않았다.

'아아, 내가 그토록 신호를 보내는데도 유방을 죽이지 않다니, 이 사람을 의지하여 어떻게 천하를 도모한다는 말인가?'

범증은 탄식한 뒤 항우가 유방을 위해 잔치를 베풀 때 항장項莊에게 슬며시 유방을 죽이라는 지시를 내렸다. 범증의 지시를 받은 항장이 주연석에 나아가 항우와 유방에게 절한 뒤 말했다.

"대왕께서 주연을 즐기시는데 흥취가 없기로 신이 감히 검무를 추어 흥을 돋우겠습니다."

항우는 유쾌하게 웃으며 허락했다. 항장은 칼을 뽑아들고 한바탕 검무를 추면서 유방을 죽일 기회를 노렸다. 항장의 검에서 무시무시한 살기가 뿜어 나오고 칼끝이 아슬아슬하게 유방의 얼굴을 스치고 지나갔다. 장량은 항장이 검무를 추는 것이 유방을 죽이기 위한 음모라는 점을 알아차렸다. 그는 즉시 한의 장수 번쾌樊噲에게 눈짓하여 항장을 막으라는 지시를 내렸다.

번쾌는 주연이 벌어진 좌석으로 뛰어나갔다.

"본디 검무란 혼자서 추어서는 흥취를 돋울 수 없습니다. 신이 함께 검무를 추어 흥을 돋우겠습니다."

홍문에서 있었던 유방과 항우의 홍문지회(鴻門之會)를 그린 중국 벽화. 유방과 항우가 술자리를 하는 자리에서 항장과 번쾌가 서로 경계하며 검무를 추는 모습이다.

번쾌는 우렁차게 외친 뒤 나는 듯이 칼춤을 추면서 항장과 어울렸다. 항장은 유방을 죽일 기회를 노렸으나 번쾌의 방해로 좀처럼 기회를 잡을 수 없었다. 결국 항장이 유방을 죽일 생각을 포기하고 물러나자 유방은 술에 취한 척하고 번쾌와 함께 주연석을 빠져나왔다.

"주공께서는 이 길로 즉시 진중으로 돌아가십시오."

장량이 잔뜩 긴장하여 유방에게 말했다. 유방은 뒷일을 장량에게 맡기고 번쾌의 호위를 받으며 진중으로 달아났다. 항우가 뒤늦게 유방을 찾았으나 이미 유방은 멀리 달아난 뒤였다.

"수자부족여모竪子不足與謀라는 말이 있는데 조금도 틀리지 않는구나. 이런 소인배를 믿고 내가 어떻게 천하를 도모한다는 말이냐? 우리는 장차 유방에게 패하여 포로가 될 것이다."

범증이 항장을 노려보면서 외쳤다. 그는 유방을 죽이지 못한 일

초나라 항우의 책사 범증(范增). 진나라에 대항하여 군사를 일으켰을 때 이미 그의 나이가 칠순이 넘은 고령이었으나 지략과 책략이 뛰어나 항우의 책사가 되었다. 홍문에서 유방을 제거하려 했으나 유방의 책사 장량이 이를 눈치채 실패하고 만다. 중국 역사서에서는 유비의 책사 제갈량과 맞먹는 지략가로 평가받는 인물이다.

에 분개해 가슴을 두드리다가 정신을 잃었다. 군사들이 황급히 범증을 안아다 침상에 뉘었다. 범증은 항장을 비난했으나 사실은 항우를 비난한 것이었다. '수자'는 더벅머리 아이새끼라는 뜻이다. 항우는 자신을 비난하는 범증을 보자 얼굴이 붉어졌다.

항우는 범증의 질책을 받자 화가 충천해 진나라의 진기한 보물을 노략질한 뒤 도읍 함양을 모조리 불태우고 백성을 살육하는 것으로 화풀이를 했다.

"관중은 사방이 험한 산과 강으로 둘러싸여 있고 토지가 비옥하여 도읍으로 삼으면 천하의 패권을 잡을 수 있습니다. 주공께서는 관중을 취하시기 바랍니다."

며칠 만에 병석에서 일어난 범증이 항우에게 말했다. 그러나 항우는 범증의 말을 듣지 않고 고향인 초나라로 돌아갔다. 유방이 달아나자 누구보다도 분개한 사람은 범증이었다. 게다가 항우는 관중을 도읍으로 삼으라는 범증의 말까지 듣지 않았다. 범증은 몇 번이나 충간해도 항우가 말을 듣지 않자 분개한 나머지 피를 토하고 죽었다.

홍문지회는 천하의 패권을 다툰 곳으로 역사가들이나 훗날의 문학가들이 가장 아쉬워하는 것이다. 항우가 범증과 약속을 지켜 유방을 죽였다면 중국 역사는 달라졌을 것이고 항우는 패권을 잃지 않았을 것이다. 치자의 약속이 얼마나 중요한지 보여주는 대목이다.

항우는 그날 이후 유방과 여러 차례 싸우다가 결국 사면초가四面楚歌에 몰려 사랑하는 여인 우미인을 오강에서 죽이고 자신도 자결했다.

> 승패는 병가도 예측할 수 없으니
> 수치와 부끄러움을 참는 것이 영웅이로다.
> 강동의 자제 중에는 준재가 많으나
> 권토중래는 아직 알 수 없네.

두목杜牧이 남긴 '제오강정題烏江亭'이라는 시다. 권토중래捲土重來는 흙먼지를 일으키면서 달려온다는 뜻이다.

조지 워싱턴(George Washington). 미국 버지니아 출신으로 '건국의 아버지'로 불린다. 1789년 제1대 미국 대통령에 올랐다.

5. 지도자는 거짓말을 하지 않는다

신용은 거짓말을 하지 않는 것이다. 치자가 식언을 하면, 신하들이 식언을 하고, 신하들이 식언을 하면 백성도 거짓말을 한다. 지도자의 도덕성은 그 사회의 부패를 가늠하는 척도가 된다. 우리는 지난 시대에 국가와 국민을 위하여 헌신한다는 지도자를 많이 보았다. 역대 임금들은 백성들에게 선정을 베푸는 성군이 되겠다고 호언했으나 약속을 지킨 임금은 얼마 되지 않는다.

거짓말하지 않는 역사 속 지도자로 손가락에 꼽을 수 있는 인물은 미국 초대 대통령 조지 워싱턴이다. 그는 미국이 독립하기 전 농장주의 아들로 영국군에 입대해 프랑스군과 많은 전투를 치러 빛나는 승리를 얻으면서 승승장구해 대령으로 진급했다.

영국과 역사적인 독립전쟁이 벌어졌을 때 그의 솔직한 성품 덕분에 많은 민병대가 독립전쟁에 가담했다.

조지 워싱턴의 솔직한 성품은 어릴 때부터 아버지에게서 교육받은 것이다. 어느 날 워싱턴은 또래 소년들과 놀다가 도끼로 집 안에 있는 벚나무를 잘랐다. 그런데 그 벚나무는 워싱턴의 아버지가 가장 아끼는 것이었다.

"어떤 놈이 이 벚나무를 잘랐느냐?"

워싱턴의 아버지는 노발대발하여 집안사람들을 불러놓고 호통을 쳤다. 워싱턴의 아버지가 워낙 엄격한 사람이었기 때문에 하인들은 서로 눈치를 보면서 말을 하지 못했다.

"제가 잘랐습니다."

그때 워싱턴이 얼굴이 하얗게 변해 말했다.

"뭣이? 너는 내가 이 나무를 얼마나 아끼는지 모른다는 말이냐?"

"죄송합니다. 저희가 병정놀이를 하는 데 총을 만들려고 그랬습니다."

"너는 내가 무섭지 않느냐?"

"아버지가 무서운 것은 사실입니다. 그렇다고 거짓말을 하기는 싫습니다."

"네가 벚나무를 잘랐으니 벌을 받아야 한다."

"예. 기꺼이 받겠습니다."

"좋다. 네가 벌 받을 각오를 하고 솔직하게 말해주어 기쁘다. 그러나 죄를 지었으니 벌을 받아라."

워싱턴의 아버지는 워싱턴이 하루 동안 밥을 먹지 못하게 했다. 워싱턴의 아버지가 가장 싫어하는 것은 약속을 어기는 것이나 거짓말을 하는 것이었다. 그러한 환경에서 자란 워싱턴은 어른이 되어서도 거짓말을 하지 않았다.

워싱턴이 대령으로 근무할 무렵 미국과 영국은 세금 문제로 첨예하게 대립했고 마침내 미국은 독립하기로 결정했다. 미국은 국가가 없었기 때문에 13개주 대표들이 '대륙회의'를 결성하여 영국과 독립전쟁을 벌이기로 했다.

그때 13개주 대표를 이끄는 사령관에 누구를 임명하느냐가 초미의 관심사가 되었다. 미국 독립의 아버지라는 토머스 제퍼슨, 벤저민 프랭클린, 존 애덤스 등은 몽고메리 장군과 워싱턴 대령을 놓고 저울질했다.

"조지 워싱턴 대령은 솔직하고 강직한 사람이오. 아메리카는 그를 총사령관에 임명해야만 승리할 수 있소."

워싱턴은 전투 능력보다 솔직하고 강직한 성품으로 독립군 총사령관에 임명되었다.

1787년 필라델피아에서 조지 워싱턴을 의장으로 한 제헌의회의 의원들이 역사적인 미합중국 헌법을 제정하는 상황을 묘사한 하워드 챈들러 크리스티(Howard Chendler Christy)의 그림.

 1976년 7월 4일 미국은 역사적인 독립선언을 했고 영국은 이를 토벌하기 위해 대규모 군대를 미국에 파견했다. 이미 미국에는 영국의 총독이 임명되어 있었고 군대가 주둔하고 있었다.

 워싱턴은 모든 면에서 열세인 독립군을 이끌고 영국군과 처절한 혈전에 들어갔다. 워싱턴의 군대는 누더기 같은 군복을 입고 있었고 영국군은 고급 비단으로 만든 번쩍거리는 군복을 입고 있었다. 그러나 오랜 전투 끝에 영국군은 독립군에게 패했다. 워싱턴은 독립군을 해산한 뒤 '대륙회의'에서 총사령관직을 사직하는 고별연설을 했다.

본인은 오랫동안 대륙회의의 지휘를 받으면서 미국 독립을 위하여 싸웠습니다. 이토록 위엄이 넘치는 대륙회의가 저에게 무한한 신뢰를 보냈듯이 저도 대륙회의를 존경하고 신뢰했습니다. 우리는 신뢰 속에서 존경하고 사랑했기에 승리할 수 있었습니다. 저는 이제 임명장을 반납하고 모든 공직에서 물러나 고향으로 돌아가겠습니다.

워싱턴의 고별사는 많은 사람을 감동에 젖게 했다. 대륙회의는 영국에서 독립하면서 13개 공화국으로 탄생되었으나 영구적 동맹을 결의했다. 그리하여 미국은 합중국이 되었다. 13개 주가 모여서 하는 대륙회의는 중구난방이어서 때때로 격렬한 토론이 벌어지고 분위기가 살벌해질 때도 있었다. 그러나 원로들은 논의하려고 모였지 싸우려고 모인 것이 아니었으므로 서로 신뢰해야 한다는 점을 강조하여 분열을 막았다. 미국은 독립 당시의 신뢰가 국민성에 오랫동안 자리 잡았다.

미국인은 유난히 동업을 잘한다. 미국의 초일류 기업 대부분이 동업이나 합병으로 이루어졌다. 우리나라는 형제간에도 동업을 하지 않으나 미국은 처음부터 공동으로 창업한다. 동업은 서로 신뢰하지 않으면 이루어질 수 없다.

정직한 지도자 워싱턴은 국민의 절대적 지지로 초대 대통령에 당선되었다. 정직과 신용이 얼마나 중요한지 워싱턴의 예에서도 알 수 있다.

6. 치자는 공평해야 한다

치자가 가장 중요하게 생각하는 것은 백성이어야 한다. 맹자는 〈진심편〉에서 '백성이 가장 귀하고, 다음이 사직이고, 마지막이 군주'라고 했다. 이는 백성이 나라의 주인이므로 임금은 백성을 하늘처럼 받들어야 한다는 뜻이다. 그러나 치자는 대부분 자신을 중심으로 나라를 경영하여 조정이 부패하고 백성을 착취함으로써 민란이 일어나고 왕조가 바뀐다.

조선시대에는 선조 이후 내내 당파투쟁을 벌였다. 당파로 조정이 혼탁해지고 사화가 일어나 많은 사람이 목숨을 잃었는데, 고려시대에는 문관과 무관의 차별로 무신의 난이 일어났다. 고려 18대 국왕 의종은 보위에 오르자 무신을 탄압하고 문신을 우대했다. 그는 항상 문신을 데리고 다니며 창화(唱和, 시를 주고받는 일)하기를 좋아했다. 심지어 자신을 호위하는 군사들까지 제대로 대우해주지 않았다. 문신도 무신을 업신여기어 노예처럼 대우했다. 이에 무신의 불만이 팽배하고 동요가 일었다.

보현찰普賢刹이 어디냐.
글자 획수대로 도륙을 당하리라.

보현찰은 사찰인 보현원을 말하는 것으로 한자 표기가 총 35획으로 되어 있다. 그러므로 중요한 인물 35명이 도륙을 당한다는 무시무시한 예언이었다. 출처불명의 이러한 동요와 참언讖言이 고려 황도 개경에 나돌면서 민심이 흉흉해졌다. 괴변도 자주 일어났다. 우물에 물이 마르고, 개천의 물이 핏빛으로 흘러내리는가 하면 벼락이 떨어져 임금의 사저인 관북궁의 고목이 불에 탔다. 의종이 금나라 사신의 예방을 받았을 때 그가 수수께끼 같은 예언을 해서 고려의 술사들이 당황하기도 했다. 정함鄭諴은 그 일을 생각하자 머리끝이 쭈뼛해졌다.

"저 백절白晳한 귀골의 학사는 누구인가?"

금나라 사신은 김돈중金敦中을 보고 감탄하며 역관에게 물었다.

"이름은 김돈중이라 하고 괴과魁科로 급제한 사람입니다."

역관이 머리를 조아리고 대답했다. 괴과로 급제했다는 것은 장원했다는 뜻이다.

"과연 인중지룡이로다. 하지만 애석하게도 단명할 상이로다."

금나라 사신이 탄식하면서 말했다. 곁에 있던 의종이 금나라 사신이 관상을 잘 보는 것으로 짐작하고 물었다.

"과인의 수壽는 어떻게 되겠느뇨?"

"국왕의 수는 헤아릴 수 없이 길 것이옵니다. 지금 뜰에 찬 노소老少 신료들이 모두 죽은 뒤에야 임천臨天의 환患이 있을 것입니다."

금나라 사신이 한참 임금을 살핀 뒤 대답했다. 임천의 환은 하늘로 간다는 뜻이다. 금나라 사신의 말은 얼핏 들으면 임금이 뜰에 시립한 대신들보다 오래 산다는 것이었으나 뜰에 시립한 대신들이 모두

왕릉 앞에 세웠던 문인석과 무인석. 고려 1170년(의종 24)에 문관을 중시하고 무관을 경시하는 고려의 우문정책에 반발해 대장군 정중부와 이의방 등이 무신의 난을 일으킨다.

죽임을 당할 것이라는 무서운 예언이기도 했기에 그 뜻을 해석한 사람들은 뒤에서 수군거렸다.

의종은 뛰어난 인물이었다. 그는 무예도 출중했고 시문에도 능했다. 그러나 즉위 초에 외척과 문신들의 득세로 보위가 위태롭다는 것을 알게 되자 바짝 긴장했다. 임금의 생모인 공예태후恭睿太后는 의종보다 둘째아들을 더 사랑해서 친정아버지 임원후와 결탁해 둘째를 태자로 책봉하려고 했다. 그러나 결국 의종이 보위에 올랐다. 의종은 그 일이 두고두고 가슴에 앙금으로 남아 있었다.

"모후께서는 저를 미워하시니 저도 모후를 원망하는 마음을 갖지 않을 수 없습니다."

의종은 보위에 오르자 공예태후를 원망했다.

"그게 무슨 말씀입니까?"

공예태후가 펄쩍 뛰었다.

"모후께서 소자를 죽일까봐 소자는 날마다 편히 잠을 이룰 수 없습니다."

"그러면 폐하께서는 어미가 아들을 죽일까봐 걱정하시는 것입니까? 아아, 하늘이여! 아들이 어미를 원망하는 법도가 세상에 어디에 있나이까?"

큰아들에게서 원망을 받게 된 공예태후는 소복을 입고 대전 앞으로 뛰어나와 하늘을 우러러 통곡했다. 그러자 갑자기 일진광풍이 불고 뇌성벽력이 몰아쳐 대전이 무너질 것처럼 흔들렸다.

"이, 이게 무슨 일이냐?"

의종은 대경실색하여 부들부들 떨었다.

"모후께 사죄하십시오. 하늘의 재앙이 내리는 것입니다."

예부시랑 정습명鄭襲明이 엄한 얼굴로 의종을 나무랐다. 정습명은 의종에게 스승과 같은 인물이었다.

"모후마마, 소자가 잘못하였습니다. 소자의 죄를 용서해주십시오."

의종은 공포에 질려서 공예태후에게 사죄했다. 그러자 벼락이 편전의 기둥을 때렸다.

의종은 즉위 초에는 정사를 열심히 보았다. 무엇보다도 그에게 스승이나 다름없는 예부시랑 정습명이 철저하게 의종을 감시했다. 공예태후는 의종보다 둘째아들 대령후 경을 더 사랑했다. 인종도 경을 좋아해서 그를 태자에 책봉하려고 했다. 그러나 예부시랑 정습명이 강력하게 장남인 의종을 천거했다. 이에 의종은 정습명의 보좌를 받는다는 조건으로 간신히 태자에 책봉될 수 있었다. 인종은 죽을 때가 되자 정습명에게 의종을 보살펴달라고 당부했고 의종에게는 정습명을 스승으로 모시라고 유언을 했다.

"국사를 볼 때는 무엇이든 정습명에게 물어서 하라. 너는 그를 스승처럼 모셔야 한다."

인종은 이 말을 남기고 숨을 거두었다. 의종은 보위에 오르자 선왕의 유언에 따라 정습명을 스승으로 깍듯이 모셨다. 청렴강직한 정습명은 의종이 방탕에 빠지는 것을 경계하여 의종에게 날마다 학문을 닦게 하고 국정을 올바로 펴게 했다. 그러나 의종이 자신을 죽이려고 한다는 사실을 알게 되었다.

'아아, 내가 자신을 태자에 책봉되게 했는데 나를 버린다는 말인가?'

정습명은 의종의 배신에 통분해서 극약을 먹고 목숨을 끊었다. 정습명이 죽자 의종은 앓던 이가 빠진 듯이 즐거워하면서 유행遊行을 즐겼다.

"정습명이 살아 있었으면 내가 어찌 이와 같이 즐거움을 누릴 수 있겠는가?"

의종은 귀법사에 놀러가서 정습명이 죽은 것을 기뻐했다. 정습명이 죽자 의종 주위에는 간신배가 들끓었다. 한뢰_{韓賴}, 임종식, 김돈중, 이복기는 간신 4인배로 불릴 정도로 악명이 높았다.

"폐하, 연복정에는 이렇게 상서로운 풀이 자라고 있습니다."

한뢰는 연복정 연회에 참석해 어디서나 흔히 자라는 쑥대를 가리키며 아첨을 하여 무관들의 비웃음을 샀다.

"폐하, 저 새는 현학_{玄鶴}이옵니다. 폐하께서 성군이시라 현학이 날아드는 것입니다."

한뢰의 아첨에 질세라 내시(환관과 달리 대궐 내에서 근무하는 문관) 황문장_{黃文長}도 참새를 현학이라고 아뢰었다. 의종 주위에는 이처럼 간신들만 들끓게 되었다.

의종 24년, 어가 행렬이 황도 개경의 내동대문을 나서서 외성의 숭인문으로 향하고 있었다. 어가를 인도하는 것은 수많은 기치창검이지만 행렬 선두에는 붉은 전복을 입은 견룡군 행수 산원인 이고_{李高}가 군사들을 거느리고 섰다. 어가를 인도해서일까. 전복을 입고 검을 찬 이고의 모습이 위의_{威儀}가 당당했다.

성민들은 길가에 납작 엎드려 있었다. 전 임금 인종과 달리 의종은 유난히 행차가 잦았기 때문에 어가를 보는 것은 낯설지 않았다. 이의방_{李義方}은 어가 바로 앞에서 행렬을 선도했다. 오늘은 순번에 따라 그가 지척에서 국왕을 모셨다. 어가 좌우에는 내순검군 대장군 정중부, 대장군 진준·양숙, 장군 이소응 같은 고위 장성이 호위했다.

이의방을 따르는 장교들은 잔뜩 긴장했다. 오늘 밤 거사를 한다는 것을 그들도 알았다. 오늘 밤 삶과 죽음의 기로에 설 것이다. 장교들이라고 해서 긴장하지 않을 수 없었다. 이의방도 전신이 팽팽하게 긴장되어 등 뒤로 줄곧 땀이 흘렀다.

어가 뒤에는 문신들이 따랐다. 한뢰, 임종식, 이복기, 김돈중이 짐짓 거드름을 피우며 수염을 쓰다듬으면서 말 위에 앉아 있었다. 견룡군 뒤에는 형형색색 깃발이 따랐다.

"멈춰라!"

의종이 어가를 세운 것은 나성(개경의 외성)의 오문 앞이었다. 오문 앞에 빈 터가 넓게 펼쳐져 있고 진귀한 꽃과 풀이 번성하고 있었다. 어가에 있던 의종이 절경을 본 모양이었다.

"청풍녹수清風綠水에 산자수명山紫水明하니 마땅히 무예를 열 만한 곳이다. 무관들의 사기를 돋워주어야 한다."

의종이 어가를 세우고 말했다.

"풀이 고우니 수박회를 할 만하지 않은가?"

의종이 웃으며 문신 임종식에게 물었다. 이의방은 얼굴을 찌푸렸다. 국왕이 오문 앞에서 수박회를 열고 창화를 나누게 되면 보현원에는 밤에나 도착하게 될 것이다.

"그러하옵니다. 이곳에서는 넘어져도 다칠 사람이 없을 듯하옵니다."

임종식이 비굴하게 머리를 조아리며 말했다.

"그러면 견룡군에게 수박회를 열도록 지시하라. 짐은 문신들과 수박회를 보면서 창화를 즐기리라. 시심이 동하는도다."

"황공하옵니다."

의종의 영에 견룡군들이 빠르게 수박회를 준비했다. 한쪽에서는 의종이 문신들과 창화를 나눌 단을 만들었다. 일산日傘을 세우고 연석宴席을 준비하느라 장졸이 바쁘게 움직였다. 황궁에서 따라온 궁녀들은 국왕과 문신들이 먹을 술과 음식을 준비하느라 부산을 떨었다. 의종 뒤에는 의장기가 숲을 이루었다. 이의방은 군사들을 지휘하여 단에서 멀리 떨어져 호위하게 했다. 의종은 수박회를 준비하는 동안 문신들과 시를 주고받으면서 술을 마시기 시작했다.

"문신들 중에도 수박을 할 줄 아는 이가 있는가?"

의종이 좌우를 둘러보며 물었다.

"폐하, 신이 무예를 약간 익혔사옵니다."

그때 말석에 앉아 있던 한뢰가 아뢰었다.

"장군은 어찌 생각하는가?"

의종이 이소응李紹膺 장군에게 물었다. 그 순간 장졸이 '와' 하고 창검을 흔들면서 함성을 질러댔다. 이소응의 얼굴에서 핏기가 가셨다. 장졸은 이소응이 문신인 한뢰와 대련하여 그의 코를 납작하게 해주기를 바랐다.

"폐하, 어찌 문관과 무관이 수박 대련을 할 수 있겠습니까? 소장은 무관과 대련하고자 합니다."

이소응이 아뢰었다.

"장군 말이 옳다. 누구든 이소응 장군과 대련하라."

의종이 영을 내렸다. 그러자 무인 하나가 달려나와 이소응과 대련하기 시작했다. 이의방이 무인의 얼굴을 살펴보니 별장(소령급 장교) 이의민李義旼이었다. 이의민은 용력이 상당한 사내였다. 출세욕도 남달라서 이의방은 이의민이 내순검군에 속해 있었으나 심중에 두지는 않았다.

이소응은 늙은 장수였다. 처음에는 노련한 수박 기술로 이의민을 압도했으나 점차 이의민에게 밀렸다. 이의민은 국왕이 보는 앞이라 수박 기술을 남김없이 뽐내려고 했다. 이소응은 이의민에게 점점 밀리다가 대련을 포기하고 섬돌 위로 뛰어올랐다. 별장 이의민이 승리한 것이다. 장졸이 일제히 박수를 치면서 환호했다. 의종이 웃으면서 박수를 칠 때 돌연 한뢰가 이소응 앞을 가로막았다.

"장군이 일개 하급무관에게 패하여 섬돌 위로 뛰어오르다니…… 이런 자를 어찌 장군이라고 할 수 있겠는가?"

한뢰가 느닷없이 이소응의 뺨을 후려쳤다. 이소응은 전혀 생각지 않은 상태에서 한뢰에게 뺨을 얻어맞고 섬돌 아래로 굴러 떨어졌다. 의종과 문신들이 일제히 박장대소를 하면서 웃었다. 순간 장졸이 '우' 하고 함성을 질러댔다. 그와 함께 무관들의 얼굴도 딱딱하게 굳어졌다. 어전이었으나 공기가 갑자기 살벌해졌다. 이의방은 피가 역류하는 듯한 기분을 느꼈다. 진준, 양숙 두 대장군 눈에서도 광채가 뿜어져 나왔다.

'한뢰 네놈이 감히…….'

이의방은 칼을 뽑으려다가 멈칫했다. 이의방보다 먼저 칼을 뽑은 사람이 있었다.

"한뢰는 들어라! 이소응이 비록 무관이라고 하나 네 어찌 정3품 장군에게 수모를 주느냐? 네가 정녕 죽고 싶은 것이냐?"

정중부鄭仲夫가 칼을 뽑아들고 목청껏 소리 질렀다. 정중부의 우렁찬 목소리가 장내를 쩌렁쩌렁 울렸다. 한뢰는 그때서야 머쓱한 표정으로 목을 움츠렸다.

"대장군은 진노를 거두라. 한뢰가 잘못한 것이다."

의종이 비로소 정중부를 만류했다.

"네놈이 다시 한 번 무관을 업신여기면 성치 못할 것이다."

정중부가 단호하게 말했다. 의종은 사태가 이상하게 돌아간다고 판단했는지 정중부의 손을 직접 잡아서 연회석으로 오르게 한 뒤 친히 술을 따라주었다. 그러나 수박회는 파장되어 있었다. 내순검군의 장교들이 곳곳에서 삼삼오오 모여 한뢰의 방자한 태도를 성토했다.

어가가 보현원 근처에 이르렀을 때 마침내 사방이 캄캄하게 어두워졌다. 견룡군들은 일제히 횃불을 밝히고 어가를 인도했다. 어둠 속으로 나아가던 어가는 잠시 숨을 고르기 위해 냇가에서 행렬을 멈추었다.

이의방은 교위(중위급 장교)와 대정(소위급 장교)을 소집했다. 교위들과 대정들이 긴장한 얼굴로 이의방과 이고 앞에 와서 정렬했다.

"어가가 보현원에 들어가면 거사를 결행한다! 다들 각오가 되어 있는가?"

이의방이 장교들을 노려보았다. 그의 눈에서 전에 없이 매서운 광채가 뿜어져나왔다.

"우리는 이미 목숨을 버렸습니다."

장교들이 일제히 대답했다.

"거사는 우리 견룡군이 선두에 설 것이다. 문신을 모조리 주살하되 국왕 폐하를 시해해서는 안 된다!"

"어찌하여 혼군昏君을 시해해서는 안 되는 것인가?"

이의민이 퉁명스러운 목소리로 물었다. 이의방이 이의민을 쏘아보았다. 이의민은 이의방에게 상관이지만 거사의 중심인물은 아니었다. 어쩌면 오늘 거사에서 물불을 가리지 않고 문신들을 쳐 죽일 인물은 이의민일지도 몰랐다.

"혼군을 시해하면 민심을 잃습니다. 거사가 성공하려면 민심을 잃어서는 안 됩니다."

"그럼 문신들만 죽이면 되는가?"

"그렇습니다."

이의방이 짧게 대답했다.

"문관文冠을 쓴 자들은 모조리 죽인다. 추호도 망설여서 일을 그릇되게 하지 말라."

이고도 장교들에게 지시했다.

"환관들은 어찌하옵니까?"

"환관들을 어찌 살려둘 수 있겠는가? 그자들 역시 문신들 못지않게 우리 무관들을 괴롭혔다. 환관들도 모조리 베어라!"

이고가 피가 튀는 듯한 목소리로 장교들 질문에 대답했다.

"오늘 밤 언제 결행합니까?"

"내가 신호를 보낼 것이다. 어가가 보현원에 들어가는 즉시 문을 닫고 주살을 시작하라!"

"예!"

교위들과 대정들이 일제히 대답했다. 의종은 문신들과 보현원의 누각 파사정으로 올라갔다. 문신들도 일제히 의종을 따라 누각으로 올라갔다.

이의방과 이고는 견룡군 교위들과 대정들을 소집했다.

"우리가 먼저 임금이 계신 누각에 올라갈 것이다. 너희는 우리를 따라 누각으로 올라와 내가 신호를 보내면 일제히 문관들과 환관들을 살해하라."

이의방이 견룡군의 교위들과 대정들에게 명령을 내렸다.

"예!"

교위들과 대정들이 일제히 대답했다.

"지금부터 문신들을 처치한다. 문관을 쓴 자들은 누구도 용서하지 말라! 문신은 씨를 남기지 말고 도륙하라! 우리는 복두幞頭를 벗을 것이니 누구든 복두를 쓴 자는 가차없이 주살하라!"

이의방이 철추가 달린 철봉을 움켜쥐고 소리 질렀다.

"예!"

교위들과 대정들도 일제히 칼을 뽑았다.

"가자!"

이의방이 앞서 달렸다. 군사들은 창을 움켜쥐고 '와' 함성을 지르며 보현원의 누각으로 달려갔다. 파사정에 있던 환관들이 사색이 되어 이의방 앞을 가로막았다. 이의방은 환관들을 향해 칼을 겨누었다.

"무슨 일이냐?"

의종이 깜짝 놀라서 벌떡 일어났다. 문신들도 자리에서 일어나 웅성거렸다.

"폐하, 문신들이 배불리 먹고 취하여 노는 동안 우리 무관들은 굶주렸습니다. 게다가 문신들은 무관들을 노예 다루듯이 함부로 하니 어찌 용서할 수 있겠습니까? 우리는 문신들을 모조리 죽일 것입니다!"

이의방이 의종을 노려보며 외쳤다.

"무엄하다. 어느 존전이라고 일개 무관이 나서느냐?"

내시 김석재金錫才가 고함을 질렀다.

"하하하, 네놈이 아직도 사태를 파악하지 못하고 있구나. 그러면 네놈부터 죽어라!"

이의방이 철추를 휘둘러 김석재의 얼굴에 내리쳤다. 얼굴이 피투성이가 된 김석재가 처절한 비명을 질러댔다. 장내는 순식간에 아수라장이 되었다. 이의방이 김석재를 죽이자 이고와 박순필, 조원정 등도 칼을 휘둘러 환관들을 베기 시작했다. 의종 앞을 막고 있던 환관들이 피를 뿌리며 죽어갔다. 문신들은 의종 뒤에서 이리 뛰고 저리 뛰면서 달아나려고 아우성쳤다.

"이놈!"

이고가 칼을 들어 임종식의 등을 후려쳤다. 임종식이 비명을 지르며 나뒹굴었다. 이의방은 파사정 기둥 뒤로 달아나는 이복기의 목을 베었다. 그의 목에서 피가 분수처럼 뿜어졌다. 피를 본 의종이 황급히 뒤로 물러섰다.

"산원, 산원…… 당장 멈추라! 너희가 원하는 바가 무엇이냐?"

의종이 온몸을 부들부들 떨면서 소리 질렀다.

"뭣들 하느냐? 문신과 환관 놈들을 모조리 도륙하라!"

이의방이 살기를 뿜으며 버럭 소리 질렀다. 군사들이 그때야 함성을 지르면서 파사정으로 달려 올라왔다. 보현원의 파사정은 금세 아수라장이 되었다. 의종은 국왕의 체면도 아랑곳없이 이리저리 무관들을 피하기에 여념이 없었고 환관들과 문신들은 군사들이 휘두르는 칼에 도륙되었다.

"이놈들아, 너희가 무관을 업신여겼으니 모두 죽어라! 네놈들을 한 놈도 살려두지 않을 것이다!"

이의민은 소리를 지르며 문신들과 환관들을 닥치는 대로 베었다.

그들의 죄를 일일이 따질 겨를이 없었다. 이의방도 맹렬하게 철추를 휘둘렀다. 일단 반란을 일으킨 이상 죽이지 않으면 죽었다. 무장을 하지 않은 문신들은 무관들이 휘두르는 칼에 속절없이 피를 뿌리며 죽어갔다. 피가 튀고 살점이 베어져 나갔다. 환관들 중에는 무예의 달인도 적지 않았다. 그들도 칼을 뽑아들고 견룡군에 저항했다. 그러나 수박회에서 선발한 견룡군의 군사들을 환관들이 당할 수는 없었다.

승선 이세통, 내시 이당주, 어사잡단 김기신, 지후 유익겸, 사천감 김자기, 태사령 허자단 등이 피를 뿌리며 죽어갔다.

"한뢰는 어디에 있느냐?"

이고가 한뢰를 찾아 소리를 질렀다. 보현원의 누각은 이미 시체로 즐비했다.

"한뢰가 어상御床 밑에 숨었다."

누군가 흥분한 목소리로 소리 질렀다. 이고가 피가 줄줄 흐르는 칼을 들고 어상으로 달려갔다. 이고가 칼을 번쩍 치켜들었다. 이의방이 어상을 발길로 내질렀다. 그러자 한뢰가 그 안에 웅크리고 앉아 있었다.

"더러운 놈!"

이고가 칼을 번쩍 들었다가 한뢰의 목을 내리쳤다. 한뢰가 처절한 비명을 질렀다. 피가 왈칵 솟구치면서 한뢰의 목이 떨어져 뒹굴었다. 이고가 피에 젖은 얼굴로 의종을 노려보았다. 의종이 사시나무 떨듯 몸을 떨며 뒷걸음질을 쳤다. 이의방은 눈을 부릅뜨고 사방을 휘둘러보았다. 보현원의 누각은 문신들과 환관들이 어육이 되어 나뒹굴고 있었다. 처참한 모습이었다. 시체가 산을 이루고 피가 내를 이루었다. 난리통에 피아를 구분하지 못한 무관들과 군사들까지 억울하게 살해되어 시체가 더욱 많았다.

이의방, 이고 등은 무신의 난을 일으킨 뒤 중방을 설치하여 무신정권을 수립했다. 의종은 경주로 유배를 갔다가 이의민에게 살해되었다. 무신정권은 이의방, 경대승, 정중부 등을 거쳐 최충헌에게 넘어갔고 이후 최씨 무신정권이 고려를 다스렸다. 문신과 무신을 공평하게 대우하지 않은 것이 고려왕조를 유명무실하게 만든 것이다.

이러한 일은 기업에서도 종종 일어난다. 생산직과 사무직의 임금 격차가 커서 노사분규가 일어나고 기업은 이로써 막대한 손실을 입는다.

3

신자臣者의 신용

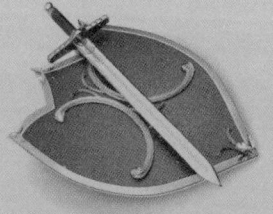

민심을 잃었다는 것은 신뢰를 잃었다는 것이다.
나라를 신용할 수 없는데 누가 그 나라를 위하여 충성을 바치겠는가.
나라와 임금도 결국 백성을 위하여 존재한다.

3장
신자臣者의 신용

치자가 신용을 지켜야 하듯이 치자를 받들고 백성을 다스리는 신하 역시 신뢰를 지키지 않으면 안 된다. 나라를 다스리는 일은 수레와 같아서 임금이 앞에서 끌면 신하가 뒤에서 밀어야 수레가 원활하게 움직인다.

명장 밑에 약졸 없다는 말이 있듯이 역사에 이름을 남긴 성군에게는 반드시 뛰어난 재상들이 있었다. 조선시대 세종 조에는 황희와 김종서 그리고 집현전 학사들이 있었고 세종은 그들을 전폭적으로 신뢰했다. 신하들 역시 임금을 믿고 어진 정책을 펴서 한글을 창제할 수 있었다. 임금이 아무리 좋은 정책을 펴고 나라를 잘 다스리려 해도 신하들을 신뢰하지 않으면 정책을 제대로 집행할 수 없다.

조선시대 당쟁에서는 관리들이 권력을 얻으려고 치열하게 상대 당을 탄핵했다. 이순신李舜臣이 탄핵되어 백의종군하게 된 일이나 개혁가 조광조가 억울하게 죽임을 당한 일도 신하들이 신의가 없었기 때문이다.

이순신을 탄핵한 대신들이나 조광조를 죽음으로 몰고 간 훈구파 대신들이 신하로서 신의를 제대로 지켰다면 이순신이 백의종군을 하고 조광조가 죽임을 당하지는 않았을 것이다. 신하의 신의는 성실히 근무하고 정책을 바로 펴는 것이다. 그래서 옛날부터 나라에서 녹봉을 받는 자들을 공복公僕이라고 했다.

1. 성실이 신용이다

신용은 신뢰가 바탕이 된다. 특히 상사가 부하를 신뢰하는 기준은 일 처리 능력과 성실성이다. 신용이라는 단어가 어디 약속만 의미하는 단어인가. 신용은 믿을 신信자와 쓰일 용用자가 합쳐진 말로, 말에 대한 믿음, 용인用人에 대한 믿음까지 포함한다. 용인에 대한 믿음을 얻으려면 성실과 능력까지 겸비하지 않으면 안 된다.

조선시대에 문신으로 이름을 떨친 윤필상尹弼商은 1457년(세조 3) 중시重試에 합격해 동부승지 등을 지내며 세조의 신임을 받았다. 1467년 이시애李施愛의 난이 평정된 후 적개공신 1등으로 파평군에 봉해졌다. 1470년 성종이 즉위하자 좌리공신의 호를 받았고, 이듬해 우찬성으로 경상도 관찰사를 지냈다.

1479년 좌의정으로 서정도원수를 겸직하여 건주위建州衛를 토벌하였고, 1484년 영의정이 되어 부원군에 진봉進封되었으나 1504년 갑자사화 때 연산군 생모 윤씨의 폐위를 막지 못한 죄로 진도에 유배되었지만 자결한 강직한 인물이다.

윤필상은 형방승지로 있을 때 항상 업무를 꼼꼼하게 처리하여 세조의 신뢰를 받았다. 날이 몹시 추운 어느 날이었다. 세조가 항상 형조의 일을 엄격하게 관리했기 때문에 윤필상은 숙직하면서 도성 안팎에 있는 죄인들의 수감 상황을 낱낱이 조사하여 장부에 기록했다. 승정원에서 근무하는 서리들이 이 추운 겨울에 무엇 하러 죄인들의 수감 상황을 조사하느냐고 투덜거렸으나 윤필상은 개의치 않고 일일이 장부에 기록한 뒤에야 승정원에 돌아와 숙소에서 잠을 잤다.

한밤중이 되자 날은 더욱 추워졌다. 대궐 전각의 모퉁이를 도는 바람은 지옥의 무저갱에서 불어오는 바람처럼 차가웠고 문고리가 쩍쩍 달라붙었다.

"형방승지 주무시오?"

새벽에 누군가 다급하게 문을 두드리는 소리가 들렸다. 윤필상은 깊이 잠들었다가 벌떡 일어나 문을 열었다. 문밖에는 뜻밖에 대전 내관이 와 있었다.

"대전 내관께서 이 밤중에 무슨 일이오?"

윤필상이 깜짝 놀라서 내관에게 물었다.

"전하께서 부르시니 속히 침전으로 갑시다."

"알았소."

윤필상은 죄인들의 수감 상태를 기록한 장부를 들고 세조의 침전 낭하에 가서 부복했다.

"내일은 날씨가 더욱 추워질 것이다. 비록 죄를 지었다고는 하나 이런 날씨에 옥에 갇혀 있으면 얼어죽기 십상이다. 죄인들의 경중을 가려 얼어죽기 전에 석방할 자는 석방해야 할 터인데 실상을 낱낱이 조사하여 보고하라."

침전 안에서 세조가 근엄한 목소리로 영을 내렸다.

"신이 이미 죄인들의 경중을 조사하여 기록해두었나이다."

"그런가? 그렇다면 고하여 보라."

세조가 영을 내리자 윤필상은 장부를 보면서 낱낱이 아뢰었다.

"가상하다. 이리 들어오라. 내가 술을 내릴 것이다."

세조는 윤필상이 죄수들 상황을 자세히 보고하자 크게 기뻐하면서 그를 침전으로 들어오게 하여 술을 내렸다. 침전에는 마침 왕비도 있었다. 윤필상은 더욱 황공하여 머리를 조아렸다.

"윤승지는 보배 같은 신하다. 평소에 업무를 이렇게 잘 처리하니 사직의 동량이요, 백성의 복이다."

세조가 왕비에게 말했다.

"승지가 할 일을 다하니 전하의 복입니다."

왕비도 기뻐하면서 말했다.

윤필상은 그날 이후 세조의 신임을 얻어 파격적으로 승진을 거듭했다. 윤필상은 세조와 성종에게 신임을 받았다. 그는 매사에 철두철미하여 세조와 성종이 무슨 일을 맡기든 실수 없이 해냈기 때문에 오랫동안 높은 관직에 있을 수 있었다. 그는 연산군이 갑자사화를 일으켰을 때 진도로 유배되어 사약을 받게 되자 자결했다.

국가에서나 직장에서나 신임을 받는 신하나 부하직원이 있다. 이들은 무엇보다도 능력이 뛰어나고 상사가 어떤 일을 맡겨도 실수 없이 해내기 때문에 신임을 받는다. 국가의 관리들도 평소에 철저히 준비하면 어떤 일이 갑자기 닥쳤을 때 충분히 해낼 수 있고 더욱 신임을 받을 수 있다.

2. 자식들 끼니를 이을 양식이 없었다

신용은 개인적이면서 사회적이다. 특히 관리는 자기 이익만 생각해서는 안 된다. 신용불량자가 많은 사회는 불안하여 범죄가 증가하고 경제가 위축된다. 옛날에는 도탄에 빠진 백성은 화적이 되거나 민란을 일으켰다. 민심을 잃었다는 것은 신뢰를 잃었다는 것이다. 나라를 신용할 수 없는데 누가 그 나라를 위하여 충성을 바치겠는가. 나라와 임금도 결국 백성을 위하여 존재한다. 그러므로 임금이나 신하들은 어진 정치를 펴려고 노력했다.

군신유의君臣有義는 임금과 신하의 의리, 즉 떳떳한 도리를 말한다. 신하가 높고 귀한 임금을 섬기는 것은 하늘과 땅의 떳떳한 도리이며 옛날이나 현재나 공통되는 의리이므로 임금은 하늘의 원리로 영을 내리고, 신하는 그 원리를 조화해 착한 일을 베풀고 간사함을 막아야 한다. 임금과 신하가 모이고 만날 때는 각기 도리를 다하여 함께 공경하고 서로 삼가서 훌륭한 정치에 이르게 해야 한다. 임금으로서 임금의 도리를 다하지 못하고 신하로서 신하의 소임을 다하지 않는다면 천하와 국가가 어지러워질 것이다.

조선시대에는 어린아이에게 《동몽선습童蒙先習》의 삼강오륜을 가르쳤는데 오륜 중 군신유의君臣有義는 임금과 신하의 도리에 대한 대목이다. 임금으로부터 어떤 관직을 제수받는 것은 그 직무를 충실하게 수행하라는 뜻이고, 신하가 관직에 나아가는 것은 직무를 충실하게 수행하겠다는 약속이다.

선조 때의 명재상으로 불리는 류성룡柳成龍은 할아버지는 군수 류공작이고, 아버지는 승지 류중영이며, 어머니는 진사 김광수金光粹의 딸이다. 김성일金誠一과 함께 이황李滉의 문하에서 수학하여 어린 시절부터 문명을 떨치고 이황으로부터 하늘이 낸 사람이라는 칭송을 받았다.

1566년 별시문과에 급제해 청직을 두루 역임하다가 경상도 관찰사, 대사성 등에 임명되었으나 어머니 병을 이유로 벼슬에 나아가

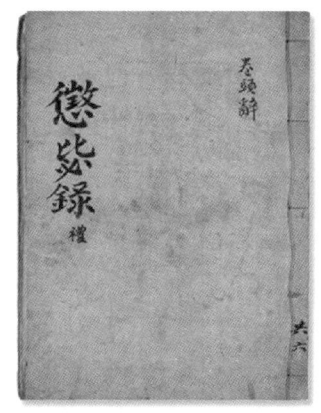 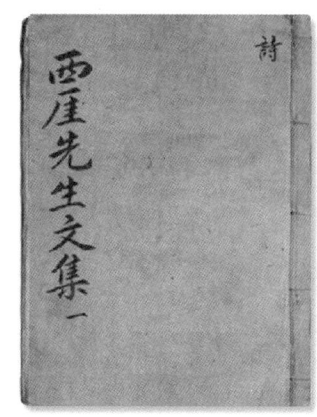

서애(西厓) 류성룡(柳成龍)의 《징비록(懲毖錄)》과 《서애선생문집(西厓先生文集)》. 임진왜란의 전황을 상세히 기록한 《징비록》은 국보 제132호로 지정될 만큼 중요한 문헌으로 평가받는다.

지 않았다. 1584년 예조판서에 올랐고, 형조판서, 대제학, 병조판서 등을 거쳐 1590년 우의정에 올랐다. 종계변무宗系辨誣의 공으로 광국공신 3등으로 책록되고 풍원부원군에 봉해졌다. 이듬해 우의정으로 있으면서 일본의 침략에 대비하여 권율權慄과 이순신을 의주목사와 전라좌수사에 추천하는 한편 제승방략制勝方略의 분군법分軍法을 예전처럼 진관제도로 되돌릴 것을 주장했으나 경상감사의 반대로 이루어지지 않았다.

광해군의 세자책봉을 건의한 정철의 처벌이 논의될 때 온건파인 남인에 속하여 강경파인 북인의 이산해李山海와 대립했다.

"관리들이 너무 청빈하기만 해도 관직에서 물러나면 먹고살 수 없습니다. 후일을 위하여 집이라도 한 칸 장만해두십시오."

이항복李恒福이 류성룡에게 말했다.

"임금이 나에게 관직을 맡긴 것은 집을 장만하라는 것이 아닙니다."

류성룡은 이항복의 말을 거절했다.

1592년 임진왜란이 일어났을 때 류성룡은 병조판서로서 군무를 총괄하는 도체찰사 직책을 맡았다. 이어 영의정에 임명되어 왕의 피난길에 따라갔으나, 평양에 이르러 나라를 그르쳤다는 반대파의 탄핵을 받고 파직되었다가 다시 등용되어 왕명으로 명나라 장수 임세록林世祿을 접대하고, 의주에서는 두 차례 계啓를 올려 군사모집, 화포제조, 난민亂民의 초무招撫 등을 건의했다.

평안도 도체찰사로 부임하여 명나라 장수 이여송李如松과 함께 평양성을 되찾고, 이듬해 호서, 호남, 영남의 3도 도체찰사에 올랐다. 이여송이 벽제관에서 대패한 뒤 일본군과 화의를 모색하자 이에 반대하며 화기제조, 성곽수축 등 군비확충과 군사양성을 주장했다.

환도한 뒤에는 훈련도감 설치를 건의하고 다시 영의정에 올랐다. 1597년 이순신이 탄핵을 받아 백의종군할 때 이순신을 천거했다 하여 여러 차례 벼슬에서 물러났으며, 이듬해에는 조선과 일본이 연합해 명을 공격하려 한다는 명나라 경략 정응태丁應泰의 무고에 대해 명나라에 가서 해명하라는 선조의 영을 받았다.

"신은 병이 들어 명나라에 갈 수 없습니다."

류성룡은 사신으로 가라는 명을 거두어달라고 청했다.

"임금이 위급한데 경은 어찌 자신의 안위만 생각하는가?"

선조가 류성룡을 비난했다. 류성룡은 젊은 시절부터 선조의 총애를 받아 수십 년 동안 그를 보좌해왔다. 임진왜란으로 선조가 피난 갈 때는 가족도 돌보지 않고 벼슬을 박탈당하고도 호위하면서 의주까지 갔다. 무수한 고난을 겪으면서 보필했으나 이제는 쉬고 싶어진 것이다. 그는 평생 벼슬에서 물러나 학문하기를 희망했다.

선조는 류성룡이 명을 거절하자 불같이 노했다. 동인에서 갈라진 북인들은 기회가 왔다고 생각하여 일제히 류성룡을 탄핵했다. 조정은 류성룡의 탄핵으로 발칵 뒤집혔다.

"삼가 생각하건대 신은 탄핵당한 것이 이미 중하여 결코 얼굴을 들고 조정의 반열에 있을 수 없습니다. 다만 때가 한창 위급하고 또 사직하지 말라는 명을 받았기에 어제 공의公議에 범하는 것을 무릅쓰고 재차 대궐에 나왔던 것인데, 승문원 정자 유숙柳潚이 또 상소하여 신의 죄악을 극도로 진술하였습니다. 상소가 벌써 상께 올라갔는데도 신은 전혀 모르고 태연스럽게 계사啓辭를 하고 날이 저물어 집으로 물러오면서 비로소 오가는 사람들의 말이 흉흉하여 그치지 않음을 알았습니다. 보잘것없는 신이 남에게 버림당하였으면서도 귀먹고 눈먼 채 행세하였음을 이에서 알 수 있었습니다. 조정에 있으면서 그 일을 아는 사람은 하리下吏라도 눈짓하고 코웃음 치지 않는 자가 없었을 것입니다. 신이 보잘것없기는 하나 처한 바는 곧 대신의 자리로서 국가의 중요한 위치인데 어둡고 슬기롭지 못하여 낭패함이 이 지경에까지 이르렀습니다. 이와 같은데도 그대로 그 자리에 있다는 것은 고금 천하에 없었던 일입니다. 신의 일로 인연하여 일마다 이 지경에 이르렀으니 사는 것이 죽는 것보다 못합니다. 이제 신은 성 밖으로 나가 명령을 기다려야 하건만 사람들을 놀라게 할까 두려워 방황하며 답답한 심정으로 나아갈 수도 물러갈 수도 없는 궁지에 빠졌습니다. 바라건대 자애로운 성상께서는 속히 신의 관직을 환수하도록 명하여 사람들의 논란을 그치게 하고 뭇사람들의 노여움에 사과하소서. 유사有司에게 내리어 신의 형벌을 의논하도록 명하시면 신은 죽어서도 결초보은하겠습니다. 신은 너무나 걱정되고 두려운 심정을 금치 못하겠습니다."

류성룡은 사직상소를 올렸다.

"경이 지적한 조목과 내가 입은 죄명과는 그 경중대소輕重大小가 어떤지 모르겠다. 지금 경은 말하기를, '이와 같은데도 그대로 자리에 있다는 것은 고금 천하에 없었던 일이다' 하였고, 또 '사생 영욕에 구차할 수가 없다' 하였으며, 또 '사는 것이 죽는 것보다 못하다' 하였고, 또 '성 밖에 나가 명을 기다리려 한다' 하였다. 어찌 이렇게 스스로의 처신은 완벽하게 하면서 임금은 도道가 아닌 곳으로 인도하는가. 경중대소가 하늘과 땅처럼 다른데 스스로 처신하는 것으로 남의 처신을 돕지 못하니, 고인古人이 이른바 '나의 마음을 헤아려 남에게 미친다'는 뜻을 잘 아는 사람이라면 아마 이와 같지는 않을 것이다. 경은 사직하지 말라."

선조는 사직하지 말라는 영을 내렸으나 사헌부를 비롯하여 관리들이 벌떼처럼 상소를 올렸고, 류성룡은 결국 삭탈관직된 채 고향으로 돌아가게 되었다. 1600년 관작이 모두 회복되었으나 다시 벼슬을 하지 않고 청백리로 저술활동을 하면서 은거했다.

류성룡이 벼슬에서 물러나 안동 하회마을로 돌아갈 때의 일이다.

"고향에 사흘 먹을 땟거리가 없습니다."

고향에서 종자가 올라와 보고했다. 류성룡은 수십 년 동안 고위 공직에 있었으나 집안이 너무 가난했다. 류성룡은 전시 영의정으로 10년 동안이나 선조의 총애를 받으면서 봉직했으나 영의정에서 물러나자 당장 끼니를 이을 식량이 없어서 자식들이 굶주렸다고 한다. 그러나 류성룡은 신하로서 소임을 다했기 때문에 후세에 명신으로 더욱 이름이 높았고 영남을 대표하는 대학자로 칭송받고 있다.

시장의 질서를 바로잡는 것 역시 신용이다. 조선시대에 한 재상이 집을 짓는데 기와장수가 좋은 기와를 가지고 와서 4푼을 달라고 했다. 재상은 기와 한 장이 시중에서 3푼이니 더 줄 수 없다고 잘라 말했다. 그러나 기와장이는 한사코 4푼을 받아야 한다고 억지를 부렸다. 재상과 기와장수가 언쟁을 하자 주위에 사람들이 구름처럼 모여들었다.

"기와 한 장에 겨우 1푼 차이인데 대감께서 언성을 높여 다투어서야 되겠습니까? 대감이 인색하다는 소문이 나면 대감 체면과 관계되는 일이니 기와를 4푼에 사서 쓰십시오."

내감집 손님이 보다 못해 참견하고 나섰다.

"그대는 하나만 알고 둘은 모르는 것일세. 내가 4푼을 주고 기와를 사지 않으려고 하는 것은 돈이 아까워서가 아니라 기와 값을 올리지 않으려는 것일세. 저 기와장이는 나에게만 4푼을 받고 파는 것이 아니라 아무개 대감이 4푼을 주고 샀으니 가난한 백성에게도 4푼을 내라고 소리치고 돌아다닐 것일세. 그렇게 되면 기와 값이 올라 백성이 곤란을 겪게 될 것이니 나는 이를 방지하고자 하는 것일세."

재상이 허연 수염을 쓰다듬으면서 말했다. 손님은 재상의 깊은 식견에 감탄했다.

기와장수와 재상의 일화는 얼핏 생각하면 시장에 대한 이야기일 수 있으나 자기 이름 때문에 백성이 곤란을 겪지 않게 하려는 깊은 통찰을 엿볼 수 있다. 지위가 일인지하만인지상에 오르면 자신보다 나라와 백성을 먼저 생각하는 것이 신하의 도리다.

3. 미인의 목을 베어 신망을 얻다

신용이 없으면 천만금을 주어도 사람이 모이지 않고 흩어진다. 사람이 사람을 거느리는 것은 이익이 있고, 장차 그 이익을 얻을 수 있다는 신뢰 때문이다.

월나라 문신 범려范蠡는 중국에서 재신財神으로도 불리는데 월왕 구천이 오나라를 쳐서 승리한 뒤 오로지 자신이 잘나서 승리한 것으로 생각하고 신하들의 공을 전혀 인정하지 않자 장경오훼長頸烏喙라는 말을 남기고 떠났다. 장경오훼는 목이 길고 입이 까마귀처럼 튀어나

월나라의 충신이자 천재 전략가인 범려(范蠡). 오나라가 멸망한 뒤 제나라로 떠나 이름까지 바꾸고 목축업에 뛰어들어 천금을 벌어들인다. 탁월한 이재를 발휘하여 춘추전국시대의 손꼽히는 갑부가 되었다. 범려의 이재술(理財術)은 전통 경제학의 묘책으로 널리 알려져《사기(史記)》에도 기록으로 남아 있다.

온 것으로 이런 사람과는 고생은 같이해도 즐거움은 같이할 수 없다는 뜻이다. 3당 합당으로 대통령에 당선된 김영삼이 김종필 자민련 총재를 배신했을 때 김 총재가 남긴 말로 더 유명해졌다.

범려는 와신상담의 주인공이다. 그는 월왕을 떠나 도 땅에서 장사를 하여 돈을 많이 벌었다. 세 번이나 천금을 벌었는데 두 번은 가난한 사람들에게 나누어주고 한 번은 후손에게 물려주었다.

2,000여 년 전의 일인데도 사실감이 느껴진다. 중국 역사에서 돈을 많이 번 사람은 범려와 의돈猗頓이다. 그래서 중국 역사에서 부자를 말할 때 흔히 '도주공의돈부陶朱公猗頓富, 만고일부萬古一富 석숭石崇'이라고 한다. 도주공의돈부는 도 땅의 주공과 의돈의 부라는 뜻이고 만

초나라의 대부로 불리는 오자서(伍子胥). 간신의 흉계로 부친 오사(伍奢)와 형 오상(伍尙)이 억울하게 처형당하자 초나라를 멸망시켜 원수를 갚겠다고 맹세한 후 오나라로 망명해 광(光)의 책사가 된다. 기원전 506년 마침내 초나라를 침공하여 함락시키고 초평왕의 무덤을 파헤쳐 시신을 매질함으로써 기필코 원수를 갚은 인물이다.

고일부 석숭은 만고에 하나뿐인 부자라는 뜻이다.

춘추시대 최고의 열혈남아로 불리는 오자서伍子胥는 《손자병법孫子兵法》을 남긴 손무孫武와 함께 오왕 부차를 도와 초나라를 쳐서 승리를 거둔다. 그러나 강대국 초나라를 쳐서 승리한 부차는 교만해져서 스승처럼 받들던 오자서의 직간을 듣지 않고 점점 경원하더니, 간신 백비가 오자서를 모함하자 오자서에게 촉루지검으로 자살하라는 영을 내린다.

"내 머리를 베어서 성문에 걸어다오. 구천이 성문으로 들어와 오나라가 멸망하는 것을 똑똑히 지켜볼 것이다."

오자서는 피눈물을 흘리면서 자결한다. 오왕 부차와 오자서는 왕과 재상으로 오나라를 이끌었다. 월나라를 공격할 때는 부차와 오자서가 손을 잡았으나 목적을 이루고 나자 부차가 배신한 것이다. 임금과 신하의 신뢰가 깨지자 오나라는 더는 강대국이 될 수 없었고 끝내 월나라의 침략으로 멸망했다.

전국시대 조나라에 평원군 조승趙勝이라는 인물이 있었다. 그는 조나라 왕족들 중에 가장 현명하여 식객들이 많이 찾아왔다. 전국시대 명문세가들은 재능 있는 식객을 많이 거느렸는데 맹상군孟嘗君을 비롯하여 춘신군, 여불위까지 모두 식객을 거느렸다. 맹상군이 식객 3,000명을 거느려 정치적 위기에서 벗어난 것은 유명한 일화다.

조승은 여러 대에 걸쳐 재상을 지냈기 때문에 집이 호화스러웠고 식객도 2,000명이나 되었다. 그의 거대한 장원은 조나라 도읍인 한단의 민가에 있었는데 저택의 누각이 민가를 내려다볼 수 있었다. 누각에는 조승의 애첩이 살고 있었다. 하루는 조승의 애첩이 민가에 사는 절름발이 선비가 다리를 절면서 물을 긷는 모습을 보고 깔깔대며 비웃었다. 절름발이 선비는 이튿날 아침 평원군 조승을 찾아와 따졌다.

"저는 일찍이 공자께서 선비들을 후대하시고 백성을 사랑한다는 말을 들었습니다. 선비들이 천리를 멀다 하지 않고 공자를 찾아와 의탁하는 것은 공자께서 선비들을 사랑하고 미인을 천하게 여기기 때문입니다. 그런데 공자의 미인은 제가 불행하여 다리를 저는 것을 보고 비웃었습니다. 그러니 선비를 비웃은 미인의 목을 베어달라고 왔습니다."

절름발이 선비의 말은 의외로 논리가 정연했다. 조승의 식객으로 와 있던 선비들은 조승이 이 일을 어떻게 처리하는지 보려고 잔뜩 몰려와 구경했다.

"알았소. 내 그렇게 하리다."

조승은 선비들이 보고 있었기 때문에 우선 그렇게 대답하고 절름발이 선비를 돌려보냈다.

"흥! 참으로 어리석은 놈 아닌가? 한 번 웃었다고 해서 미인을 죽이라는 말인가? 어림없는 일이다."

조승은 절름발이 선비와의 약속을 깨끗이 저버렸다. 그러자 식객으로 와 있던 선비들이 하나둘 떠나가더니 1년이 되지 않아 그의 넓은 저택이 텅텅 비게 되었다. 조승은 깜짝 놀라서 떠나려는 식객들을 불렀다.

"나는 아직까지 선비들을 박대한 일이 없는데 어찌 내 집을 떠나가는 것입니까?"

그러자 식객 중 한 사람이 대답했다.

"공자께서는 얼마 전 절름발이 선비를 비웃었던 미인을 죽이겠다고 그와 약조했습니다. 그러나 약조를 지키지 않았으니 공자께서 선비들보다 여색을 더 탐한다는 것을 알고 사람들이 떠나가는 것입니다."

평원군 조승은 그때서야 자신이 약속을 지키지 않았다는 사실을 깨닫고 미인의 목을 벤 뒤 절름발이 선비에게 가서 정중하게 사과했다. 이 일이 세상에 알려지자 떠났던 식객들이 다시 돌아왔다.

전국시대에는 식객을 많이 거느려야 명사가 되었고 식객의 힘을 빌려 정권을 빼앗거나 국난을 극복하기도 하여 식객이 많은 것은 세력이 큰 것을 의미했다. 그러나 식객들은 대우가 허술하거나 약속을 지키지 않는 사람은 헌신짝처럼 버리고 떠났다.

4. 임금을 위해서는 자식도 죽인다

오륜五倫에 임금과 신하는 떳떳한 의리가 있어야 한다고 했다. 떳떳한 의리는 임금은 신하를 돌보고 신하는 임금에게 충성을 바치는 것이다. 임금이 폭정을 일삼아도 자리에서 쫓겨날 것을 염려하여 직간을 하지 않으면 신하로서 의리가 없는 것이다. 그래서 옛날 신하들은 목숨을 걸고 직간하는 일을 주저하지 않았다.

옛날 중국의 제후국에 돌이 말을 한다는 소문이 파다하게 돌았다. 왕이 그 일을 이상하게 생각하여 신하들에게 물었다.

"백성의 입을 막으니 돌이 말을 하는 것입니다."

강개한 신하가 퉁명스럽게 말했다. 왕이 바른 말을 하는 신하들을 죽여서 아무도 직간을 하지 않자 드디어 돌이 말을 하게 되었다는 것이다. 이 고사는 신하가 직간해야 신하로서 도리라는 것을 강조한 것이다.

춘추시대 위나라의 석작(石碏)과 주우(州吁). 석작은 아들 석후가 사악한 공자 주우와 어울려 역모를 꾀하자 아들을 죽여 '대의멸친(大義滅親)'이란 칭송을 받았다.

춘추전국시대 위나라에 주우(州吁)라는 공자가 있었다. 그는 위장공의 아들로 성미가 포악하고 무예를 좋아했다. 위장공은 주우를 사랑하여 그가 포악한 짓을 저질러도 말리지 않았다. 이에 위나라 충신 석작(石碏)이 위장공에게 아뢰었다.

"신은 자식을 사랑한다면 귀여워하기보다 의리와 바른 길을 가르치고 사악한 것에 빠지는 일이 없도록 해야 한다고 들었습니다. 교만, 사치, 음란, 안일은 스스로 몸을 그르치는 것인데 이 네 가지가 생기는 것은 부왕의 은총과 녹봉이 도에 지나치기 때문입니다. 육역(六逆)을 행하지 않게 하고 육순(六順)을 행하게 하는 것은 부왕으로서 마땅히 해야 할 일입니다."

그러나 위장공은 충신 석작의 말을 듣지 않았다. 위장공이 죽자 공자 완이 군위를 계승하여 위환공이 되었다. 위환공은 성품이 유약하여 정사를 대신들에게 맡기고 궐 안에 틀어박혀 지냈다. 주우는 석작의 아들 석후石厚와 함께 위환공의 군위를 빼앗으려고 기회를 노렸다.

"네가 어지러운 자와 어울리다니 용서할 수 없다. 한 번만 더 공자 주우와 어울리면 너를 죽일 것이다."

석작은 아들인 석후가 방탕하게 지내는 것을 보고 불러다가 사람들 앞에서 회초리로 때렸다. 그러나 석후는 여전히 난폭하고 욕심이 많은 주우와 어울리면서 아버지 가르침을 따르지 않았.

그때 천자인 주평왕이 죽고 주환왕이 즉위했다. 위환공은 주평왕 장례에 참석하고 신왕의 즉위를 축하하기 위해 주나라로 가지 않으면 안 되었다. 모든 제후가 주나라로 몰려들기 때문에 참석하지 않으면 제후들에게서 역신이라고 공격을 받게 된다.

"나는 내일 아침 주평왕 조문을 하러 주나라로 떠날 것이오. 경들은 내가 없는 동안 나라를 잘 다스려주시오."

위환공이 대신들에게 말했다. 위환공의 말을 들은 석후가 주우에게 속삭였다.

"드디어 기회가 왔습니다. 공자께서는 내일 아침 서문에 장사 500명을 매복시킨 뒤 주공을 전송하면서 이별의 잔을 나누는 체하다 재빨리 찔러 죽이십시오. 나머지는 제가 알아서 처리하겠습니다."

주우는 석후의 계책에 손뼉을 치며 좋아했다.

이튿날 주우는 서문 밖에 행관行館을 마련하고 장사 500명을 매복시켰다. 위환공이 많은 대신을 거느리고 서문 밖으로 행차했다. 주우는 주연을 차려놓고 절을 하며 술을 따라 올렸다.

"주공께서 먼 길을 가시는지라 아우가 박주薄酒를 올립니다."

주우가 두 손으로 공손히 술잔을 올렸다.

"동생이 길 떠나는 형을 위해 이런 자리를 마련하니 형제의 정이 진실로 두텁구나. 내가 없는 동안 나라를 위해 수고를 해다오."

위환공은 주우가 고마웠다. 그는 주우가 따른 술을 사양하지 않고 마셨다.

"형님께서는 조금도 걱정하지 마시고 다녀오십시오."

주우는 계속 술을 따랐다. 위환공은 주우가 따른 술을 벌컥벌컥 마셨다. 술이 몇 순배 오고 갔다. 위환공은 먼 길을 떠난다는 흥분에 들떠 주우가 권하는 술을 계속 마셨기 때문에 대취했다. 이때 주우가 위환공의 뒤로 슬그머니 돌아가 등을 힘껏 찔렀다.

"억!"

칼날은 위환공의 등을 통해 가슴으로 길게 뻗어 나왔다. 위환공은 외마디 비명과 함께 선혈을 폭포처럼 쏟으며 쓰러져 죽었다.

"주공께서 쓰러지셨다!"

군사들이 놀라서 소리 질렀다.

"모두 경거망동하지 마라!"

석후는 장사 500명을 지휘하여 행관을 에워싸고 소리를 질렀다. 군사들은 웅성거리며 우왕좌왕했다. 석후는 군사들에게 위환공의 시신에 접근하지 못하게 한 뒤 재빨리 시신을 관에 넣었다. 그리고 위환공이 급살을 맞아 죽었다고 거짓말을 했다.

'선군께서 돌아가신 것은 공자 주우의 짓이다.'

위환공을 전송하던 대신들은 모두 그 사실을 눈치 챘으나 감히 입 밖에 내지 못했다.

주우는 드디어 위나라 임금이 되었고 석후는 상대부가 되었다. 위환공의 친동생은 야음을 틈타 형나라로 달아났.

노나라의 은공隱公이 대신들에게 물었다.

"주우가 과연 임금 노릇을 할 수 있겠는가?"

신하들이 머리를 조아려 대답했다.

"신들은 덕으로 백성을 따르게 한다는 말은 들었어도 병란으로 따르게 한다는 말은 일찍이 듣지 못했습니다. 주우는 무력을 믿고 잔인한 짓을 태연하게 저지르는 포악한 자입니다. 병兵은 불[火]과 같은 것입니다. 불은 잘 다루지 않으면 도리어 자신을 태웁니다. 주우는 자기 형인 임금을 죽이고 백성을 포악하게 부립니다. 아름다운 덕을 가꾸기 위해 힘쓰지 않고 포악한 병란으로 성공하려고 든다면 반드시 재앙을 받을 것입니다."

노나라 은공은 그 말이 옳다고 말했다.

주우는 위환공을 죽이고 군위에 올랐으나 백성은 몰래 손가락질하며 수군거렸다. 인심이 흉흉하여 주우는 도무지 잠을 이룰 수 없었다. 주우는 위나라 백성이 자신을 따르지 않자 석후에게 대책을 물었다.

"소란한 민심을 잠재우고 백성을 꼼짝 못하게 하려면 전쟁을 일으키는 수밖에 없습니다."

석후가 머리를 조아리고 말했다.

"이웃 나라와 아무 원한이 없는데 전쟁을 한다는 말인가?"

"주공께서는 정나라를 치십시오."

"정나라와 제나라는 동맹을 맺고 당黨을 이루고 있다. 정나라를 치면 제나라가 구원군을 보낼 것이다. 그렇게 되면 두 나라와 싸워야 하지 않는가?"

"우리가 송宋나라와 노나라에 사신을 보내 원조를 청하고 진陳과 채蔡와 합세해 정나라를 치면 반드시 승리할 수 있사옵니다."

이에 주우는 석후 말대로 두 나라에 원조를 청하고 진과 채를 동원하여 5개국이 정나라를 공격했다. 정나라는 5개국 군사들이 벌판을 까맣게 메우고 공격해오자 다급했다. 황급히 군사들을 동원하고 회의를 열었다. 정나라 신하들은 화평하자고도 하고 싸우자고도 하여 공론이 분분했다. 그러자 정장공鄭莊公이 웃으며 신하들에게 말했다.

"경들은 이번 전쟁이 어떻게 해서 비롯되었는지 먼저 살펴보아야 한다. 위나라 주우는 형을 죽이고 군위를 탈취했기 때문에 민심을 얻지 못했다. 이에 지난날의 원수를 갚는다는 핑계로 5개국과 협조해 군사를 일으켰으나 노나라는 왕에게도 알리지 않고 공자 휘가 뇌물을 받고 군사를 몰고 왔다. 진과 채는 우리와 원수 진 일이 없기 때문에 굳이 싸울 필요를 느끼지 않을 것이다. 송나라는 자기네 나라 공자 빙憑이 우리나라로 망명해왔기 때문에 그를 돌려보내면 저절로 돌아갈 것이다. 다섯 나라가 모두 이해가 다르니 그를 이용하면 충분히 승리할 수 있다. 먼저 송나라의 공자 빙을 돌려보내라. 그 뒤에 공자 여는 군사 500명만 거느리고 나가서 서문에서 싸우는 척하다가 패하여 돌아오면 주우는 싸움에 이겼다는 명분을 얻어 반드시 철군할 것이다."

정장공은 명쾌하게 결론을 내렸다.

"주우가 그렇게 쉽사리 철군할 수 있겠사옵니까?"

대부들이 반신반의했다.

"공자 빙을 우리나라에서 내보내라."

정장공의 말에 신하들이 송나라 공자 빙을 장갈로 호송했다. 이어서 송나라 공자가 장갈로 떠났다는 사실을 송나라에 알렸다.

"그렇다면 우리도 장갈로 가자."

송나라 군사들은 곧 정나라에서 철수하여 장갈로 달려갔다. 그러자 정나라와 크게 원한이 없는 채, 진, 노나라도 각기 군사를 거느리고 돌아갔다. 정나라 공자 여는 성문을 열고 나가 위나라 석후에게 싸움을 걸었다. 공자 여는 불과 십여 합을 싸운 뒤 군사를 물려 철군했다.

"군사들은 본국으로 돌아갈 준비를 하라."

석후는 위나라 군사들에게 명을 내렸다.

"어찌하여 겨우 한 번 싸우고 철군합니까?"

장수들이 의아하여 석후에게 물었다. 석후는 장수들에게 아무 대답도 하지 않았다. 장수들이 주우에게 가서 보고했다.

"석후가 군사를 철군하려고 한다니 이게 무슨 소리인가?"

주우가 노기등등하여 말했다.

"소신들도 무슨 영문인지 도무지 알 수 없사옵니다."

장수들이 일제히 대답했다.

"석후를 들라고 해라."

주우의 영에 석후가 들어와서 군례를 올렸다.

"경은 어찌하여 싸우지도 않고 철군할 준비를 하는가?"

"정나라 군사는 강하옵니다. 정나라 제후는 주나라의 경사인데 오늘 싸움에서 이겼으니 이만하면 주공은 크게 위엄을 떨친 것이옵니다. 주공께서 군위에 오른 지 얼마 되지 않아 오랫동안 나라를 비우시면 나라 안에서 혹여 반란을 일으킬지 모르므로 철군하는 것이 상책이옵니다. 우리는 정군과 싸워서 승리했으니 명분을 얻었습니다. 공연히 실속 없는 전쟁을 계속할 필요가 없습니다."

"그대의 말이 참으로 옳다!"

주우는 비로소 깨닫고 철군하라고 지시했다. 석후는 군사들에게 지시하여 정나라 도성의 서문 밖에 있는 나락을 모두 베어 가지고 돌아갔다. 위나라 군사들은 전쟁도 하지 않고 개선가를 부르며 돌아갔다. 백성이 그 모양을 보고 손가락질을 하며 비웃었다. 주우는 정나라를 공격하여 승리하고 돌아오면 백성이 열렬히 지지할 줄 알았다가 실망했다.

"민심이 좋지 않다."

주우는 신망이 높은 원로대신 석작에게 조정에 들어와 정사를 맡으라는 명을 내렸다. 석작은 석후의 부친으로 위나라에서 신임이 높았다. 아들 석후가 공자 주우와 돌아다니며 못된 짓을 할 때 아들을 불러서 회초리질을 할 정도로 엄격한 인물이었다. 석작은 주우가 군위에 오르자 병을 핑계하고 조정에 나가지 않았었다.

"주우가 나에게 정사를 맡기려는 이유가 무엇이냐?"

석작이 아들 석후에게 물었다.

"주공이 군위에 올랐으나 백성이 따르지 않사옵니다. 아버님은 백성에게 신망이 높으니 조정에 나오면 반드시 백성이 따를 것이옵니다."

석작은 아들의 말을 듣고 잠시 생각에 잠겨 있다가 입을 열었다.

"누구나 제후가 되면 주나라에 가서 천자께 아뢰고 인증을 받아야 한다. 천자의 말씀을 봉명하면 그때 비로소 제후가 되는 것인데 백성이 어찌 천자가 인증한 제후를 따르지 않겠느냐?"

"하오나 아무 이유도 없이 주나라에 입조할 수 없지 않사옵니까?"

"진陳나라의 도움을 받으라. 진후陳侯는 천자의 신임이 두터운 분이니 그분과 함께 입조하면 모든 일이 순리대로 풀릴 것이다."

"과연 아버님 말씀이 지당하옵니다. 소자가 주공께 아뢰고 그렇게 하겠사옵니다."

석후는 석작에게 인사하고 물러갔다. 석작은 아들이 물러가자 혈서를 써서 진陳나라로 보냈다.

외신이 엎드려 절하고 현군賢君께 아뢰옵니다. 위는 원래 작고 보잘것없는 나라이오나 신의 무도한 아들과 주우가 감히 선군先君을 죽이고 군위를 차지하는 변란을 일으켰사옵니다. 이 두 역적을 죽이지 않으면 천하에 의가 바로 서지 않을 것입니다. 노부는 늙어서 이들을 처치하기 어려우니 현군께서는 이들이 당도하면 즉시 일을 도모하시기 바랍니다.

일을 도모하라는 것은 처벌하라는 뜻이다. 석작의 편지를 받은 진나라는 공론이 팽팽하게 대립했다. 위나라의 내정에 간섭하는 것은 옳지 않다는 주장과 천하의 대의를 밝혀야 한다는 주장이 맞섰다. 진후陳侯는 주우가 포악하다는 말을 듣고 장사들을 매복시켰다가 주우와 석후를 결박했다.

"어찌 이럴 수 있는가? 나는 위나라의 군후君侯다."

주우가 대노하여 항의했다. 그러나 진후는 들은 척도 하지 않고 위나라에 사자를 보내 두 사람을 처치할 것을 요청했다.

"내 부친은 위나라 대부 석작 어른이시다. 진나라 대부인 자겸과 친한 사이인데 어찌 나를 감금하느냐?"

석후도 군사들을 향해 악을 쓰고 소리를 질렀다.

"이놈아, 네 아비가 너를 처형해달라고 했다."

위나라 군사들이 석후를 조롱했다.

"뭣이? 어찌 그럴 리가 있느냐? 아버지가 무엇 때문에 자식을 죽인다는 말이냐?"

"석작 어른께서는 너같이 무도한 자식을 일찌감치 죽이지 못한 것을 후회하고 계신다."

"아아, 아버님이 어찌 아들을 버릴 수 있습니까?"

석후는 머리를 쥐어뜯으며 괴로워했.

석작은 가신 누양견獳洋肩을 보내 살려달라고 울부짖는 아들 석후를 죽였다. 위나라에서는 우재右宰의 벼슬에 있는 추醜를 보내 형을 죽이고 군위를 빼앗은 주우의 목을 베었다. 군사들이 일제히 석작을 칭송했다.

> 석작은 참으로 충성스럽고 어진 신하다. 주우가 시역한 역적이라 미워했는데 그 자식도 역모에 참여하였다. 아들을 죽이고 시역한 역적을 죽이니 대의멸친大義滅親하지 않았는가?

중원의 제후들이 모두 석작을 칭송했다. 여기서 대의멸친이라는 고사성어가 유래했다. 석작은 위나라의 충신으로 아들이 권력을 잡았는데도 옳은 일이 아니었기 때문에 아들을 죽여 위환공에게 충성을 바치는 대의를 밝혔다. 신하는 자기 이익을 위해서가 아니라 나라와 백성을 위해서 신용을 지켜야 한다.

5. 선비는 자기를 알아주는 사람을 위하여 죽는다

　신하된 자는 군주로부터 은혜를 받는다고 한다. 은혜를 받는다는 것은 군주에게 쓰임을 받아 가문의 명성을 높이고 부귀를 누린다는 뜻이다. 그러므로 신하된 자는 군주를 위하여 충성을 바치다가 죽는 것을 은혜를 갚는다고 한다. 군주는 이러한 신하를 믿고 높은 지위와 부귀를 준다.

　신포서申包胥는 초나라 사람으로 열혈남아 오자서와 친구였다. 오자서가 간신 비무기費無忌 때문에 부모를 잃고 비참한 망명의 길에 오를 때 우연히 길에서 만났다.

　"나는 간신에게 모함을 받아 외국으로 망명하는데 반드시 이를 복수하려고 한다."

　오자서가 신포서에게 말했다.

　"친구의 불행을 모른 체할 수는 없다. 그러나 나는 오나라 신하이니 자네가 오나라를 멸망시키면 나는 다시 세울 것일세."

　신포서는 오자서에게 그렇게 말하고 헤어졌다. 20년이 지나서 오자서는 마침내 오나라의 대군을 이끌고 초나라로 쳐들어와 초나라를 멸망시키고 무덤 속에 들어 있던 초평왕의 시신을 꺼내 채찍으로 300대를 때렸다. 이것이 저 유명한 굴묘편시掘墓鞭屍라는 고사성어가 유래한 배경이다.

"죽은 임금 시신에 채찍질을 하다니 너무 심하지 않은가? 이는 군자의 도리가 아니다."

신포서가 편지를 보내 오자서를 질책했다.

"해는 지고 갈 길은 멀어 도리에 어긋나는 것을 알고 있었지만 어쩔 수 없었다."

오자서가 신포서에게 답했다. 이때 오자서가 한 말 '해는 지고 갈 길은 멀다'는 일모도원日暮途遠도 고사성어가 되었다.

신포서는 초나라가 오나라 대군에게 멸망하게 되자 진나라로 달려가 구원을 청했다. 그러나 진나라는 초나라가 이미 기울었기 때문에 구원할 생각이 전혀 없었다. 신포서는 7일 밤낮을 진나라 궁궐 계단에서 통곡하면서 울었다. 이에 진나라 왕과 대부들이 감동하여 구원군을 보내 초나라는 기사회생했다.

춘추전국시대에 진晉나라가 있었다. 진나라는 진문공 중이 시절에는 중원의 패자로 널리 알려졌지만 오랜 세월이 지나 전국시대가 가까워지면서 지백智伯이라는 신하가 국정을 전횡했다. 이에 조나라의 대성인 한씨, 조씨, 위씨가 지백에게 저항하여 난을 일으켜 진나라는 조, 위, 한 세 나라로 갈리었고 지백은 이들에게 비참하게 살해되었다.

지백에게 충성을 바치던 인물로 문객 중 예양豫讓이라는 협사가 있었다. 지백은 예양을 매우 신뢰하고 예우했다. 예양은 지백을 위해서라면 죽을 수도 있다고 항상 입버릇처럼 말했고 지백도 그 말을 믿었다.

조양자趙襄子는 지백을 멸망시킨 뒤 그의 후손들을 모두 멸절하고 지백의 두개골에 옻칠을 해서 술잔으로 사용했다. 예양은 힘을 다하여 조양자의 군사들과 싸웠으나 패하자 산으로 달아나 복수를 준비했다.

아아, 선비는 자기를 알아주는 사람을 위해 죽고 여자는 좋아하는 사람을 위해 용모를 아름답게 꾸민다. 지백이 나를 알아주었으니 나는 반드시 그를 위하여 원수를 갚고 죽겠다. 이렇게 하면 혼백이 되어 지백을 만나더라도 부끄럽지 않을 것이다.

예양은 이름을 바꾸고 죄수를 가장하여 조양자의 대궐로 들어가 변소에 숨어서 조양자를 찔러 죽이려고 했다. 조양자가 변소에 이르자 갑자기 가슴이 두근거리고 등줄기가 서늘했다. 조양자는 일을 보지 않고 밖으로 나와 변소에 매복이 있으니 조사하라고 지시했다. 군사들이 변소를 조사하자 품속에 비수를 품은 예양이 숨어 있었다.

"너는 누구냐?"

조양자가 예양을 노려보면서 물었다.

"나는 지백의 가신 예양으로 그를 위하여 원수를 갚으려고 했다."

예양이 조금도 망설이지 않고 당당하게 말했다. 조양자의 군사들이 일제히 예양을 죽이자고 말했다.

"주인을 위하여 죽으려고 하니 그는 의로운 사람이다."

조양자는 예양의 충성스러움을 가상하게 여겨 자신을 죽이려고 했는데도 석방했다.

예양은 얼마 후 온몸에 옻칠을 해서 나병환자처럼 위장하고 탄炭을 먹어 벙어리가 되었다. 그는 누가 보아도 알아볼 수 없을 정도가 되자 시장에 나갔다. 그의 아내도 그를 알아보지 못했다. 그러나 길에서 뜻밖에 한 친구가 예양을 알아보았다.

"그대는 예양 아닌가?"

"그렇다."

예양의 벗이 초라한 그의 모습을 보고 눈물을 흘렸다.

"당신과 같은 재능을 가진 사람이 신하로서 예를 갖추고 조양자를 섬긴다면 그는 반드시 높은 벼슬에 임명할 것이다. 그때는 원수를 갚기가 더욱 쉽지 않겠는가? 굳이 몸에 상처를 내고 추하게 꾸며서 복수를 해야 하는가?"

"신하로 위장하여 그 사람을 섬긴다면 어찌 바르다고 할 수 있겠는가? 조양자가 비록 지백을 살해했으나 그는 군자다. 내가 이렇게 하는 것은 두 마음을 품지 않는다는 것을 후세에 전하기 위해서다."

예양은 단호하게 말하고 떠났다.

조양자가 외출하기 위해 어느 다리에 이르렀을 때 말이 머뭇거리면서 다리를 건너려고 하지 않았다.

"이것은 예양이 숨어 있기 때문이다."

조양자가 군사들을 시켜 다리 밑을 조사했더니 과연 예양이 끌려나왔다.

"나는 너를 여러 차례 용서했으나 너는 나를 계속 죽이려고 했다. 이제는 용서할 수 없구나."

조양자가 탄식했다.

나도 구차하게 목숨을 구걸할 생각은 없소. 내가 여러 차례 그대를 죽이려고 했는데도 실패한 것은 하늘의 뜻이고 그대가 현명한 군주임을 알겠소. 그러나 이대로 죽는다면 지하에서 내 주군을 볼 면목이 없으니 그대의 옷가지를 빌려주오. 그러면 옷가지를 베어 원수를 갚으려는 의지를 보이고자 하오.

예양의 말에 조양자가 자신의 옷을 가져다주게 했다. 예양은 조양자의 옷을 보자 세 차례 높이 뛰어오르면서 옷가지를 베었다.

"이것으로 지하에서 잠든 지백님 영혼을 만날 수 있습니다."

예양은 큰 소리로 외친 뒤 목을 찔러 자결했다. 조양자는 예양의 장례를 후하게 치르라고 군사들에게 말했다.

예양은 자객이고 협객이다. 지백의 문객으로 있었는데 춘추전국시대 문객이나 신하들은 주군이 죽으면 반드시 그 원수를 갚아야 한다는 것이 묵계였다. 주군들은 이러한 묵계를 바탕으로 많게는 3,000명에 이르는 문객에게 몇 년 동안이라도 밥을 먹여주고 재워주는가 하면 화려한 옷까지 입혀주었다.

맹상군의 문객 중 풍환馮驩이라는 인물은 아무 일도 하지 않으면서 술과 고기를 주지 않고, 화려한 수레를 주지 않는다고 칼을 두드리면서 맹상군에게 불평했다. 맹상군은 그의 불평을 말없이 해결해주었는데 이는 주인은 문객을 빈객으로서 대접하고 문객은 주인이 어려울 때 목숨을 같이해야 한다는 불문율 같은 믿음이 있었기 때문이다.

맹상군이 제나라 재상으로 있으면서 자기 돈을 모두 투자하여 문객들을 대접하자 문객이 3,000명에 이르렀다. 그러나 맹상군이 제 민왕의 미움을 받아 재상직에서 물러나자 문객들이 모두 떠나가고 풍환만 남았다. 풍환의 지혜로 맹상군은 어려운 시절을 극복하고 다시 재상이 되었다. 그러자 떠났던 문객들이 모두 돌아왔다.

"내가 일찍이 객을 좋아하여 문객을 섭섭하게 대우한 일이 없어서 문객이 3,000명에 이르렀습니다. 그러나 내가 불행해지자 모두 떠났습니다. 그런 이들이 내가 다시 재상이 되자 돌아오다니 얼굴에 침을 뱉어도 시원하지 않을 것입니다."

맹상군이 염치없는 문객들을 보고 말했다. 그러자 풍환이 말고삐를 매어놓고 수레에서 내려와 맹상군에게 절을 했다.

"선생께서는 문객들을 위하여 절을 하시는 것입니까?"

맹상군이 깜짝 놀라 수레에서 내려와 풍환의 어깨를 잡아 일으컸다.

"문객들을 위해 절하는 것이 아니라 군(君)께서 말씀하신 것이 잘못되었기에 그를 깨우쳐드리기 위해서입니다."

"이 사람이 어리석어 선생의 말씀을 알아듣지 못하겠습니다."

맹상군의 말에 풍환이 다음과 같이 말했다.

살아 있는 것에게 반드시 죽음이 있고 만물에는 까닭이 있습니다. 부귀하면 문객이 많이 모이나 빈천하면 사람이 오지 않는 것은 자연스러운 일입니다. 날이 밝아 아침이 오면 시장에 많은 사람이 모여듭니다. 그러나 날이 저물어 해가 기울면 잔뜩 모여들었던 사람들이 모두 돌아갑니다. 이것은 사람들이 아침을 좋아하고 저녁을 싫어하기 때문이 아니라 바라는 것이 그 안에 없기 때문입니다. 이제 군께서 높은 지위를 다시 얻으시니 문객들은 바라는 바가 있기 때문에 다시 오는 것입니다. 그들을 막으면 아침에 시장이 열리지 못하는 것이나 마찬가지입니다. 시장이 열려야 좋은 물건도 있고 나쁜 물건도 있으니 바라건대 전처럼 문객을 예의로 맞이하십시오.

풍환의 말을 들은 맹상군은 깊은 감명을 받았다. 풍환은 맹상군이 어려울 때 버리지 않았고 오히려 그를 도왔다. 맹상군이 어려움을 극복하자 배신한 문객들을 버리라고 할 수 있었는데도 오히려 그를 위하여 그들을 받아들이라고 권하여 신하의 신용이 어떤 것인지 여실하게 보여주었다.

신포서는 진나라의 구원을 얻기 위해 7일 동안이나 궁궐 앞 계단에서 통곡하여 진나라 사람들을 감동시켰다. 결국 그의 통곡에 감동한 진나라는 구원병을 보내서 위기에 빠진 초나라를 구한 것이다.

6. 직언하는 것이 충성이다

춘추전국시대 많은 제왕이 어질고 유능한 인물을 찾으려고 노력했다. 유능한 신하가 있으면 나라가 흥하고, 어진 신하가 있으면 백성이 평안했다. 제환공은 자신을 죽이려고까지 한 관중을 발탁하여 패자가 되었고, 유비는 제갈량을 맞이하기 위해 세 번이나 초가집을 찾아가 삼고초려三顧草廬라는 고사를 남기고 촉한의 황제가 되었다.

나라를 경영하려면 관중처럼 책략에 능한 사람이 필요하고, 상앙처럼 법에 엄중한 사람, 무예에 능한 장수가 필요하다. 그러나 그들 중 임금이 잘못된 길을 갈 때 직언을 올리는 신하 또한 절대적으로 필요하다.

조선시대 사관은 역사를 사실에 따라 기록했고, 실록은 임금도 보지 못하게 했다. 실록을 수정하여 역사를 왜곡하는 것을 방지하기 위해서였다. 사관이 역사를 바르게 기록하는 것을 직필이라고 하는데, 역사상 가장 유명한 직필은 〈동호董狐의 직필直筆〉이다.

춘추시대 진(晉)나라의 사관(史官) 동호(董狐). 나라를 경영하기 위해서는 유능한 신하뿐 아니라 직언을 마다 않는 신하도 필요하다. 동호의 고사에서 동호직필(董狐直筆)이란 사자성어가 나왔다.

춘추전국시대 진영공은 포악한 군주였다. 재상의 직에 있던 조순趙盾은 여러 차례 직언을 올렸으나 진영공이 듣지 않자 나라를 떠나기로 했다. 그러나 그가 국경을 벗어나기도 전에 진영공이 시해되었다. 조순은 도성으로 돌아왔다. 그는 사관인 동호를 불러 대사기大事記를 보여달라고 말했다. 대사기는 국가의 중요한 사건을 기록하는 죽간竹簡을 말한다. 동호가 대사기가 적힌 죽간을 조순에게 공손히 바쳤다.

재상 조순이 7월 을축일 임금 이고夷皐를 죽이다.

조순은 얼굴이 하얗게 변했다. 대사기에는 조순이 진영공을 죽인 것으로 되어 있었다. 그것은 청천벽력 같은 일이었다.

"사관, 이것은 잘못되지 않았소? 우리 임금이 시해당할 때 나는 도성에서 200리(78킬로미터)나 떨어진 곳에 있었소. 내가 어찌 시해를 알았겠소? 이는 터무니없는 오해요."

조순이 화를 벌컥 내며 말했다.

"당신은 재상의 지위에 있으면서 피신했지만 나라를 벗어나지 않았고 도읍에 돌아와서도 시군弒君한 자를 문책하지 않았소. 이 일을 비록 당신이 꾸미지 않았다 해도 가장 높은 자리에 있었으니 역사의 준열한 심판을 모면할 수는 없소."

동호가 단호한 목소리로 말했다.

"이 기록을 수정할 수는 없겠소?"

"옳은 것을 옳다 하고 그릇된 것을 그릇되었다고 해야 곡필曲筆이 되지 않는 것이오. 실사구시實事求是의 정신으로 역사를 기록하지 않으면 어찌 후대에 바른 역사가 남겠소?"

"시군했다는 기록을 지우지 않으면 그대의 목을 베겠다."

"내가 죽는다고 해도 지울 수 없소."

"당장 이 기록을 바로잡으라! 어찌하여 나에게 시군 누명을 씌우는가? 기록을 수정하지 않으면 그대 목을 베겠노라!"

조순은 칼을 뽑아들고 동호를 위협했다.

"그대가 내 머리를 자를 수는 있겠으나 나는 죽어도 기록을 수정할 수 없소이다."

동호의 기개는 대쪽처럼 서슬이 퍼랬다.

"아아, 나는 국경 밖으로 피신하지 않아서 시군했다는 누명을 쓰게 되었구나. 내 나라를 떠나는 것이 슬퍼서 머뭇거리다가 천추의 한을 남기게 되었다."

조순은 깊이 탄식하면서 칼을 접었다. 동호를 죽이지도 않았고 기록을 수정하지도 않았다.

사신史臣이 조순을 평하기를, 어진 재상이어서 악명惡名을 얻게 되었으나 참았다고 했고, 동호를 평하기를, 어진 사관史官이어서 사실을 은휘隱諱하지 않았다고 했다. 이때부터 죽음을 무릅쓰고 역사를 바르게 기록하는 것을 '동호의 직필' 이라고 한다.

조선시대에는 사헌부, 사간원, 홍문관을 삼사라고 했는데 이들은 주로 언로言路를 담당했다. 이들은 국가 정책, 왕명, 신하들의 부패에 직언을 올려 나라가 바르게 운영되도록 노력했다. 기업에서도 경영자의 지시라고 하여 무조건 따르는 '예스맨'보다 잘못되지 않도록 지적하는 '노맨'이 더욱 필요한 시점이기도 하다.

4
부모와 자식의 신용

어버이와 자식이 서로 친애하는 것은 타고나는 성품이니,
어버이는 자식을 낳아 기르고 사랑하고 가르치며,
자식은 어버이의 뜻을 받들어 순종하고 효도하여 봉양한다.

4장
부모와 자식의 신용

세상인심이 험악하여 자식이 아버지를 죽이고 부모가 어린 자식을 버리는 일이 심심치 않게 일어난다. 현대에 일어나는 많은 살인사건 중 부모·자식 간 살인사건이 적지 않게 일어나 사람들의 혀를 차게 만든다.

아버지가 딸을 성폭행하는가 하면 재산 때문에 자식이 부모를 살해하기도 한다. 부모가 게임을 하려고 젖먹이 아기를 방치하여 죽게 만드는 일도 뉴스에서 본다. 현대의 부모는 자식이 어릴 때부터 학원에 보내 공부에만 몰두하게 한다. 이는 오로지 출세를 위한 것이고 쾌락을 위한 것이다.

이런 일은 사실 오래전 역사에도 기록되어 있다. 춘추전국시대의 역사를 살펴보면 수많은 제후가 권력을 차지하려고 자식이 아버지를 죽이고, 형제가 형제를 죽였다. 권력과 황금은 부모와 자식 사이마저 갈라지게 만들고 형제간에도 살육전이 벌어지게 한다. 신용불량자가 400만 명에 육박하면서 카드빚 7,000만 원을 갚아주지 않는다고 부모를 살해한 사람도 있고 먹고살기 어렵다고 아이들을 버린 사람도 있다. 자식이 부모를 존경하지 않고 부모가 자식을 사랑하지 않는 것은 우리 사회의 도덕성 해이에 그 원인이 있다.

1. 부모는 아이들에게 거짓말을 해서는 안 된다

조선시대에는 어릴 때부터 삼강오륜三綱五倫을 가르쳤다. 삼강은 첫째가 군위신강君爲臣綱으로 신하는 임금을 섬기는 것이 근본이고, 둘째는 부위자강父爲子綱으로 아들은 아버지를 섬기는 것이 근본이고, 셋째는 부위부강夫爲婦綱으로 아내는 남편을 섬기는 것이 도리라는 뜻이다.

오륜은 첫째가 부자유친父子有親으로 어버이와 자식 사이에는 친함이 있어야 한다는 것이고, 둘째는 군신유의君臣有義로 임금과 신하 사이는 의로워야 한다는 것이고, 셋째는 부부유별夫婦有別로 부부 사이에는 구별이 있어야 한다는 것이고, 넷째는 장유유서長幼有序로 어른과 아이 사이에는 차례와 질서가 있어야 한다는 것이고, 다섯째는 붕우유신朋友有信으로 친구 사이에는 신뢰가 있어야 한다는 뜻이다.

우리나라는 《동몽선습》으로 어릴 때부터 아이들에게 효를 가르

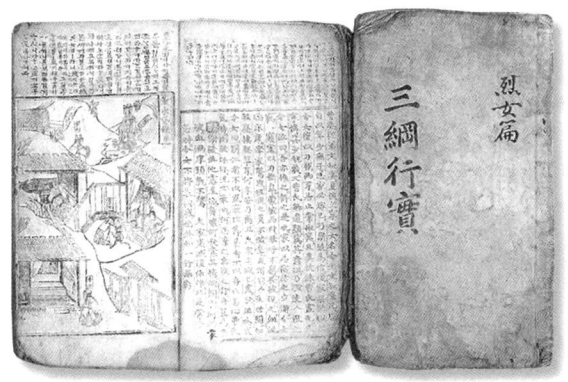
조선 세종 때 군신·부자·부부의 삼강에 모범이 될 만한 충신·효자·열녀의 행실을 모아 편찬한 《삼강행실도(三綱行實圖)》.

쳤다. 부모가 자식을 사랑하고 자식이 부모에게 효도를 하는 것은 굳은 신뢰에서 비롯한다.

어버이와 자식이 서로 친애하는 것은 타고나는 성품이니, 어버이는 자식을 낳아 기르고 사랑하고 가르치며, 자식은 어버이의 뜻을 받들어 순종하고 효도하여 봉양한다. 그러므로 어버이는 자식을 바른 도리로 가르쳐 나쁜 길로 빠지지 않게 하고, 자식은 부드러운 말로 어버이의 잘못을 간하여 세상에서 죄를 짓지 않게 하여야 한다.

《동몽선습》의 부자유친에 있는 말이다. 부모가 자식을 사랑하고 자식이 부모를 사랑하면 우리 사회의 범죄는 절반 이상 줄어들 것이

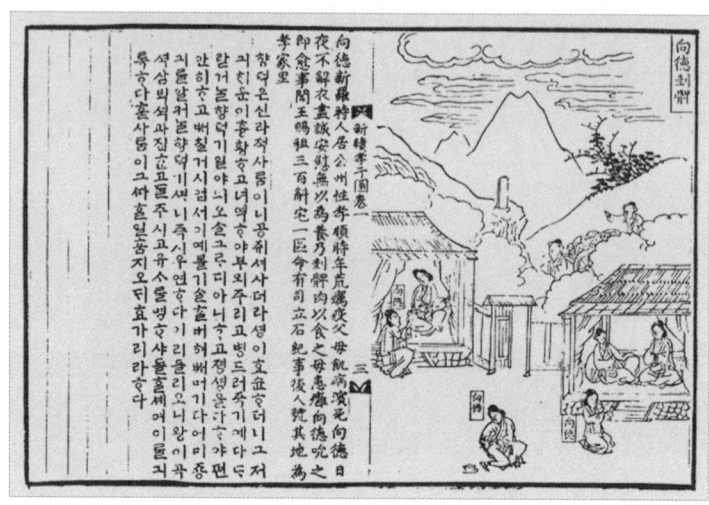

당대 최고의 화가인 안견(安堅)·최경(崔涇)·안귀생(安貴生) 등 유명 화원들이 제작에 참여한 《삼강행실도》는 조선시대의 인물화와 풍속화를 연구하는 데 중요한 자료로 평가받는다.

다. 부모의 사랑을 받지 못해 비행청소년이 되고, 범죄가 대부분 이들에게서 비롯되기 때문이다.

증자曾子는 효자의 대명사로 알려져 있는 인물이다. 그의 제자들 중에는 《오자병법吳子兵法》으로 유명한 오기吳起라는 인물이 있다. 오기는 부모 장례도 치르지 않은 인물이고 증자는 효성으로 널리 알려진 인물이다. 하루는 증자의 처가 시장에 가려고 하는데 아이가 치맛자락을 잡고 따라오면서 울었다.

"아가야, 울지 말고 집에 돌아가거라. 엄마가 시장에 갔다 와서 돼지를 잡아 고기를 먹게 해주마."

증자의 처가 아이를 달래기 위해 말했다. 아이가 고기를 먹게 되었다고 좋아하면서 집으로 달려갔다. 증자의 처가 시장을 보고 집에 돌아왔더니 증자가 돼지를 잡으려 하고 있었다.

"아니 제삿날도 아닌데 무엇 때문에 돼지를 잡으십니까?"

증자의 처가 깜짝 놀라서 물었다.

"당신이 아이에게 돼지를 잡아주겠다고 하지 않았소?"

"그것은 우는 아이를 달래기 위한 것이지 진짜로 돼지를 잡으려고 했던 것은 아닙니다."

"어린아이는 당신 말을 그대로 믿었소. 어린아이는 좋으나 나쁘나 부모 흉내를 내는 것이오. 또 어린아이는 무조건 부모 가르침을 따르니 어머니가 아이를 속이면 아이가 어머니를 믿지 않게 되는 법이오. 당신은 아이에게 신의를 잃는 부모가 되고 싶소?"

증자는 기어이 돼지를 잡아서 어머니의 약속이 신(信)이 되게 했다. 증자가 자식을 가르치는 것이 어떠했는지 보여주는 일화다. 그러나 부모와 자식 간에도 완전하게 신뢰하는 것은 쉬운 일이 아니다. 증자 어머니는 베를 짜서 증자를 키웠는데 하루는 증자의 친구가 허겁지겁 달려와 증삼(曾參, 증자의 본명)이 사람을 죽였다고 말했다.

"내 아들은 착해서 사람을 죽이지 않는다."

증자 어머니는 아들의 친구 말을 듣고도 얼굴색 하나 변하지 않고 태연하게 베를 짰다. 증삼이 사람을 죽인 것은 사실이었으나 증삼과 동명이인이이었다. 한참 뒤 다른 친구가 숨이 턱에 차서 달려와 증삼이 사람을 죽였으니 빨리 달아나라고 말했다.

"우리 아이가 사람을 죽일 리 없어."

증자 어머니는 불안한 표정을 감추지 못하면서 베를 짰다. 밤이 되자 또 다른 사람이 와서 증삼이 사람을 죽였으니 빨리 달아나라고 소리 지른 뒤 어둠 속으로 사라졌다. 증자 어머니는 그때서야 짜던 베를 팽개치고 담을 넘어서 달아났다. 효성과 학문으로 널리 알려진 증자를 키워낸 어머니도 마지막에는 아들을 신뢰하지 못한 것이다. 부모가 자식을 신뢰하는 것은 이처럼 어려운 일이다.

2. 부모와 자식의 신용은 사랑으로 시작된다

부모와 자식의 관계를 천륜이라 하고 부부간의 관계를 인륜이라 한다. 천륜은 하늘이 맺어준 인연이고 인륜은 인간이 맺은 인연이다. 그러나 부모·자식 간에도 원수가 되는 일이 종종 있다. 부모는 자식이 효성스럽지 않다고 비난하고 자식은 부모가 재산을 주지 않는다고 원망한다. 이는 부모·자식 간에 사랑과 믿음이 없기 때문이다. 형제 간에도 재산문제로 종종 분쟁이 일어난다.

중국 전한시대 영천 지방의 부잣집에 형제가 살았다. 형제는 결혼을 각각 다르게 했으나 공교롭게도 부인들이 같은 시기에 임신했다. 그러나 형의 부인은 임신하고 얼마 지나지 않아 유산을 했다.

'내가 아들을 낳지 못하고 동생이 아들을 낳으면 이 집 재산을 모두 동생의 아들에게 빼앗긴다.'

형의 부인은 유산한 사실을 숨기고 동생의 부인이 아들을 낳자 몰래 유괴하여 자신이 낳은 아이라고 말했다. 그러나 동생의 부인이 이를 눈치 채 형제간에 분쟁이 일어났다. 송사는 3년간 계속되었으나 누구 아이인지 가릴 수 없어서 뚜렷한 해결책이 나오지 않았다.

'참으로 고약한 일이다. 이를 어떻게 해결하지?'

영천 태수 황패黃霸는 며칠 동안 곰곰이 생각하다가 아이를 관리에게 안고 있게 한 뒤 두 여자에게 먼저 달려와 아이를 안고 가는 여인을 어머니로 인정하겠다고 말했다.

황패의 영이 떨어지자마자 두 여자는 아이에게 바람처럼 달려왔다. 그런데 아이를 데려가려는 형의 부인은 아이의 팔을 낚아채는 모습이 사나웠고 동생의 부인은 행여 아이가 다칠까봐 조심스러워 제대로 안지도 못했다.

"너는 재산에 눈이 어두워 이 아이를 네 아들로 삼으려고 했다. 친아들 같으면 어찌 그렇게 사납게 데려가겠느냐?"

황패가 형의 부인을 노려보면서 엄중하게 말했다.

"이실직고하라!"

황패는 눈을 부릅뜨고 형의 부인을 다그쳤다. 형의 부인은 황패의 말에 고개를 숙이고 대답을 하지 못했다. 결국 곤장을 때리자 형의 부인이 동생의 부인 아이를 유괴하여 자기 아이라고 했다는 사실을 자백했다. 솔로몬의 재판과 유사하다.

부모와 자식 간에는 사랑이라는 믿음이 있다. 그런데 이 사랑이라는 믿음이 깨지면 비극이 된다. 부모는 젊었을 때 자신은 굶주려도 자식에게는 먹이고, 부모가 늙으면 자식은 부모를 봉양하여 길러준 은혜에 보답한다. 그러나 최근에는 병든 부모를 버리는 일이 흔할 뿐 아니라 재산을 주지 않는다고 폭행하는 패륜아를 종종 보게 된다.

당나라 하남에 이걸李杰이라는 관리가 있었다. 그는 자신이 다스리는 고을을 위하여 열심히 일했는데 하루는 한 과부가 관아를 찾아와 아들이 불효를 한다고 고발했다. 어미가 아들을 고발하는 것은 전례가 없는 일이라 송사가 고을 사람들의 화제가 되었다.

"그대는 남편이 죽은 뒤 홀로 아들을 키우며 살아왔는데 이제 그 아들을 고발하여 아들이 사형을 당하면 후회하지 않겠는가?"

이걸이 과부를 불러 조용히 물었다. 불효죄는 당시 사형에 처하게 되어 있었다.

"자식이 불효하여 어미에게 순종하지 않으니 죽는다고 한들 애석하지 않습니다."

과부가 서릿발이 내릴 것처럼 냉정하게 대답했다. 이걸이 자식에게 어찌된 일이냐고 물으니 자식은 하염없이 눈물을 흘리면서 어미에게 죄를 지었으니 죽여달라고 말했다.

'기이한 일이로다. 어미와 자식이 모두 죽여달라고 청하니 어떻게 판결해야 한다는 말인가?'

이걸은 여러 날에 걸쳐 과부와 아들을 심문하고 과부에게 고발을 철회할 수 없느냐고 설득했다. 그러나 과부가 너무나 완강하게 주장하는 것이 이걸의 의심을 샀다.

"자식이 죽여달라고 말하고 어미가 죄를 고발했으니 마땅히 사형에 처할 것이다. 어미는 즉시 나가서 관을 구해와라!"

이걸이 영을 내리자 과부가 바람을 일으키면서 나갔다.

이걸은 관리를 시켜 과부를 은밀히 미행하게 했다. 관을 사러 간 과부는 저잣거리에서 한 도사道士를 만나 일이 잘 처리되어 관을 구하러 나왔다고 말했다. 도사는 매우 기뻐하면서 과부와 함께 관을 사서 관아로 들어왔다.

관리도 관아로 들어와 과부와 도사가 이야기한 내용을 이걸에게 낱낱이 보고했다. 이걸은 그때서야 모든 사정을 파악하고 마지막으로 과부에게 물었다.

"마지막으로 묻겠는데 아들을 죽이면 후회하지 않겠는가?"

이걸이 아들을 죽이면 후회하게 될 것이라고 했으나 과부는 막무가내로 아들을 죽여달라고 청했다. 이걸은 대노하여 관리에게 영을 내려 도사를 잡아서 문초하게 했다. 곤장을 몇 대 맞은 도사는 늦바람이 난 과부와 정을 통했으나 아들 때문에 자유롭지 못해 그를 죽이려고 모함했다고 자백했다. 아들은 그와 같은 사실을 알았으나 모든 사실이 밝혀지면 어미가 사형을 당할까봐 눈물만 흘리고 있었다.

자식을 죽이려고 한 과부와 도사는 장살杖殺되어 자신들이 사가지고 온 관으로 들어가는 신세가 되었다. 과부는 늦바람이 나서 아들을 죽이려다 자식과의 천륜을 끊었다. 아들은 자신이 죽을 줄 알면서도 어머니의 부정을 고발하지 않았으니 지극히 효성스럽다고 할 것이다. 과부가 육욕에 눈이 멀어 아들을 죽이려고 한 것은 자식 사랑이 없었기 때문이다.

《세설신어世說新語》에 보면, 진晉나라 환온桓溫이 촉 땅을 정벌하기 위해 많은 군사를 거느리고 출정했다. 환온은 촉으로 빠르게 가기 위해 양쯔강에 배를 여러 척 띄우고 군사를 나누어 싣고 가게 되었다.

그때 군사 한 명이 근처 산에서 새끼 원숭이 한 마리를 잡아서 배에 올라탔다. 군사들이 탄 배는 양쯔강 중류에 있는 싼샤를 향해 서서히 나아갔다. 그런데 새끼 원숭이를 잃은 어미 원숭이가 100리(39킬로미터)나 쫓아오면서 슬프게 울었다. 군사들은 원숭이가 물길을 따라 오면서 우는 것을 보고 조롱하기도 하고 깔깔거리기도 했다.

배가 마침내 싼샤에 이르자 슬프게 울면서 따라오던 원숭이가 협곡이 좁아진 틈을 노려 새끼를 구하려고 배로 몸을 날렸다. 그러나 어미 원숭이는 새끼를 구하려는 한 가지 목적으로 달려왔기 때문에 배에 오르자마자 죽고 말았다. 군사들이 원숭이로 요리를 하려고 배를 가르자 창자가 토막토막 끊어져 있었다. 새끼를 빼앗긴 슬픔이 어미 원숭이의 창자를 끊은 것이다.

이때부터 창자를 끊는다는 단장斷腸이라는 말이 널리 쓰이게 되었다. 자식에 대한 부모의 사랑은 대부분 어미 원숭이처럼 단장이 끊어지는 것처럼 애절하고 무조건적이다. 부모와 자식 간에는 사랑이라는 이름의 신용이 있어야 한다.

중국 송나라의 유의경(劉義慶)이 저명인들의 일화를 모아 편찬한 《세설신어(世說新語)》. 후한(後漢) 말에서 동진(東晉) 말까지 약 200년에 걸친 시대를 다루었는데, 실존했던 제왕과 귀족은 물론 당대의 문인과 학자, 부녀자까지 700여 명의 언행과 일화를 상세히 담았다.

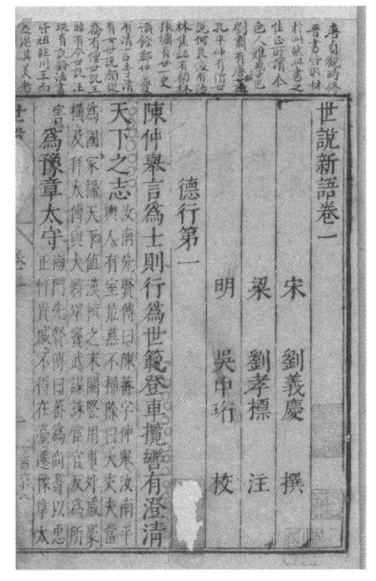

　　서머싯 몸William Somerset Maugham의 단편소설에 이런 것이 있다. 아버지는 키가 크고 무뚝뚝하고 딸은 4, 5세밖에 되지 않아 아직 말도 잘하지 못했다. 아버지가 말이 없고 자상하지 않았기 때문에 딸은 말을 건네거나 품에 안기지 않았다. 아버지는 이상하게 무서운 존재로 생각되었다.

　　어느 날 밤 소녀는 천둥번개가 몰아치는 바람에 잠에서 깼다. 사방은 캄캄했고 비바람과 천둥번개가 몰아쳐서 너무나 무서웠다. 어머니가 집에 없었기 때문에 커다란 집이 더욱 무섭게 느껴졌다. 소녀는 방에서 나와 아버지 방으로 들어갔다. 아버지는 침대에 누워 깊이 잠들어 있었다. 소녀는 아버지 침대에 올라가 옆에 누웠다.

　　"무슨 일이냐?"

"무, 무서워요."

아버지는 말없이 소녀를 안아서 가슴에 얹어놓고 잠을 청했다. 소녀는 아버지 가슴에 엎드려서 눈을 감았다. 이상하게 아버지 가슴이 따뜻하고 포근했다. 밖에서 몰아치는 비바람과 천둥번개도 무섭지 않았다.

서머싯 몸의 이 짧은 소설에는 아버지와 딸의 사랑이 흐르고 있다. 서로 표현하지 않아도 부모와 자식 간에는 이렇듯 따뜻한 사랑이 흐르고, 사랑으로 믿음이 형성된다.

3. 아들을 버린 아비와 아비의 원수를 갚은 아들

중국 춘추전국시대는 매우 기이한 시대다. 공자, 맹자, 노자를 비롯한 성인들이 출현했는가 하면 영웅호걸과 세객이 부침을 거듭하고 제후들이 흥망성쇠를 되풀이했다. 역사의 모든 전형이 춘추전국시대에 있다고 해도 지나친 말이 아닐 정도로 성인에서 도적, 세객에서 상인, 요부에서 현모양처까지 다양한 인간군상이 집대성되어 있다.

조선시대에는 《삼국지三國志》를 읽으면 소아小兒라고 비웃음을 살 정도로 비난을 받았고, 《춘추春秋》 등 춘추전국시대의 사서를 읽어야 학문이 높은 사람으로 평가되었다.

부모와 자식 이야기도 춘추전국시대에서 그 전형을 폭넓게 찾을 수 있다. 춘추전국시대의 부자관계는 훗날 역사에 영향을 많이 미쳤다. 어떻게 보면 춘추전국시대에는 예나 효의 개념이 정립되어 있지 않았다. 그러나 공자가 등장하여 예나 효를 강조하면서 동양사상에 중대한 영향을 미쳤다. 그렇다면 춘추전국시대에는 부모와 자식의 관계가 어떠했을까.

초평왕에게는 건建이라는 이름의 태자가 있었다. 건이 이미 장성했을 때 초평왕은 초나라를 강성하게 만든 오거의 아들 오사伍奢를 태사太師에 임명했다. 초나라 대신 비무기는 초평왕을 가까이 모시는 신하인데 아첨을 잘하여 초평왕이 총애했다. 그가 스스로 태자를 섬기겠다고 청하자 초평왕은 그를 소사小師에 임명했다. 장수인 분양奮揚은 태자의 사마司馬가 되었다.

초평왕은 나라가 안팎으로 평온하자 주색에 몰두했다. 비무기는 위인이 소인배라 초평왕을 모시고 항상 음탕한 놀이를 즐겼다. 그는 영윤(재상) 투성연을 모함하여 죽이고 양개를 영윤에 임명하게 했다. 태자 건은 투성연이 억울하게 죽었다고 의심했다. 비무기는 태자 건이 투성연의 억울한 죽음을 밝히려고 하자 전전긍긍하다가 꾀를 하나 생각해냈다.

"주공, 이제 태자마마께서 성년이 되셨으니 혼례를 준비해야 하옵니다."

하루는 비무기가 초평왕에게 넌지시 아뢰었다. 태자 건의 환심을 사려는 의도였다.

"그렇다. 부인을 어디서 얻어오는 것이 좋겠느냐?"

초평왕이 고개를 끄덕거리며 대답했다.

"진秦나라에 청혼하는 것이 좋겠습니다. 진나라는 서쪽의 강성한 나라이니 양국이 혼인을 맺으면 군사를 청할 때도 좋을 것입니다."

초평왕은 비무기의 말을 그럴듯하게 생각하여 많은 예물을 주며 진나라에 가서 청혼하라고 명했다. 비무기는 초평왕의 허락을 받자 진나라에 가서 진애공秦哀公에게 예를 올리고 청혼을 했다.

"초의 태자가 청혼을 해왔다. 어찌해야 좋겠는가?"

진애공이 대부들을 모아놓고 물었다.

"오래전에는 우리 진나라와 진晋나라가 대대로 혼인하여 사이좋게 지냈으나 지금은 멀어졌습니다. 초나라는 강대한 나라이니 혼인을 맺으면 우리에게 크게 득이 될 것입니다."

대부들이 일제히 찬성했다. 진애공은 자신의 여동생 맹영孟嬴을 초나라 태자 건에게 시집보내기로 결정했다. 맹영은 무상공주無祥公主라 불릴 정도로 미색이 뛰어난 여인이었다.

"진과 국혼을 맺게 되었으니 그대 공이 크다. 그대는 다시 진秦나라에 가서 공주를 모셔오라."

초평왕은 황금과 벽옥 등 예물을 많이 주고 비무기에게 맹영을 모셔오게 했다. 비무기는 다시 진나라에 가서 정중하게 사은의 절을 올리고 예물을 바쳤다. 진애공은 초평왕의 예물을 받고 크게 기뻐하여 공자 포蒲를 시켜 맹영을 초나라까지 호송하게 했다.

맹영의 혼례 행렬은 호화로웠다. 보물과 짐을 실은 수레가 100대나 되었고 잉첩(媵妾, 혼례 때 따라오는 여종)이 수십 명이나 되었다. 수많은 깃발을 나부끼며 호화로운 수레를 타고 시집 가는 맹영을 보려고 초나라로 가는 연도에 백성이 구름처럼 몰려들었다. 맹영이 수레에서 내려 백성에게 일일이 인사를 하였으므로 수레는 초나라까지 가는 데 시간이 오래 걸렸다.

'저런 절세가인을 태자에게 주기는 너무 아깝다.'

비무기는 맹영의 얼굴을 보고는 놀라움을 금치 못했다. 맹영의 우미優美한 눈썹과 추수秋水처럼 서늘한 눈, 오뚝한 콧날, 앵두처럼 붉은 입술, 그리고 세류요細柳腰와 하늘거리는 둔부는 가히 선녀라고 해도 지나친 말이 아니었다. 교활한 비무기는 맹영이 절세가인이라는 점을 이용하여 태자 건을 제거할 음모를 꾸몄다.

맹영의 혼례 행렬이 초나라 도읍 영도에 가까운 역관에 이르자 비무기는 먼저 성안에 들어가 초평왕을 뵈었다.

"원로에 수고가 많았노라. 진나라 공주의 인물이 어떠하던가?"

초평왕은 건성으로 물었다. 며느리가 될 여자의 인물이 어떤지 굳이 알 필요는 없었으나 혹시 추녀가 아닌가 하여 물은 것이다.

"신은 용모가 절색이라는 가인을 많이 보았으나 아직까지 그토록 아름다운 가인은 본 바가 없습니다. 달기나 여희 같은 미인도 결코 진녀에 비할 바가 못 될 것입니다."

비무기가 맹영의 미모를 입에 침이 마르도록 칭찬했다.

"진나라 공주가 그토록 미인이던가?"

초평왕은 호기심이 동했다.

"가인이 어찌 용모만 출중하겠습니까? 목소리는 꾀꼬리 같아서 말을 하면 그대로 노래가 되옵고 몸은 희고 팽팽하니 염기가 저절로 흘러서 경국지색이요, 우물尤物이라고 할 만했습니다."

비무기의 말을 들은 초평왕은 깊이 탄식했다.

"우리 태자는 복이 많구나. 그토록 아름다운 여자를 아내로 맞이하다니……. 나는 한 나라의 왕인데 어찌 그처럼 아름다운 여인을 만날 수 없는고?"

"대왕께서 공주를 원하시면 무엇을 걱정하십니까?"

간신 비무기가 머리를 조아리고 낮게 속삭였다.

"진녀는 태자비가 될 것이 아니냐. 그러니 내 어찌 아쉬워하지 않겠는가?"

"태자비가 되기 전에 대왕께서 먼저 진녀를 품에 안으십시오."

"며느리로 데려왔는데 시아버지인 과인이 차지한다는 말인가? 그것은 인륜에 벗어난다."

초평왕은 고개를 절레절레 흔들었다. 아버지로서 아들의 며느리가 될 여자를 취하는 것은 자식과 부모의 도리가 아니었으나 위인이 음탕한 초평왕은 그런 일에는 관심조차 없었다.

"태자께서는 아직 성례를 올린 것이 아니니 며느리라고 할 수 없습니다. 그런데 무엇이 문제가 되겠습니까? 또한 대왕께서 하시는 일을 어느 신하가 비난할 수 있겠습니까?"

"신하들의 입이야 막겠지만 태자의 입을 막을 수는 없다. 공연히 분란만 일으킬 뿐이다."

"일을 도모하려면 어찌 계책이 없겠습니까? 잉첩 중 미모가 뛰어난 여자를 골라서 진나라 공주라 칭하여 태자에게 보내고 진녀를 대왕께서 품에 안으시면 누가 알겠습니까? 그녀가 입을 다물면 아무도 모를 것이옵니다."

"계책이 좋기는 하다만 어찌할꼬?"

초평왕은 진나라 공주를 손에 넣자니 아들이 신경 쓰이고 놓자니 아쉬워 망설였다. 아들의 부인이 될 여자를 취하는 것을 선뜻 동의할 수 없었다.

"대왕께서는 진녀를 안으십시오. 모든 일은 신이 알아서 주선하겠습니다."

비무기는 초평왕이 대답도 하기 전에 물러나가 자기 계획대로 일을 추진했다. 초평왕은 미인을 아내로 삼을 욕심에 비무기를 말리지 않았다. 묵시적으로 동의한 것이다. 맹영 일행이 교외에 이르자 비무기는 초평왕에게 먼저 문후를 드려야 한다고 속이고 맹영을 왕궁으로 들여보낸 뒤 동궁에는 잉첩 중 가장 미인인 제녀齊女를 맹영으로 분장시켜 들여보내 혼례를 올리게 했다. 물론 제녀에게는 보물을 많이 주어 입을 다물게 했다.

초평왕은 그날 밤 맹영과 운우지정을 나누었다.

'진나라 태자가 어찌 이렇게 늙었을까?'

맹영은 의아했으나 신랑이 바뀌었으리라고는 꿈에도 생각하지 못했다. 초평왕은 며느리를 취함으로써 자식을 사랑해야 하는 부모의 신의를 스스로 저버렸다. 훗날 초평왕은 죽어서 춘추전국시대 최고 영웅 오자서에게 시체마저 채찍으로 맞는 벌을 받았을 뿐 아니라 육욕에 눈이 먼 초평왕 때문에 강대국인 초나라는 오초대전吳楚大戰이라는 전쟁에 휘말려 나라가 위태롭게 되었다.

태자 건은 초평왕이 자기 부인을 빼앗았다는 사실을 뒤늦게 알고 비통의 눈물을 흘렸다. 아버지가 아들 여자를 빼앗는 패륜을 저질렀으나 아버지에게 반발했다가는 오히려 반란을 일으키려 했다는 누명을 쓰고 죽을 것이 분명했다.

초평왕은 태자의 부인이 될 맹영을 빼앗아 동침한 뒤 그녀에게서 아들을 낳았다. 간신 비무기는 태자 건이 왕위에 오르면 자신을 죽일까봐 겁이 나서 태자를 제거하기로 결심했다. 그는 태자를 제거하기 위해 태자의 사부인 오사를 먼저 죽이려고 그를 모함했다. 초평왕은 간신 비무기의 말을 듣고 오사를 도읍으로 불러들인 뒤 군사를 보내 태자를 죽이려고 했다. 그러나 이 사실을 미리 알아챈 태자는 송나라로 달아났다. 오사는 비무기의 모함으로 옥에 갇혔다.

"오사에게는 학문과 무예가 출중한 아들이 둘 있습니다. 두 아들을 불러서 죽이지 않으면 오사를 죽인다고 해도 후환이 있을 것입니다. 오사를 볼모로 잡아서 두 아들을 도읍으로 불러 죽여야 합니다. 특히 오자서는 무용이 뛰어나 살려두면 반드시 후회할 것입니다."

간신 비무기가 아뢰었다. 초평왕이 비무기의 말을 들어보니 그럴 듯했다.

'네 두 아들이 오면 너를 살려줄 것이나 오지 않으면 네가 죽을 것이다."

초평왕이 비무기가 일러준 대로 오사에게 말했다. 사건은 이제 초평왕과 태자 건의 문제에서 초나라 충신인 오사 문제로 비화되었다.

오사는 초평왕이 두 아들을 죽이려는 음모라는 것을 알았으나 왕명을 거역할 수 없어서 큰아들 오상伍尙과 작은 아들 오자서에게 편지를 보냈다.

"너희가 도읍으로 오면 아비를 살려줄 것이나 오지 않으면 아비를 죽일 것이다."

오자서는 편지를 읽고 나서 통곡했다. 오상은 부친이 위험에 빠졌다는 말을 듣고 사신을 따라 도읍으로 가려고 했다.

"형님, 초왕이 우리 형제를 부르는 것은 오씨 일가를 멸문하여 후환을 없애려는 것입니다. 우리가 가도 아버님은 죽고 가지 않아도 아버님은 죽습니다. 우리 삼부자가 모두 죽으면 이 원수를 어떻게 갚겠습니까?"

오자서가 오상에게 말했다. 오자서는 초나라의 영웅으로 춘추전국시대의 열혈장부다. 불의를 미워하고 부모에게 효성이 깊었다.

"나도 도읍에 가더라도 아버님 목숨을 구하지 못한다는 것을 알고 있다. 그러나 아버님이 나를 불러 살기를 원하는데 어찌 가지 않을 수 있느냐? 나는 도읍에 가서 아버님과 함께 죽을 테니 너는 달아나서 우리의 원수를 갚아다오."

오상은 아버지 뜻에 따라 초나라 도읍으로 들어가 아버지 오사와 함께 죽임을 당했다. 하인을 통해 아버지와 형의 소식을 들은 오자서는 피눈물을 흘리면서 복수를 맹세했다.

오자서는 형 오상과 눈물로 작별한 뒤 송나라를 거쳐 오(吳)나라에 이르렀다. 오자서가 초나라 관문을 빠져나갈 때 경비가 삼엄한 관문을 넘을 생각을 하느라고 하룻밤 내내 고민하여 눈썹과 머리가 하얗게 세었다고 한다. 여기서 백발삼천장白髮三千丈이라는 고사성어가 유래했다.

오자서는 오나라에 이르자 자객 전제를 사귀어 공자 광이 오나라 왕이 되게 하는데 성공했다. 공자 광은 오왕 합려가 되어 오자서를 대부에 임명했다.

'부모께서 나를 길러주셨으니 반드시 이 원한을 갚으리라!'

오자서는 하루도 거르지 않고 부모 원수를 갚을 생각에 골몰했다. 오자서는 병법의 대가 손무와 함께 오나라를 부국강병하게 한 뒤 군사를 이끌고 초나라를 공격했다. 춘추시대 최고의 영웅 오자서는 이렇게 해서 부형의 원수를 갚고 초나라를 멸망하게 만들었다. 오사의 두 아들 오자서와 오상은 나름대로 부모에게 도리를 했다. 형인 오상은 아버지와 함께 죽어서 아버지를 위로했고, 동생인 오자서는 복수를 해서 그 울분을 풀었다.

《사기열전》〈오자서편〉에는 아버지와 아들이 두 종류 나온다. 아들의 여자를 빼앗은 초평왕은 인면수심의 아버지이자 아들을 고통 속으로 몰아넣은 아버지다. 초평왕 아들 태자 건은 간신 비무기를 죽이려고 송宋나라를 거쳐 정나라까지 갔으나 함정에 빠져 비참하게 죽임을 당했다.

초평왕이 미색에 빠져 아들의 여자를 빼앗지 않았다면 부자관계는 정다웠을 것이고 춘추전국시대 최고 영웅인 오자서의 이름이 역사에 남지 않았을 것이다. 오자서는 억울하게 죽은 아버지의 복수를 하기 위해 20년 동안이나 절치부심했고, 초평왕 시체까지 무덤에서 꺼내 채찍을 가함으로써 울분을 씻고 대의大義가 무엇인지 역사에 기록되게 했다.

4. 자애慈愛가 없으면 사랑이 아니다

피 묻은 적삼이여 피 묻은 적삼이여, 동桐이여 동이여, 누가 영원토록 금등으로 간수하겠는가. 천추에 내 품으로 돌아오기를 바라고 바란다.

이는 정조 17년(1793) 8월 8일에 사도세자 이선의 아들 정조가 시원임대신과 2품 이상인 경재와 내각과 삼사의 제신을 소견하고 금등金縢의 글을 꺼내 보여주었을 때 나온 구절이다. 피 묻은 적삼은 사도세자를 유난히 아껴주던 정성왕후가 죽었을 때 사도세자가 슬픔이 지나쳐서 피를 토한 것[喪服]이고 동은 상복을 입은 상주가 짚고 있던 지팡이다.

사도세자가 죽을 때 11세였던 정조는 사도세자 뒤에 꿇어앉아서 아비를 살려달라고 몸부림치며 울었다. 이에 영조는 손자인 정조를 안아서 휘령전 밖으로 내보낸 뒤 군사들에게 엄명을 내려 사도세자를 뒤주 속에 가두어 죽게 만들었다.

영조는 사도세자가 죽고 얼마 되지 않아 아들 죽인 일을 괴로워하여 금등을 작성해 남인 채제공蔡濟恭에게 알리고 후세에 남기도록 했다. 이인화가 지은 소설 《영원한 제국》은 이 금등에 얽힌 살인사건을 다루어 베스트셀러가 되었다. 소설은 사도세자가 노론과 대립하다 죽은 것으로 되어 있고, 이를 밝히기 위해 나선 주인공이 끝내 실패하고 정조도 독살되어 죽는다는 설정으로 되어 있다.

금등은 쇠줄로 단단히 봉하여 비서秘書를 넣어두는 상자로, 주나라 주공이 무왕의 병을 낫게 하기 위하여 자기 목숨과 바꾸게 해달라고 하늘에 기원했던 글을 넣어둔 데서 나온 말이다. 정조가 금등에서 꺼낸 비서는 영조가 사도세자를 죽인 일을 후회하여 기록한 비서를 말한다. 이 비밀스러운 문서는 전문이 남아 있지는 않은데 영조가 아들인 사도세자를 죽인 일을 통렬하게 후회하는 글로 되어 있다.

올빼미야 올빼미야
내 새끼 이미 잡아먹었으니

내 둥지는 헐지 마라.

알뜰살뜰 길러낸 어린 새끼 불쌍하다.

금등에 있는 글이 영조가 남긴 《시경詩經》〈빈풍편〉의 효경(올빼미)이라는 말이 있으나 정확한 것은 알 수 없다.

영조는 첫째아들 효장세자가 죽자 몹시 슬퍼했다. 그러다가 나이 사십이 되었을 때 또다시 아들을 얻자 애지중지하면서 키웠다. 그는 아들을 조선 최고의 성군으로 만들려고 엄격하게 교육했다. 사도세자는 그런 영조를 점점 두려워하기 시작했다.

영조는 탕평책을 실시했으나 노론과 소론의 대립이 치열했고, 이것이 끝내는 궁중 암투로 비화되었다. 영조의 후궁 소원 문씨는 사도세자를 모함하기 시작했고 영조는 아들을 신뢰하지 않고 꾸짖기만 했다. 질책이 얼마나 심했는지 사도세자는 영조가 무서워 기절하기까지 했다. 결국 정신병을 앓게 된 사도세자는 내시와 궁녀들을 닥치는 대로 베어 죽였다.

자식을 가르치는 데는 귀천에 차이가 없으므로 시험 삼아 민간의 일을 가지고 말씀드리겠습니다. 부형이 만일 지나치게 엄격하면 자식이 두려워하고 위축되어 말을 못하고, 받들어 모시는 사이에 저절로 잘 맞지 않고 어긋남을 면치 못하며 심지어 그것이 질병으로 발전되기까지 하는데, 만일 자애가 온화함을 위주로

하여 도리를 열어 깨우쳐준다면 은혜로운 뜻이 모두 온전해지고 부자의 정이 통하여 서로 믿음을 줄 것입니다. 지금 전하께서는 지나치게 엄격하시기 때문에 동궁이 늘 두려움과 위축된 마음을 품고 있으니 전하를 뵐 때 머뭇거림을 면치 못합니다. 삼가 바라건대, 지금부터는 심기가 화평하도록 힘쓰시고 만일 지나친 잘못이 있으면 조용히 훈계하여 점점 젖어들도록 이끌어주신다면, 하루이틀 사이에 자연히 나아져가는 효험이 있을 것입니다.

대신들이 영조에게 아뢰었다. 영조는 자기 잘못을 인정하고 사도세자를 감싸안겠다고 했다.

"어찌하여 사람을 죽이느냐?"

영조가 사도세자를 불러 부드럽게 물었다.

"심화가 나면 견디지 못하여 사람을 죽이거나 닭 같은 짐승을 죽여야 마음이 풀립니다."

세자가 두려워하면서 대답했다.

"어찌하여 그러하냐?"

"마음이 상하여 그러하옵니다."

"어찌하여 마음이 상하였느냐?"

"대조께서 사랑치 않으시므로 슬프고, 꾸중하시기로 무서워서 화가 되어 그러하옵니다."

"내 이제는 그리하지 않으리."

조선 제21대 임금 영조(英祖)의 어진(보물 제932호). 탕평책을 시행하여 붕당의 대립을 완화하고 균역법과 신문고를 설치하는 등 수많은 업적을 남겼지만 1762년 아들 사도세자를 뒤주 속에 가두어 죽이는 참사를 빚기도 하였다.

영조는 그때 사도세자에게 야단을 치지 않겠다고 말했다.

이는 사도세자의 부인 혜경궁 홍씨가 남긴 《한중록閑中錄》에 있는 내용이다. 영조는 사도세자에게 자애롭게 대해주겠다고 했으나 그때뿐이었다. 정신병을 앓는 사도세자를 더욱 질책했고 사도세자는 미쳐 날뛰었다. 사도세자가 죽임을 당하기 전 실록을 살펴보면, 사도세자는 몇 년 동안 거의 매일 어의의 진찰을 받았다.

영조는 결국 친아들인 사도세자를 뒤주에 가두어 죽게 만든 뒤 통곡했다. 조선시대 최고의 비극적인 부자관계였다. 영조는 아들 교육에 치중하여 잘못된 사랑을 했다. 그의 사랑에는 자애가 없었다. 그의 비뚤어진 사랑이 사도세자를 이상성격으로 만들어 죽음에 이르게 한 것이다.

세상은 변한다. 부모가 자식을 가르치는 것도 옛날과 달라서 수단과 방법을 가리지 않고 오로지 출세만 하게 하거나 자식을 위해 불법적인 일도 서슴지 않는다. 자식은 부모를 본받는다. 부모가 운전할 때 교통법규를 준수하지 않으면 아이들도 성장해서 교통법규를 지키지 않는다. 부모가 폭력을 휘두르면 자식도 폭력을 휘두르는 경우가 많다. 그래서 맹자 어머니는 맹모삼천지교孟母三遷之敎로 아들을 교육했다. 부모가 자식을 사랑하는 것은 아가페적인 것이다. 그러나 무조건의 사랑에 자애가 없으면 안 된다.

5. 아들이 아버지를 죽이다

삼강오륜의 부자유친은 아버지와 아들은 친함이 있어야 한다는 뜻이다. 이 말을 바꾸면 서로 사랑해야 한다는 뜻이고 믿음이 있어야 한다는 뜻이다.

춘추전국시대 초나라 초성왕楚成王은 늙었고 장남 상신商臣이 태자로 있었다. 초나라 대부 투발鬪勃은 초성왕이 상신을 태자에 책봉할 때 반대했다.

"그대는 어째서 상신을 태자에 앉히는 것을 반대하는가?"

초성왕이 투발에게 물었다.

"주공께서는 아직도 젊고 총애하는 부인도 많습니다. 만약 상신을 태자로 세웠다가 나중에 쫓아내려고 한다면 커다란 문제가 일어나게 될 것입니다. 또한 우리 초나라는 항상 나이 어린 공자를 태자로 세웠습니다."

"상신은 활달하다. 전쟁이 끊이지 않는 이런 시대에는 용맹한 자가 태자가 되어야 하지 않겠는가?"

"아뢰옵기 송구하오나 상신은 범의 눈에 승냥이 목소리를 갖고 있으니 잔인한 성품입니다."

"벌써 그렇게 판단할 필요는 없다."

초성왕은 투발의 말을 듣지 않고 상신을 태자에 책봉한 뒤 반숭潘崇을 태자부[世子傅]에 임명했다. 상신은 태자로 책봉된 뒤 바늘방석에 앉아 있는 것과 같았다. 초나라는 전통적으로 작은아들을 태자에 책봉했고 초성왕도 자기 어머니보다 다른 부인을 총애했다. 특히 투발이 자신을 태자에 책봉해서는 안 된다는 간언을 올렸다는 말을 듣고 투발에 대해 원망이 깊게 되었다. 그때 투발이 진군晉軍과 싸우러 갔다가 싸우지 않고 되돌아왔다는 말을 들었다.

상신은 즉시 초성왕을 찾아가 투발을 모함했다.

"투발은 진군과 싸우러 갔다가 진나라 양처부에게서 뇌물을 받고 되돌아왔습니다. 그렇지 않으면 강을 사이에 두고 대치했다가 그냥 되돌아올 리가 없습니다."

초성왕은 상신의 말을 듣고 투발을 의심해 보검을 보냈다. 보검으로 자살하라는 뜻이었다.

아들을 믿지 못해 비극적인 최후를 맞은 초성왕(楚成王). 형인 초나라 왕 도오(堵敖)를 죽이고 왕위에 오른 인물이다. 만년에 영윤(令尹) 투발(자상)의 권고를 듣지 않고 상신을 태자로 삼았다. 그러다 다시 태자를 폐위하고 자직(子職)을 태자로 삼자 이에 앙심을 품은 상신에게 포위되어 쫓기다가 비극적인 죽음을 당했다.

"아아, 태자가 나를 모함했구나!"

투발은 초성왕에게서 보검을 받자 하늘을 쳐다보고 탄식한 뒤 검으로 목을 찔러 자살했다.

"대왕께 맹세하건대 투발은 양처부에게서 뇌물을 받은 일이 결코 없습니다. 저희가 회군한 것이 잘못이라면 신도 마땅히 처벌을 받아야 하옵니다."

성대심이 초성왕을 찾아가 투발의 누명을 벗겨달라고 호소했다. 초성왕은 그때서야 투발이 억울하게 죽었다는 사실을 깨달았다.

"과인이 잘못 생각하여 충신을 죽게 하였구나. 그대는 마음 아파하지 말라."

이때부터 초성왕은 상신을 의심하고 작은아들 직職을 사랑하기 시작했다. 그리고 상신을 비밀리에 감시했다. 그러자 투발이 말했던 것처럼 상신이 잔인하고 교활한 성품이라는 것을 알 수 있었다. 게다가 상신은 비밀리에 군사를 양성하고 대부들에게 뇌물을 주어 자기편으로 끌어들이고 있었다.

"과인은 상신을 폐하고 직을 태자에 세우려고 한다. 상신에게 죄를 씌워 죽여야 할 터인데 방법이 없겠느냐?"

초성왕이 궁인들에게 계책을 물었다. 그러나 궁인들은 이미 상신에게 매수되어 있었다. 궁인들은 초성왕의 말을 은밀하게 상신에게 전했다.

"아버님께서 나를 폐하려고 합니다. 어찌하는 것이 좋겠습니까?"

상신은 스승인 반숭에게 물었다.

"그것이 사실입니까?"

"궁녀들이 저에게 알려주었습니다."

반숭은 잠시 생각에 잠겨 있다가 말했다.

"궁녀들의 말만으로는 확실하지 않습니다. 구중궁궐에서 무슨 일이 일어나는지 어떻게 알겠습니까?"

"그러면 아버님 심중을 알 수 있는 방법이 없을까요?"

"어찌 방법이 없겠습니까?"

"제게 그 방법을 일러주십시오. 사부님께 제 재산을 반이라도 드리겠습니다."

"지금 궁궐에는 강나라에 시집 간 태자의 고모가 돌아와 있습니다. 주공께서 사랑하시고 오래전부터 궁궐에 있었으니 궁궐의 내막을 소상히 알 것입니다. 태자께서 고모를 초청해 잔치를 베푼 뒤 무례하게 구십시오. 고모가 분명히 무언가 말할 것입니다."

상신은 반숭의 계책대로 기회를 보아서 잔치를 크게 열고 고모인 강미를 초청했다. 그러고는 강미에게 음식과 술을 대접하는 시늉을 한 뒤 연회석에서 강미의 궁녀를 끌어안고 희롱했다. 상신이 취한 척하면서 한 궁녀의 옷을 벗기고 짐승처럼 희롱한 것이다. 알몸이 된 궁녀가 몸부림치면서 울었다.

"이 무례한 놈아, 네가 감히 내 궁녀를 끌어안고 희롱할 수 있느냐? 주군께서 너를 폐하고 직을 태자에 세우려는 것을 의아하게 생각했는데 이제 당연한 일이라는 것을 알겠구나."

강미는 화를 벌컥 내고 돌아갔다.

"아버님께서 나를 폐하려는 것이 틀림없습니다."

상신이 반숭에게 돌아와 말했다.

"그렇다면 태자께서는 대책을 세우셔야 합니다."

"어떤 대책을 세워야 합니까?"

"태자께서는 아우가 태자가 되면 진심으로 섬길 수 있겠습니까?"

"내가 어떻게 아우를 섬긴다는 말이오?"

"그렇다면 외국으로 망명하시겠습니까?"

"망명하는 것은 싫습니다."

"그렇다면 대사를 도모할 수밖에 없는데 과연 그 일을 할 수 있겠습니까?"

"할 수 있소."

상신과 반숭은 의기투합해서 대사를 도모하기로 결정했다. 상신은 그러잖아도 군사를 양성하고 있었다. 그는 반숭과 함께 군사를 이끌고 대궐을 완전히 포위한 뒤 쳐들어갔다. 대궐의 군사들은 외국 군대가 침략해온 줄 알고 뿔뿔이 흩어져 달아났다. 초성왕은 목이 터져라 군사들을 불렀으나 군사들은 대부분 상신에게 매수되어 있었고 나머지는 달아나서 대항할 수 없었다.

'아아, 내가 어쩌다가 아들에게 죽임을 당한다는 말인가?'

초성왕은 비통해했다. 반숭이 거느리고 온 장사들이 초성왕을 빽빽하게 에워쌌다.

"왕께서는 자결하시오."

반숭은 눈을 부릅뜨고 초성왕을 노려보았다.

"내가 무슨 죄를 지었다고 자결하는가?"

"백성이 새로운 왕이 서기를 원하오."

반숭이 차갑게 내뱉었다.

"왕위를 태자에게 물려주면 나를 살려주겠는가?"

"어찌 한 나라에 왕이 둘 있을 수 있소? 속히 자결하지 않으면 더 불행한 꼴을 볼 것이오."

"죽기 전에 할 말이 있다."

"무슨 말이오?"

"나는 죽기 전에 곰발바닥 요리를 먹고 싶다. 곰발바닥 요리를 먹게 해다오."

"곰발바닥 요리를 하는 데 사흘이나 걸리는데 그것을 먹고 죽겠다는 말이오? 끓는 물에 넣어 삶아 죽이기 전에 속히 자결하시오!"

반숭은 칼을 들고 초성왕을 위협했다.

"아아, 내가 투발의 말을 듣지 않았다가 자식 놈에게 이런 참화를 당하는구나!"

초성왕은 울면서 허리띠를 풀어 목에 맸다. 그러나 선뜻 허리띠를 잡아당길 수 없었다. 그러자 반숭이 거느린 장사들이 일제히 달려들어 허리띠를 잡아당겼다. 초성왕은 허리띠가 목을 조르자 격렬하게 저항했다. 그러나 장사들이 허리띠를 힘껏 잡아당기자 버틸 수 없었다. 초성왕은 허리띠를 움켜쥐고 발버둥 치다가 마침내 혀를 길게 빼어 물었다.

초성왕이 곰발바닥요리를 먹겠다고 한 것은 곰발바닥은 삶는 기간이 사흘이나 되기 때문에 그동안 다른 대부들이 구원하러 오지 않을까 생각한 것이다. 그러나 그의 욕망은 부질없는 것이 되고 말았다. 상신은 초성왕이 병으로 죽었다고 발표한 뒤 스스로 군위에 올라 초목왕이 되었다. 반숭은 태사가 되어 대궐의 호위를 담당하면서 정사를 좌우했다.

초성왕이 태자의 반란으로 죽임을 당한 것은 아들을 믿지 못했기 때문이다. 초성왕 또한 형을 죽이고 왕위에 올랐기 때문에 상신이나 대신들이 그러한 전철을 밟은 것이다.

6. 눈물로 얼굴을 씻다

한 보험회사에 어머니가 5년 전 실종되었다면서 5억 원에 가까운 보험금을 신청한 아들 삼형제가 있었다. 5년 동안 실종되면 사망처리를 할 수 있다는 약관에 따라 보험회사는 삼형제에게 보험금을 지급했다. 그런데 실종되었다던 할머니가 길에서 쓰러진 채 발견되었다. 행인의 신고를 받고 출동한 경찰은 가족을 찾으려고 했으나 할머니는 치매에 걸려 아무것도 모른다고 했다.

경찰 조사가 오랫동안 계속되었고 마침내 할머니의 세 아들을 찾았다. 할머니는 아들조차 기억하지 못했으나 보험회사는 실종되었다던 할머니가 나타나자 보험금을 반환하라고 요구하면서 세 아들을 사기혐의로 고발했다. 그러자 할머니가 깜짝 놀라 모든 것이 자기 잘못이니 아들을 체포하지 말라고 애원했다. 할머니의 진술로 보험금을 타먹고도 봉양하지 않은 그들의 사기 행각이 드러났다.

할머니는 남편이 일찍 죽자 생선 장사를 하면서 세 아들을 키웠다. 그러나 할머니가 늙고 병들자 세 아들이 모의하여 거액의 보험을 들고 할머니를 유기한 뒤 보험금을 탄 것이었다. 할머니는 아들들을 위해 치매에 걸린 노인 흉내를 내다가 굶주려 쓰러졌다. 부모는 굶어

죽어가면서도 자식에게 폐를 끼칠까봐 찾지 않았으나 자식들은 부모를 봉양하지 않았다. 부모 사랑은 아가페적인 사랑이고 무조건적 사랑이다.

조선 후기 유배객 이학규(李學逵)는 자식의 죽음을 '눈물로 얼굴을 씻는다'라고 표현했다. 자식을 그토록 애끓게 사랑한 부정을 표현한 말이다. 이학규는 한양의 외갓집에서 유복자로 태어났다. 아버지는 이용휴이고, 외삼촌은 이가환(李家煥)이다. 이용휴와 이가환은 남인 계열로 성호 이익의 학풍을 이어받아 이용후생학을 실학으로 승화시킨 당대의 학자들이었다. 이학규는 유복자였기 때문에 외갓집에서 자랐고 당대 대학자인 외삼촌 이가환에게서 학문을 배웠다.

한미한 집안의 누더기를 걸친 자들을 초야에서 뽑아 올렸는데 가환은 그 가운데 한 사람인 것이다. 그대는 가환에 대해 말하지 말라. 가환은 지금 골짜기에서 교목(喬木)으로 날아 오른 것이고 썩은 두엄에서 새롭게 변화한 것이다. 그의 심중을 통해 나오는 소리가 왜 점차 훌륭한 경지로 들어가지 못할 것이라고 근심하는가. 설사 가환이 재주가 둔하여 사흘 동안에 괄목할 만한 성장이 없다손 치더라도, 그의 아들이나 손자가 또 어찌 번번이 양보만 하고 스스로 자기 목소리를 훌륭하게 내지 않겠는가.

정조가 이가환을 발탁하자 노론이 일제히 불가하다고 탄핵했고,

이들의 탄핵에 맞서 정조가 이가환을 위해 변명해준 말이다. 정조는 남인이 영조시대 내내 벼슬에 오르지 못하여 한미하게 지내자 이가환을 등용하면서 쓰레기 속에서 장미가 피어난다는 의미로 썩은 두엄에서 새롭게 변한 것이라고 이가환을 칭찬했다.

이학규는 나중에 판서 벼슬에 오르는 이가환에게서 학문을 배워 26세에 과거에 급제하지 않았으면서도 규장각에서《규장전운奎章全韻》편찬에 참여하면서 정조의 총애를 받았다. 1800년 정조가 죽고 1801년 신유사옥(천주교 박해사건)이 일어났다. 이학규의 외삼촌 이가환이 처형되고 친척인 이승훈(우리나라 천주교 최초의 세례자), 인척인 정약용 등이 체포되어 숙청당하고 유배를 갔다. 이학규도 이때부터 장장 24년 동안이나 유배생활을 하게 된다.

이학규는 15세 때 동갑내기인 나주 정씨와 혼례를 올렸다. 정씨는 부모를 여의고 외롭게 살다가 이학규와 혼례를 올린 뒤 가난했으나 서로 의지하며 오순도순 살았다. 그러나 점점 집안이 기울어 땔나무도 없고 끼닛거리가 떨어지는 날이 많았다. 부인 정씨는 박고지를 삶고 된장으로 나물죽을 끓여 이학규에게 주었다.

"맛을 보셔요."

"당신이 먼저 맛을 보시오."

이학규와 부인은 서로 먼저 맛을 보라고 권하다가 웃음을 터뜨렸다. 땟거리가 없을 정도로 가난했으나 그들은 행복해했다. 정씨는 가난한 중에도 아이를 둘 낳았다. 이학규는 두 아이를 지극히 사랑했다. 그러나 가난이 계속되자 아이는 비실비실 말라갔고 둘째아이가 천연두로 쓰러졌다.

아이가 천연두에 걸려 아비를 부르고 어미를 부르면서 품속에서 몸부림을 치고 울었습니다. 그때 가슴이 뛰고 손발이 떨려 어디론가 달아나고 싶었습니다. 참혹한 광경을 어떻게 다 표현하겠습니까?

이학규는 아들이 천연두를 앓다가 죽자 통곡했다. 그러나 불행은 계속되었다. 그가 유배지에 있을 때 이질에 걸린 셋째아들을 잃었는데 아들이 죽었다는 편지를 받고 하루 종일 눈물을 흘리면서 울었다.

작년에 셋째아이가 이질에 걸려 죽었다는 편지를 받았습니다. 그 소식을 듣고 눈물이 얼굴을 덮을 정도로 울었습니다. 내가 그렇게 가슴이 아팠던 것은 아들이 일찍 죽어서가 아니라 아들이 고통스러워하면서 죽어갈 때 옆에 있어주지 못한 것이 슬펐기 때문입니다.

이학규는 셋째아들을 한 번도 보지 못했다. 셋째아들이 부인 뱃속에 있을 때 유배를 갔기 때문이다. 그 아들이 죽었을 때 눈물이 얼굴을 덮을 정도로 운 것은 당연한 일일 것이다.

5
벗과의 신용

수레에서 내린 범무는 장소의 모친에게 절을 하고 장소가 들어 있는 관을 향해 곡을 했다.
그러자 장소의 관이 움직여 비로소 하관할 수 있었다.
장례를 치르던 사람들은 범무와 장소의 우정과 신의에 크게 감탄했다.

5장
벗과의 신용

인간은 사회활동을 많이 하게 되어 사회적 동물이라고도 불린다. 현대인은 20세가 될 때까지는 대부분 학교에 다니게 되고 그 이후에는 군대에 가거나 직장생활을 하면서 많은 사람과 인간관계를 맺는다.

인간관계는 상하관계나 연인관계도 있지만 교우관계도 적지 않다. 특히 청소년기에 맺게 된 교우관계는 평생을 가게 되는 일이 적지 않다. 그렇기 때문에 교우관계는 신중히 할 필요가 있다. 친구를 잘못 사귀어 패가망신하는 사람도 있고 친구를 잘 사귀어 성공하고 출세하는 사람도 있다. 삼강오륜에서는 이를 붕우유신이라고 하여 벗과 벗 사이에는 반드시 믿음이 있어야 한다고 강조했다.

친구는 오랜 세월 같이 친하게 지내온 이를 말한다. 사회가 어려워지고 오랜 세월이 지나더라도 진실한 벗은 신의가 있게 되고, 신의가 있는 사회는 신용사회의 근간이 된다.

 노나라 사상가 증자는 항상 믿음을 중요하게 여겨 벗과 사귀는데도 믿음을 가장 중요하게 생각했다.

 나의 벗은 유능한 사람이었으나 무능한 사람을 만나면 묻고, 널리 두루 알면서도 학문과 재주가 없는 사람을 만났을 때도 공손한 태도를 취했다. 도와 덕을 갖추었는데도 겸손하여 뒤로 물러서 양보하고, 타인에게서 욕을 당해도 화를 내며 따지고 다투지 않았다.

 증자가 제자들에게 한 말이다. 사람들은 증자가 공경한 벗이 누구인지 궁금해 했다. 훗날 송나라의 성리학자 주자는 증자의 벗이 안회顔回라고 말했다. 안회 역시 증자가 벗이었으나 항상 공경했다. 증자가 벗을 공경하는 태도는 모범으로 삼아야 한다.

1. 진정한 벗은 어려울 때 돕는다

 《동몽선습》은 조선시대 어린아이들에 대한 예절교본이다. 현대는 아이들에게 영어교육이나 학습 교육을 먼저 시켰으나 조선은 아이들에게 전인교육을 먼저 시켰다. 그 영향으로 우리는 경로사상이 몸에 배어 있고, 누가 가르치지 않아도 어른을 공경한다. 지하철에 노약자석이 있는 나라는 세계적으로도 흔치 않다.

벗[朋]과 벗[友]은 같은 종류의 사람이지만 여기에는 이로운 벗이 세 종류가 있고, 해로운 벗이 또한 세 종류가 있다. 벗이 곧고 진실하며 견문이 넓으면 나에게 이롭고, 벗이 편벽되고 유약하며 아첨하면 해롭다. 벗이란 덕을 벗하는 것이라 위로는 천자부터 보잘것없는 천민에 이르기까지 벗이 모여서 이루지 못하는 일이 없으니 그 정분이 성긴 듯하면서도 관계하는 바가 매우 친하게 된다. 그러므로 벗을 사귀되 반드시 말과 행동이 단정한 사람이어야 하며 벗을 선택하되 반드시 나보다 나은 사람이어야 한다. 그래서 잘못된 일이면 마땅히 꾸짖음을 당하고 믿음으로써 간절히 진실하게 충고하며 선으로 인도하다가 안 되면 그만둘 것이로다. 벗과 사귈 때 학문과 덕행을 닦는 것을 격려해야지 장난이나 치고 익살이나 부리면서 친하게 지내면 틈이 갈 수밖에 없다. 옛날에 안자는 남과 교제할 때 오래도록 공경하였으니, 벗끼리의 도리는 마땅히 이러해야 한다. 그러므로 공자께서 말씀하시기를 '벗에게 신용이 없으면 윗사람에게도 신망을 얻지 못한다. 친구들에게 신용을 얻는 방도가 있으니 어버이에게 공손하지 못하면 친구들에게 신용이 없다'고 하셨다.

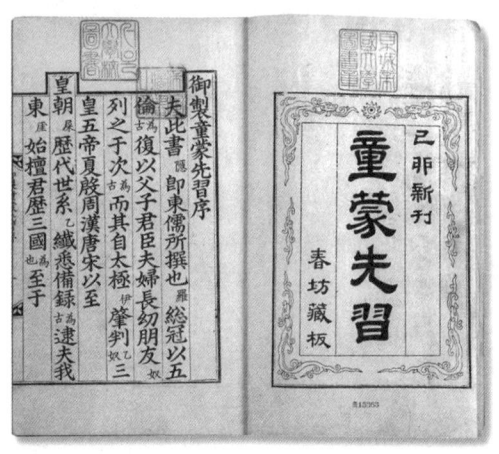

조선 중종 때 학자 박세무(朴世茂)가 저술한 《동몽선습(童蒙先習)》. 서당에서 어린이 예절교본으로 사용했다.

《동몽선습》의 붕우유신에 있는 말이다. 벗을 사귈 때 진실과 믿음으로 사귀어야 하며 이것이 친구와의 신용이라는 것이다.

정효성鄭孝成은 조선시대 충절 가문의 유복자로 태어나 홀어머니에 대한 효심이 깊은 인물로, 일찍이 진사가 되었다. 학행이 널리 알려져 음직蔭職으로 회덕 현감에 발탁되고 함흥 판관, 은진 현감을 거쳐 호조정랑이 되었다. 광해군 말엽에 정치 기강이 어지러워지면서 반대세력에 탄핵받아 좌천되었다가 인조반정 후 복직되어 삭녕 군수, 강화 유수, 청주 목사를 지냈다. 병자호란 때 강화도를 지키다가 강화도 함락과 함께 순사했다.

정효성은 성격이 너그러워서 신분사회인 그 시대에 천민들과도 벗으로 사귀었다. 그러자 아들이 조정의 고관인 호조정랑으로서 체모가 손상된다며 천민과 사귀지 말라고 권했다.

"내가 벗을 사귀는 것은 마음이고 너희가 벗을 사귀는 것은 얼굴이다."

정효성이 아들을 질책하면서 말했다. 마음으로 사귀는 것은 진실로 사귀는 것이고 얼굴로 사귀는 것은 겉으로 사귄다는 뜻이다.

"아버님, 그게 무슨 말씀입니까?"

"나는 마음으로 친구를 사귀지만 너희는 체면으로 사귄다는 뜻이다. 체면으로 사귄 친구는 결코 신의를 지키지 않는다."

"아버님, 제 친구들도 신의를 지킬 줄 압니다."

"그렇다면 한 번 시험을 해보겠느냐?"

정효성이 빙긋이 웃으면서 아들에게 물었다.

"좋습니다."

정효성은 아들이 큰 소리를 치자 옷을 허름하게 입고 둘이서 함께 아들의 친구 집을 찾아갔다.

"우리 부자가 살인을 하여 포교들에게 쫓기고 있네. 우리를 숨겨주면 피해를 보기 때문에 아무도 우리를 숨겨주려고 하지 않으니 자네가 숨겨주어야겠네."

아들이 자기 친구에게 말했다. 그러자 아들의 친구는 왜 하필이면 나를 찾아와서 그런 말을 하느냐고 면박을 주었다. 무안해진 아들은 아버지를 모시고 다른 친구를 찾아갔다. 그러나 다른 친구들도 한결같이 사정이 있어서 안 된다거나 범법자를 숨겨주는 것은 신의가 아니라고 잘라 말했다.

"봐라. 네 벗들이 네가 어려울 때 도와주느냐?"

정효성이 아들에게 물었다.

"아버님이 살인했다고 거짓말을 했으니 도와주지 않는 것입니다. 살인자를 어떻게 도와주겠습니까?"

아들이 볼멘소리로 대답했다.

"그렇다면 내가 사귀는 벗이 어떤지 보아라."

정효성은 아들을 데리고 자신이 사귀는 천민의 집으로 갔다.

"밤늦게 찾아와서 미안하네. 내가 술에 취해 살인을 하여 포청에 쫓기고 있으니 숨겨줄 수 있겠나?"

정효성이 천민에게 넌지시 물었다.

"그게 무슨 말씀입니까? 어서 들어오십시오. 대감께서 살인한 것은 분명히 사연이 있을 것이니 제가 마땅히 숨겨드리겠습니다."

천민은 정효성 부자를 안방으로 들어오게 한 뒤 대문을 닫아걸었다. 그러고는 부인에게 단단히 말조심하라고 이른 뒤 술과 밥을 차리게 했다. 정효성의 아들은 아버지가 사귀는 천민이 진정으로 신의가 있다는 것을 알고 부끄러워했다.

진실하고 어려울 때 도와줄 줄 알아야 진정한 벗이 된다. 나에게 권력이 있고 재산이 있을 때는 많은 사람이 찾아와 벗인 체하지만 파산하거나 금전적으로 곤경에 처하면 대부분 외면한다.

2. 흰 수레와 흰 말

진정한 벗은 무엇을 바라고 교분을 나누는 것이 아니다. 그저 바라만 보아도 좋은 것이 벗이고 함께 있기만 해도 좋은 것이 벗이다. 벗은 이利를 나누지 않고 마음心을 나눈다. 해害는 내가 취하고 이利는 벗에게 준다. 기쁨과 슬픔을 함께하는 것이 진정한 벗이다.

중국의 범무范武는 금향 사람으로 여남 출신인 장소張邵와 친하게 지냈다. 그들은 신용을 잘 지키기로 유명했는데 경성에서 동문수학하면서 더욱 두터운 교분을 나누었다. 그들은 오랫동안 공부한 뒤 각자 고향으로 돌아가게 되었다. 붕우유신의 붕은 한 스승 아래서 동문수학한 벗을 말하는데 범무와 장소는 절친한 붕朋이었다. 범무는 작별하면서 장소와 헤어지는 것을 몹시 섭섭하게 생각했다.

"회자정리會者定離라고 사람이란 누구나 만났다가 헤어진다고 하지 않는가? 그러니 자네가 우리 고향으로 찾아오면 될 것을 무엇을 그리 슬퍼하는가?"

장소가 애석해하는 범무를 위로하면서 말했.

"그것 참 좋은 말일세. 내가 고향에 들러서 부모님에게 인사드리고 2년 후 반드시 찾아가겠네. 그때 반갑게 맞이해주겠나?"

범무는 장소의 손을 꼭 잡고 놓지 않았다.

"이를 말인가? 날짜만 약속하면 내가 어머님께 말씀드려 음식을 잔뜩 준비하고 기다리겠네."

장소와 범무는 2년 후 모월모일에 만나기로 약속하고 헤어졌다.

장소는 고향으로 돌아와 모친에게 인사를 올리고 농사를 지으면서 공부에 열중했다. 그리고 2년이 지나자 범무와의 약속을 떠올리고 모친에게 음식을 준비해달라고 말했다. 모친은 아들의 말을 듣고 여러 가지 음식을 준비했다.

장소는 옛 친구인 범무가 찾아올 때를 가슴을 설레면서 기다렸으나 범무는 해가 높이 떠올라도 나타나지 않았다. 음식을 잔뜩 준비한 장소의 모친은 헤어진 지 2년이 지났고 범무가 천 리를 넘게 떨어져 있으니 오지 않을 것이라면서 차린 음식을 먹어치우자고 했다.

"범무는 약속을 잘 지키는 사람이니 반드시 올 것입니다. 해가 질 때까지 기다리겠습니다."

장소는 조금도 초조해하지 않고 범무를 기다렸다.

"그렇다면 동구 밖에라도 나가봐라."

모친의 성화에 장소가 어슬렁거리며 동구 밖으로 나가니 멀리서 범무가 흙먼지를 뒤집어쓰고 터덜터덜 걸어오는 것이 보였다. 범무는 장소와 반갑게 인사를 나누고 집에 가서 모친에게 인사를 드렸다. 장소의 모친도 범무를 반갑게 맞이해주었다.

범무는 장소의 집에서 며칠 동안 지내면서 회포를 푼 뒤 다시 오겠다고 약속하고 떠났다.

장소는 범무가 떠나고 몇 달 되지 않아서 갑자기 병이 들어 죽게 되었다. 장소는 임종이 다가오자 기운 없는 목소리로 탄식했다.

"나의 절친한 벗 범무를 보지 못하고 죽는 것이 애석하다. 무덤에 묻히기 전에 범무를 보았으면……."

장소는 유언처럼 그 말을 남기고 죽었다. 장소의 친척들은 몹시 슬퍼하면서 그의 장례를 치를 준비를 했다.

범무는 장소가 죽던 날 밤 책을 읽다가 꿈을 꾸었다. 그가 책을 읽고 있는데 갑자기 등줄기가 서늘해지면서 홀연히 장소가 나타났다. 장소는 자기가 이미 죽어서 곧 장례를 치르려고 하니 한 번 다녀가라고 말했다. 범무가 깜짝 놀라서 보니 꿈이었다.

'벗에게 무슨 일이 생긴 것이 아닌가?'

범무는 꿈이 생시처럼 생생하여 태수에게 휴가를 얻어 상복을 입고 흰 말이 끄는 수레를 타고 장소의 고향으로 달려갔다. 과연 장소는 죽어 있었고 친척들이 매장하려고 관을 지고 뒷산으로 올라간 뒤였다.

범무는 수레를 몰아 뒷산으로 달려 올라갔다. 이때 장소의 관을 매장하려던 사람들은 갑자기 관이 움직이지 않아 매장하지 못하고 벌벌 떨고 있었다. 수레에서 내린 범무는 장소의 모친에게 절을 하고 장소가 들어 있는 관을 향해 곡을 했다. 그러자 장소의 관이 움직여 비로소 하관할 수 있었다. 장례를 치르던 사람들은 범무와 장소의 우정과 신의에 크게 감탄했다.

이때부터 중국에서는 상을 당했을 때 입는 의복과 장례용품을 모두 흰색으로 사용했다.

절친한 친구를 이르는 고사성어는 문경지교刎頸之交, 관포지교管鮑之交, 금란지교金蘭之交, 지란지교芝蘭之交, 죽마고우竹馬故友 등 헤아릴 수 없이 많다.

죽마고우는 동진 간문제 때 환온이라는 인물이 남긴 말이다. 환온은 은호殷浩와 어릴 때 죽마를 타고 놀 정도로 친하게 지냈으나 성인이 되자 조정에 나아가 벼슬을 하다가 촉 땅을 평정하고 돌아와 크게 위세를 떨쳤다. 간문제는 환온 세력이 점점 강성해지자 그를 견제하게 위해 시골에 있던 은호를 건무장군建武將軍 겸 양주자사揚州刺史에 발탁했다.

은호가 벼슬에 나아간 지 얼마 되지 않았을 때 후조의 왕 석계룡石季龍이 죽으면서 호족들 사이에 내분이 일어나 크게 어지러워졌다. 이에 동진은 은호를 중원장군에 임명하여 출정시켰으나 전투가 시작되자 은호는 말에서 떨어지는 바람에 대패하여 많은 군사를 잃고 돌아왔다. 환온은 기회를 노려 은호를 탄핵하는 상소를 올려서 귀양 보내고 말았다. 사람들이 친구를 배신한 환온을 비난했다.

"은호는 어릴 때 죽마를 같이 타고 놀던 죽마고우이지만 내가 죽마를 버리면 은호가 늘 주워가곤 했어. 그러니 그가 내 밑에 있어야 하는 것이 당연지사 아닌가?"

조정의 실세인 환온이 은호를 경원했기 때문에 은호는 변방에서 귀양살이를 하다가 일생을 마쳤다. 친구가 배신하면 더욱 무서운 것이다.

죽마고우는 어릴 때 친구를 말하지만 배신하는 친구의 모습도 함께 숨어 있는 고사성어다. 지란지교는 지초芝草와 난초 같은 향기로운 교제를 말하는 것으로 맑고 깨끗한 교우관계를 말한다.

다정하고 좋은 친구가 있는데 그를 오래도록 머물게 하지 못할 경우에는 꽃술의 가루를 옮기는 나비가 꽃에 오는 것과 같아서, 나비가 오면 너무 늦게 온 듯 여기고, 조금 머무르면 안쓰러워하고, 날아가면 못 잊어하는 꽃의 심정과 같게 된다.

책만 아는 바보라는 별명을 갖고 있는 이덕무李德懋가 《청장관전서靑莊館全書》에 남긴 말이다. 이덕무는 홍대용 등과 벗으로 사귄 것으로 유명한데 벗에 대한 그의 절절한 그리움이 잘 나타난 글이 있다.

만약 내가 지기知己를 얻는다면 이렇게 하겠다. 10년 동안 뽕나무를 심고, 1년 동안 누에를 길러 손수 오색실을 물들인다. 10일에 한 가지 빛깔을 물들인다면 50일이면 다섯 가지 빛깔을 물들일 수 있을 것이다. 이를 따뜻한 봄, 햇볕에 말려서 아내로 하여금 강한 바늘로 내 친구의 얼굴을 수놓게 한 다음, 고운 비단으로 장식하고 옥으로 축을 만들 것이다. 이것을 가지고 높은 산과 흐르는 물이 있는 곳에다 걸어놓고 말없이 바라보다가 저물녘에 돌아오리라.

좋은 친구의 얼굴을 비단에 수놓고 바위에 걸어서 종일 바라보다가 해가 저물면 돌아오겠다는 소박한 심사가 잘 드러나 있어서 뭉클한 감동에 젖게 한다.

좋은 벗을 말하는 고사성어로 문경지교가 있다. 문경지교는 춘추전국시대 조나라 재상 인상여(藺相如)와 염파(廉頗) 장군 이야기다. 조나라 내시 집안의 하인인 인상여가 나라에 큰 공을 세우자 조혜문왕이 그를 재상에 임명했다. 염파는 내시 집안의 일개 가신이었던 인상여가 재상으로 임명되자 불평이 많았다.

"나는 군사를 이끌고 전쟁터를 누비며 성을 빼앗고 땅을 탈취하여 조나라 위세를 천하에 드날렸다. 그런데 인상여는 말 몇 마디로 공을 세워 내 윗자리에 있으니 불편부당한 일이다. 나는 절대로 그런 놈에게 굽실거리지 않겠다."

염파는 공공연히 인상여를 비판하고 돌아다녔다. 인상여는 염파가 자신을 비판하자 일부러 그를 피했다. 조회에도 좀처럼 참석하지 않고 염파를 의식적으로 피했다. 그러나 언제까지나 피한다고 해서 두 사람이 마주치지 않을 수는 없었다. 하루는 대로에서 염파의 수레와 마주칠 뻔한 일이 있었다. 멀리서 염파의 수레가 오는 것을 발견한 인상여는 즉시 마부에게 지시하여 옆 골목으로 피하게 했다.

"저희는 오로지 재상님께 충성을 바치고 있습니다. 재상께서 당대의 호걸이라는 것을 알기 때문에 오로지 재상님을 받들어 모시는 것입니다. 그런데 염파보다 지위가 더 높으신 재상님께서 염파에게서

문경지교(刎頸之交)를 묘사한 소조품. 염파 장군이 스스로 형구(荊具)를 어깨에 메고 인상여를 찾아가 무릎을 꿇고 잘못을 사죄하는 모습이다.

온갖 비난을 받고 욕설을 들어도 앙갚음할 생각은 하지 않고 슬금슬금 피하니 실로 창피한 노릇이 아닐 수 없습니다."

인상여의 하인들이 일제히 반발했다.

"내가 어찌 염파가 무서워서 피하겠느냐?"

인상여가 한숨을 내쉬고 말했다.

"그렇다면 무슨 연유입니까?"

"그대들은 염파와 진왕을 비교할 때 어느 쪽이 더 무섭다고 생각하는가?"

"당연히 진왕이 더 무서운 인물입니다. 진왕은 천하가 두려워하지 않습니까?"

"나는 천하가 두려워하는 진왕을 꾸짖고 기라성 같은 진나라 대신들을 꼼짝 못하게 했다. 내가 아무리 미련하고 어리석어도 염파가 두려워서 피하겠는가? 서융의 승냥이 같은 진왕이 감히 우리 조나라를 공격하지 못하는 것은 나와 염파가 있기 때문이다. 비유하건대 두 호랑이가 싸우면 반드시 하나는 죽는다. 내가 염파를 피하는 것은 국가의 위급을 먼저 생각하고 사사로운 은원을 생각하지 않기 때문이다."

인상여의 말에 부하들은 크게 감동하여 그 자리에서 무릎을 꿇고 절을 했다. 염파도 이 일을 전해 들었다.

'아아, 인상여가 그와 같이 훌륭한 사람인지 몰랐다.'

염파는 부끄럽기 짝이 없었다. 염파는 즉시 웃통을 벗고 회초리를 등에 지고 인상여를 찾아가 마당에서 절을 하고 사죄했다.

"어리석은 인간인 저는 재상께서 이토록 깊이 생각하시는지 몰랐습니다. 재상께서는 저를 회초리로 때려서 다스려주십시오."

인상여가 황급히 염파를 부축해 일으켰다.

"장군이 이게 어인 일이오? 우리는 조나라의 동량이니 일심동체로 조나라를 부강하게 해야 하오."

"사람이 비천하고 어리석어서 재상의 하해와 같은 도량을 짐작조차 못했습니다. 실로 부끄러운 일입니다."

"그대가 내 마음을 이해하면 그것으로 족한데 이렇게 사죄할 필요까지는 없소. 이제부터 생사를 같이하는 참된 벗이 되기로 합시다."

인상여와 염파는 공손히 맞절을 하고 문경지교를 나누기로 약조했다. 문경지교는 목이 잘려도 변치 않는 우정을 말한다.

3. 백사 이항복과 한음 이덕형

죽마고우는 어릴 때부터 같이 자라온 친구를 말한다. 시골에서 자랐을수록 초등학교, 중학교, 고등학교까지 같이 보낸 친구들이 많다. 그러나 너무 어릴 때부터 흉허물 없이 지내다보니 부도덕한 일도 함께하는 경우가 많다. 담배를 피우고 술을 마시고 패싸움까지 하는 것은 젊었을 때 치기라고 할 수 있으나 이익 앞에서 흩어지고 어려울 때 모른 체하는 경우도 많다. 이것은 어렸을 때부터 같이 자랐을 뿐 마음을 나누는 벗이 아니기 때문이다.

조선조의 명신들 중 이항복李恒福과 이덕형李德馨은 절친한 교분을 나눈 것으로 알려져 있다. 두 사람이 모두 학문이 출중했을 뿐 아니라 선조에서 광해군까지 영의정을 번갈아 하는 등 높은 벼슬을 누렸다. 백사 이항복은 해학에 능했을 뿐 아니라 이덕형을 자주 놀려서 오랫동안 식자들의 화제에 올랐다. 그들의 이야기를 실은 고전이 모두 진실은 아니지만 서로 골탕을 먹이고도 평생 교분을 나눌 정도로 신의가 있었던 것은 틀림없는 사실이다. 다음은 사실의 기록이라기보다는 설화에 가까운 이야기다.

이덕형의 부친은 어리석었다. 이덕형이 외출한 뒤 이항복이 찾아가 이덕형의 부친에게 말했다.

"아버님, 장마철이 지났으니 가묘의 신주를 꺼내 볕을 쏘여야지 그렇지 않으면 썩습니다."

이덕형의 부친은 그 말이 옳다고 생각하고 가묘의 신주를 모두 꺼내 마당에서 말렸다.

"아버님, 아버님은 이항복에게 속았습니다. 신주를 이렇게 뜰에 내놓으면 조상들을 욕보이는 것입니다."

이덕형이 돌아와 펄펄 뛰면서 말했다.

"어르신도 이제는 벼슬을 하셔야지요."

하루는 이항복이 이덕형의 부친에게 넌지시 말했다.

"아들이 벼슬을 하라고 하지 않는다."

이덕형의 부친이 볼멘소리로 대답했다.

"동묘의 참봉자리가 비었으니 한음이 돌아오면 말씀해보십시오."

이항복은 슬며시 그렇게 말하고 돌아갔다. 이덕형의 부친은 아들이 돌아오자 동묘의 참봉자리가 비었다고 하니 벼슬을 달라고 말했다.

"아버님, 동묘는 관운장을 모신 사당으로 참봉이 임명되지 않습니다. 이는 분명히 백사가 아버님을 놀리려고 한 말입니다."

이덕형은 어처구니 없어하며 부친에게 말했다.

"흥! 백사가 왜 나를 속였겠느냐? 너는 혼자서 벼슬하기를 좋아하고 아버지 생각은 눈곱만치도 하지 않는구나."

이덕형의 부친이 화를 내면서 말했다. 이덕형은 부친의 말에 할 말이 없었다.

이항복과 이덕형이 절친한 친구이고 해학을 잘한다는 얘기를 듣고 선조가 시험하기로 했다. 그래서 종이에 부(父)자와 자(子)자를 써서 접어서 던진 뒤 이항복과 이덕형에게 주워서 글에 쓰인 대로 하라고 영을 내렸다. 이덕형이 종이를 접어서 펴보니 부(父)자가 씌어 있었다.

"하하! 신이 부자를 주웠으니 제가 백사의 아비가 됩니다."

이덕형이 유쾌하게 웃으면서 말했다.

"그렇지가 않습니다. 저는 자자를 주웠으니 아들을 얻은 것입니다. 한음이 부자를 주운 것은 아비를 얻었다는 뜻이 아니겠습니까?"

이항복의 말에 이덕형은 얼굴이 벌겋게 달아올랐다. 선조도 이항복의 능변에 탄복하여 웃음을 터뜨렸다.

이항복은 해학을 잘했지만 성질이 급했다. 선조가 대궐에 함정을 파놓고 이항복과 이덕형을 데리고 지나가는 시늉을 했다. 신중한 성품인 이덕형은 함정을 잘 피하여 지나갔으나 덜렁대는 이항복은 구덩이에 빠지고 말았다.

"어리석구나. 백사는 발밑의 구덩이도 피하지 못하는가?"

이덕형이 구덩이에 빠진 이항복을 보고 유쾌하게 웃었다.

"그대는 부친의 하관(下棺)에 어찌 곡을 안 하고 웃고 있는가?"

이항복이 이덕형을 향해 소리 질렀다. 이덕형은 이항복의 넋두리에 어이가 없어서 웃음을 터뜨리고 말았다. 이항복과 이덕형은 평생 해학을 즐기며 살았으나 한 번도 그 일로 얼굴을 붉히지 않았다.

백사 이항복(李恒福)과 한음 이덕형(李德馨)의 초상. 오성대감으로 유명한 이항복과 이덕형은 어려서부터 친구로 지내면서 돈독한 우정을 쌓아 수많은 일화를 남겼다.

임진왜란 때 이항복도 도승지 신분으로 선조를 모시고 의주로 몽진했다. 조정의 많은 대신이 임금을 따라 피난 왔는데 당대의 명신으로 유명한 기자헌도 부인과 첩을 데리고 피난했다. 그러나 조정고관이라 해도 피난살이가 여의치 않아 방 하나에서 부인과 첩이 함께 생활하지 않을 수 없었다. 이항복은 기자헌이 부인, 첩과 한 방에서 기거하는 모습을 상상하여 시를 지었다.

춥지도 덥지도 않은 2월의 좋은 계절
한 아내와 한 첩이 모여 가련하게 사는구나.

원앙 베개 위에 머리 세 개가 나란하고
비단 이불 안에 다리 여섯이 늘어서 있네.
웃을 때는 어울린 입이 품(品)자를 이루고
옆으로 누운 모습 천(川)자를 이루었네.
동편으로 엎드려 그 일을 하니
서편 사람 손을 뻗어 주먹질을 하는구나.

이항복의 이 시는 절묘한 해학시라고 할 수 있다. 특히 천자를 주의 깊게 살피면 해학의 깊이를 알 수 있고 오래오래 여운이 남는다.

벗이란 나이 차이를 떠나 진실한 우정을 나누는 사람을 말한다. 선조 때 명신이 많았는데 류성룡과 이순신은 세 살 차이가 나는데도 서로 존경하고 깍듯이 공경했다. 류성룡은 이순신을 전라좌수사에 발탁했고 이순신은 《난중일기(亂中日記)》에서 나라를 생각하는 것이 이분처럼 절절한 사람은 없을 것이라고 류성룡의 신의를 기록했다.

이순신이 모함을 받아 삭탈관직되었다가 석방되었을 때 많은 사람이 그의 거처로 찾아와 인사를 했다. 이순신은 그들을 형식적으로 대접했으나 류성룡이 찾아오자 밤새도록 술을 마시면서 회포를 풀었다. 이순신과 류성룡이 친구라는 말은 이렇게 해서 생겼다. 류성룡이 이순신보다 세 살 많았지만 그들은 죽을 때까지 서로 공경하고 신의를 지켰다. 진정한 벗은 서로 공경한다.

4. 미생지신

지우知遇, 지기知己는 마음을 알아주는 벗을 말한다. 사람이 평생 살아가면서 진정한 지우를 만나기는 결코 쉽지 않은데 남녀 사이에는 더욱 그렇다. 남녀 간의 약속을 미생尾生처럼 잘 지킨 사람은 역사상 없을 것이다.

춘추시대 노나라 사람인 미생은 정직하기로 유명했다. 그는 누구와 약속하면 죽음이 목전에 닥친다고 해도 반드시 지켰다. 마을에서는 그가 약속을 잘 지키는 사람이라는 소문이 파다했다. 그는 한 번 약속하면 비가 오나 눈이 오나 철저하게 지켰기 때문에 사람들에게서 신망을 받았다. 그런데 하루는 그가 사랑하는 여인과 약속을 했다.

"우리 언제 다시 만나는 것이 좋겠소?"

"내일 저녁 마을 앞에 있는 강다리 밑에서 만나는 것이 어때요?"

"좋소."

미생은 사랑하는 여인과의 약속을 잊지 않고 이튿날 저녁 약속한 시간에 마을 앞에 있는 다리 밑으로 갔다. 그런데 어찌된 일인지 미생이 사랑하는 여인은 약속 시간이 되어도 나오지 않았다. 미생은 여인이 올 때까지 다리 밑에서 하염없이 기다렸다. 해가 지는데도 여인은 나오지 않았다. 그러는 동안 해가 완전히 기울고 바닷물이 밀물로 변해 강물을 거슬러 올라오기 시작했다. 사람들이 미생을 발견하고 다리 밑에서 나오라고 소리 질렀다.

"나는 약속하였으니 나갈 수 없소."

미생은 그 자리에서 움직이지 않았다. 물은 점점 불어나 발을 적시고 무릎까지 차올랐다. 미생은 교각을 부둥켜안고 여인을 기다렸다. 그러나 여인은 끝내 오지 않았고 물은 그의 허리에 이어 마침내 머리까지 차올라 미생은 익사했다. 미생지신尾生之信이라는 고사성어에 얽힌 이야기다. 미생은 철저하게 약속을 지켰다. 그가 물에 빠져죽을 정도로 약속을 지키려고 한 고사는 종종 어리석음에 비유되기도 하지만 약속의 중요함을 일깨우는 고사이기도 하다.

미생은 여러 고서에 등장하는데 어리석기만 한 인물이 아니다. 그는 우직하게 신의를 지켰을 뿐 아니라 다른 사람들에게도 항상 진실로 대하고 상대방의 어려움을 먼저 생각했다. 하루는 미생의 이웃집 사람이 미생을 찾아와 간장을 빌려달라고 했는데 미생의 집에도 간장이 없었다. 미생은 이웃 사람에게 사실을 말하지 않고 뒷문으로 다른 집에 가서 간장을 빌려와 이웃 사람에게 주었을 정도로 착했다.

사다함斯多含은 신라 화랑의 우두머리인 풍월주로, 같은 화랑인 무관랑武官郞과 친하게 지냈다. 그들은 어린 나이에 화랑으로 지내면서 죽음까지도 같이하기로 약속했다. 사다함은 16세가 되자 김이사부 장군을 따라 가야로 출정해 공을 많이 세워 진흥왕에게서 논밭과 포로 300명을 상으로 하사받았다. 사다함은 논밭은 같이 출정했던 군사들에게 나눠주고 포로들은 양민이 되게 해서 서라벌 사람들에게서 칭송을 받았다. 사다함은 무관랑이 죽자 7일 동안 음식을 전폐하고 슬퍼하다가 죽었는데 그때 그의 나이는 17세였다.

《화랑세기花朗世記》는 사다함과 무관랑, 사다함의 어머니와 무관랑의 통정, 희대의 색녀 미실과 사다함의 사랑까지 곁들여 복잡하게 전개된다. 미실은 그 당시 이미 나이가 상당히 많았는데 사다함과 정을 나누었고 사다함이 출정할 때 애틋한 노래까지 불렀다.

> 바람이 분다고 하되 임 앞에 불지 말고
> 물결이 친다고 하되 임 앞에 치지 말고
> 빨리빨리 돌아오라. 다시 만나 안아보고
> 아흐, 임이여 잡은 손을 차마 물리라뇨.

사다함이 승리하고 돌아왔을 때 열렬히 사랑하던 미실은 다른 남자에게 갔고 어머니마저 친구인 무관랑과 통정하고 있었다. 그러나 무슨 연유인지 무관랑이 병들어 죽자 사다함도 시름시름 앓다가 죽었다는 것이《화랑세기》의 기록이다.《삼국사기三國史記》에는 사다함이 무관랑과의 우정 때문에 그의 죽음을 슬퍼하다가 죽은 것으로 기록되어 있다. 좋은 친구는 죽음까지도 같이하는 모양이다.

5. 관포지교의 관중과 포숙

진정한 사랑을 얻으려면 사랑하는 사람의 허물까지도 사랑해야 한다고 한다. 이와 마찬가지로 지란지교와 같은 아름다운 우정을 나누려면 상대의 허물까지도 감싸주는 친구가 되지 않으면 안 된다. 전국시대 조나라의 명장 염파는 재상 인상여를 원수처럼 대했으나 훗날 인상여가 큰 인물이라는 것을 알고는 문경지교를 나누었고, 포숙은 관중이 젊었을 때 장사한다면서 손해를 많이 끼쳤으나 한 번도 얼굴을 찌푸리지 않았다.

포숙은 제양공이 죽고 공손 무지가 살해되었을 때 관중과 원수가 되어 대립했으나 자신의 승리로 끝나자 관중을 죽이지 않고 오히려 구해 제환공에게 천거하여 재상이 되게 했다. 포숙이 평생의 벗인 관중이 일시적으로 적이 되었다고 해서 버렸다면 제환공은 천하의 패자가 될 수 없었을 것이고 그들도 일세의 영웅이 되지 못했을 것이다. 그러나 관중에 대한 포숙의 끝없는 믿음은 그들에게 부귀영화를 누리게 했을 뿐 아니라 후세 사람들이 그들을 존경하고 그들의 우정을 관포지교라고까지 부르게 했다.

관이오(管夷吾, 관중)는 중국 춘추시대 제나라의 영수에서 살고 있었다. 그는 젊었을 때 성품이 대쪽 같은 포숙아(鮑叔牙, 포숙)와 친교를 나누었다. 포숙은 관중이 매우 현명한 인물이라는 사실을 잘 알고 있었다. 관중은 항상 손에서 책을 놓지 않았고 활을 잘 쏘았다. 그러나 관운이 없어서 높이 등용되지 못하고 가난하게 살았다.

포숙과 관중이 살던 때는 무왕이 세운 주나라가 점점 기울어가던 시기로, 제후들의 세력이 막강해지고 있었다. 제나라는 강태공 여

춘추시대 제(齊)나라 포숙아(鮑叔牙). 어려서부터 집이 가난했던 친구 관중을 도와주면서 막역지교(莫逆之交)를 나누었다. 훗날 제환공(齊桓公)이 재상으로 삼으려 하자 투옥된 관중을 석방시켜 그를 재상의 자리에 앉힌 인물이다.

상呂尚이 무왕을 도와 폭군 주왕을 몰아낸 공로로 제후로 봉해진 뒤 그의 후손이 대를 이어오다가 제양공齊襄公이 군위君位에 있었다.

춘추시대 제양공 제아諸兒는 누이인 문강과 통정한 인물로 춘추전국시대를 통틀어 가장 음란한 제후의 대명사로 불린다. 제양공이 음란한 위인이었기 때문에 제나라는 국정이 전에 없이 문란했다. 그러나 제나라는 춘추시대의 가장 강력한 나라였으므로 장차 중국의 패자가 될 만한 여건을 모두 갖추고 있었다. 즉 땅은 기름지고 인구는 많았다.

관중은 젊은 시절 집안이 가난하여 포숙이 장사하는 일을 도와서 끼니를 연명했다. 그는 장사를 하면서 포숙과 공평하게 이익을 나누지 않고 자신이 더 많이 가져갔다. 포숙 밑에서 일하는 사람들이 포숙에게 불평을 늘어놓았다.

"관중이라는 사람은 하루 장사를 한 뒤에는 반드시 주인보다 이익을 더 많이 가져갑니다. 서로 동업하기로 했으면서 어찌 그럴 수 있습니까? 관중은 참으로 탐욕스러운 인물입니다."

"그를 비난하지 마라. 관중은 나보다 식구가 많고 가난하기 때문에 돈이 더 필요하다."

포숙은 하인들의 불만을 일축했다. 관중은 포숙의 집에서 일하다가 제나라의 말단관리가 되었다. 그러나 그는 뚜렷한 잘못도 없이 제양공 제아에게 세 번이나 쫓겨났다.

"관중이 또 임금에게 쫓겨났다고 합니다. 그는 아마도 나라를 경영할 만한 인재가 못 되는 것 같습니다."

포숙의 하인들이 다시 관중을 비난했다.

"관중이 부덕한 것이 아니다. 그가 천시天時를 만나지 못했을 뿐이다."

포숙은 이번에도 관중을 비호했다. 관중은 백수건달이 되자 다시 포숙 밑에서 장사를 했다. 그러나 관중은 장사를 잘못하여 포숙에게 손해를 많이 입혔다.

"관중이라는 사람은 정치도 할 줄 모르고 장사도 잘 모릅니다. 도무지 쓰일 곳이 없는 사람입니다. 주인께서는 무엇 때문에 그런 위인과 교분을 나누시는 것입니까?"

포숙의 하인들은 이번에야말로 포숙이 관중과 관계를 끊으리라고 생각했다.

"관중이 장사를 잘못한 것이 아니다. 경기가 전체적으로 나쁜데 어떻게 장사로 이익을 남길 수 있겠느냐? 그는 운이 나빴을 뿐이다."

포숙의 말에 하인들은 머리를 절레절레 흔들었다. 포숙이 관중을 비호하는 것을 이해할 수 없었다. 포숙은 오랫동안 관중과 교분을 나누었기 때문에 관중에 대해 누구보다도 잘 알았다.

그는 언젠가 관중이 한 나라의 재상이 되어 천하를 도모할 것이라고 하인들에게 말했다. 하인들은 포숙의 말을 반신반의했다. 아무리 보아도 관중이 그렇게 비범한 인물 같지 않았다. 춘추시대에는 전쟁이 자주 있었다. 관중은 전쟁이 일어나 군사로 출정하면 항상 맨 나중에 출전하고 가장 먼저 돌아왔다.

"관중이 활을 잘 쏜다는 말을 들었습니다. 그런데 전쟁이 나면 가장 늦게 출전하고 전쟁이 끝나면 가장 먼저 돌아오니 관중이야말로 비겁자가 아닙니까? 그러한 자가 어떻게 재상이 되어 정사를 돌볼 수 있겠습니까? 관중이 재상이 되면 우리 제나라는 반드시 멸망할 것입니다."

포숙의 하인들이 다시 관중을 비난했다.

"하하하! 관중이 전쟁이 일어났을 때 가장 늦게 출전하고 전쟁이 끝나면 가장 빨리 돌아오는 것은 노모가 걱정할까 염려하여 노모를 기쁘게 하려는 것이다. 노모에게 효도를 다하는 사람이 어찌 정치를 잘못하겠느냐? 관중은 반드시 이 나라 재상이 되어 백성을 평안하게 할 것이다."

포숙은 오히려 관중을 칭찬했다. 포숙의 말을 들은 하인들은 고개를 갸우뚱하면서도 관중을 새롭게 보았다. 포숙은 훗날 제환공을 설득해 관중을 등용하게 하려고 했다.

"관중은 나를 죽이려고 활을 쏜 자다. 그런 자를 어찌 등용하라는 말이냐?"

제환공이 포숙에게 퉁명스럽게 내뱉었다. 제환공은 관중이 탐탁지 않았다.

"주공께서 제나라 군주로 만족하지 않고 천하를 다스리시려면 반드시 관중과 같은 인물이 필요합니다. 관중은 자신이 모시던 공자 규를 위해 주공에게 활을 쏘았으나 주공이 그를 등용하면 이번에는 주공을 위해 천하를 활로 쏠 것입니다."

포숙의 간곡한 설득에 제환공의 마음이 기울었다.

"그렇다면 그를 어떻게 대우해야 하는가?"

"문왕의 예로 대우하십시오."

"문왕이 위수에서 강태공을 영접한 예로 관중을 대하라는 말인가?"

"주공께서 관중을 얻으면 천하를 얻은 것이나 진배없습니다. 주공께서는 현사를 버리지 마십시오."

포숙이 제환공을 다시 설득했다. 제환공은 마침내 길일을 잡고 목욕재계를 한 뒤 관중을 불러 상석에 앉히고 스승을 대하듯이 공손하게 예우했다.

"선생께서는 과인에게 어떻게 백성을 이끌어야 하는지 가르침을 내려주십시오."

"치도治道는 민심을 얻는 것입니다. 민심을 얻기 위해서는 백성의 이익을 꾀해야 하고, 백성의 이익을 꾀하기 위해서는 선정善政을 베풀어야 합니다."

"백성에게 왜 선정을 베풀어야 하는지 가르침을 내려주십시오."

"백성에게 선정을 베풀면 논밭이 잘 경작되어 풍년이 듭니다. 풍년이 들면 악행을 저지르는 자가 없어지기 때문에 송청이 한가해지고 관리들이 탐욕을 부리지 않습니다. 조정에는 충신이 발탁되고 간신이 배척당합니다. 나라가 두루 평안해지니 임금의 복이 아니겠습니까?"

"임금이 군위에 있어서 선정을 베풀거나 학정을 베풀거나 임금에게는 마찬가지입니다. 백성에게 선정을 베풀면 임금에게는 무슨 이득이 있습니까?"

"백성에게 선정을 베풀면 백성의 삶이 풍요로워져 임금에게 순종하게 됩니다. 또한 국가 재정이 튼튼해지니 군사들은 녹봉을 넉넉하게 받게 되고, 군량이 가득하니 강군이 되어 적을 공격하면 반드시 승리할 수 있습니다. 선정을 베풀어 임금의 덕이 사해에 미치면 현자들이 찾아오고, 제후들이 공경하고 따르게 되어 중원의 맹주가 될 수 있습니다. 이를 패도라고 합니다."

관중의 말에 제환공이 크게 감탄하여 넙죽 절을 했다.

"내가 스승을 얻은 것은 주문왕이 강태공을 얻은 것과 다름없습니다. 이제는 선생을 중부(仲父)라고 부를 것입니다."

제환공이 관중에게 말했다. 관중은 제환공 덕에 제나라 재상이 되었다. 관중은 이후 습붕, 영척 등 많은 현사를 제나라 조정에 등용하게 하여 제나라를 부국강병하게 만들었다. 관중이 제환공을 춘추전국시대의 패자로 만들 수 있었던 것은 죽을 뻔한 그를 구해주고 제환공에게 천거한 친구 포숙이 있었기 때문이다.

6. 친구를 배신하여 멸망하다

염파와 인상여, 관중과 포숙은 죽을 때까지 서로 신뢰하면서 변치 않는 우정을 나누었다. 그러나 전국시대의 병법가 방연(龐涓)은 같은 스승에서 공부한 손빈(孫臏)에게 자신이 출세하면 반드시 손빈을 불러서 벼슬을 주겠다고 굳게 약속하고도 배신했다.

전국시대 최고의 유세가라고 불리는 소진(蘇秦)과 장의(張儀)는 끝까지 우정을 나누어 적이 되었으면서도 서로 공격하지 않았으나 방연은 손빈을 배신하고 앉은뱅이로 만들었으나 결국 비참하게 죽임을 당했다. 우정의 진실이 어떠해야 하는지 보여주는 일화다.

손빈은 《손자병법》으로 유명한 손무의 후손이다. 손무가 일가를 돌보지 않은 탓인지 그는 어릴 때 집을 떠나 방연과 함께 신선이 되기 위해 귀곡자(鬼谷子, 종횡가의 시조)에게서 가르침을 많이 받았다.

전국시대 최고의 달변가인 소진과 장의 역시 귀곡자에게서 유세학을 배운 인물들이다. 그러나 손빈과 방연이 공부하는 심산유곡에는 하루 종일 찾아오는 사람이 없어서 병법만 배우기에 지루하고 적적했다. 방연은 하루빨리 세상에 나가 자신이 배운 병법을 시험해보고 싶었다. 방연은 매일같이 틈만 있으면 산 아래를 내려다보면서 한숨을 쉬었다.

"너는 아무래도 세상에 나가 입신양명을 하고 싶은 모양이구나."

방연의 스승 귀곡자가 혀를 차며 말했다.

"예."

방연이 머리를 조아려 대답했다.

"나는 너희가 공부하여 신선이 되기를 바랐다만 너희는 뜬구름과 같은 부귀영화를 바라니 어쩔 수 없구나."

귀곡자는 방연을 잡아둘 수 없다는 사실을 깨닫고 하산하라고 지시했다.

"너는 하산하면 위나라로 가거라. 너를 위해 점괘를 풀어보니 너는 13년 동안 크게 출세하게 되어 있다. 그러나 13년이 지나면 운이 다하니 조심해라. 특히 가까운 사람일수록 우애를 돈독히 하고 원한을 사지 마라."

귀곡자는 점을 치더니 방연에게 몇 번이나 다짐했다. 방연은 옆에 앉아 있는 손빈을 의미심장한 시선으로 쳐다보았다. 그에게 가까운 사람이란 동문수학한 손빈밖에 없었다.

춘추시대 제나라의 군사(軍師) 손빈(孫臏). 군사응용학의 시초가 된 삼사법(三駟法)을 창안했으며 각종 병법과 이론에 능했다. 제나라의 명장 전기(田忌)를 도와 여러 차례 큰 전쟁에서 승리하였고 《손빈병법(孫臏兵法)》이라는 군사 이론서를 남겼다.

"스승님의 가르침을 명심하여 따르겠습니다."

방연은 귀곡자에게 큰절을 올리고 산을 내려오기 시작했다. 손빈은 방연이 하산하게 되자 계곡 입구까지 따라나오면서 작별을 슬퍼했다.

방연이 손빈의 손을 잡고 위로했다.

"형님, 너무 슬퍼하지 마십시오. 제가 부귀하게 되면 반드시 형님을 초대하여 부귀를 함께하겠습니다. 형님이 오시면 미인들과 밤새도록 술을 마시면서 풍류를 즐기겠습니다."

"나를 부르지 않아도 괜찮으니 자네만이라도 부귀를 누리게."

"스승님에게서 배운 병법은 천하의 제후들에게 크게 쓰일 것입니다. 제가 부귀를 누리는 것은 걱정하지 않습니다."

5장 벗과의 신용 | 211

"자네는 벌써 부귀를 얻은 듯이 말하네."

"스승님 가르침은 일세에 없는 비전인데 어찌 제후들이 좋아하지 않겠습니까? 나는 위나라에 가서 크게 출세할 테니 형님도 하산하는 대로 나를 찾아오십시오."

"말은 그렇게 해놓고 내가 찾아간다고 설마 문전박대하는 것은 아니겠지?"

손빈이 웃으며 농담을 했다.

"만약에 내가 그런 짓을 한다면 천벌을 받을 것입니다."

방연이 펄쩍 뛰었다.

"아무튼 대성을 이루기 바라네."

손빈과 방연은 눈물로 작별했다.

귀곡에서 하산한 방연은 여러 나라를 떠돌다가 위나라로 가서 위혜왕의 총애를 받아 장군이 되었다. 방연의 전략은 신출귀몰하고 군사 조련은 엄중하여 전쟁할 때마다 승리했다. 방연은 위혜왕의 두터운 신임을 얻어 대장군이 되었다.

방연이 떠난 후 혼자 귀곡에 남아서 공부하게 된 손빈은 더욱 쓸쓸했다. 그럴 때마다 손빈은 부귀하면 부르겠다던 방연의 말이 떠올라 산 밑을 하염없이 응시하고는 했다. 하지만 방연은 처음 약속과 달리 위나라에서 부귀하게 되었으면서도 손빈을 부르지 않았다. 방연은 손빈의 능력이 자신보다 뛰어나기 때문에 그가 위나라에 오면 자기 자리를 빼앗길까봐 전전긍긍했다. 그러나 손빈에 대한 소문은 이미 위나라까지 파다하게 퍼졌다.

"귀곡에 방연을 능가하는 현자가 있다고 합니다. 그의 이름은 손빈으로 《손자병법》을 쓴 손무의 후손이라고 합니다."

위혜왕에게 누군가 조용히 아뢰었다. 위혜왕은 《손자병법》이라는 말에 깜짝 놀라 즉시 방연을 불렀다.

"귀곡에 손무의 후손이 있다는데 그대는 어찌하여 나에게 천거하지 않는가?"

위혜왕이 방연에게 물었다. 방연은 가슴이 철렁했다.

"귀곡에 손빈이라는 사람이 있는 것은 사실입니다. 신도 손빈을 대왕께 천거하려고 했으나 그가 제나라 사람이라 삼갔습니다."

방연은 깜짝 놀라 위혜왕에게 거짓말을 했다.

"하하! 예부터 의인은 자기를 알아주는 사람을 위해 죽는다고 했다. 손빈이 제나라를 위하여 우리나라를 배신한다면 어찌 의인이라고 하겠는가? 그런 것은 걱정하지 말고 속히 사람을 보내 데리고 오라."

위혜왕이 영을 내렸다. 방연은 할 수 없이 귀곡에 사람을 보내 손빈을 데리고 오게 했다. 손빈은 스승 귀곡자에게 절한 뒤 하산하겠다고 말했다.

"너마저 귀곡을 내려가 부귀를 누리려고 하느냐? 나는 너희에게 신선의 도를 가르치려고 했는데 아무도 신선이 되려고 하지 않는구나."

귀곡자가 탄식하면서 말했다.

"스승님, 방연은 위나라에서 대장군이 되어 부귀를 누리고 있다고 합니다. 방연이 그런 지위를 누리고 있으니 가서 한번 만나보고 싶습니다. 방연을 만나 회포를 푼 뒤 돌아와 신선 공부를 하겠습니다."

손빈이 간곡하게 말했다. 귀곡자는 고개를 절레절레 흔든 뒤 꽃을 꺾어오라고 했다. 손빈은 탁자에 있는 꽃병의 국화꽃을 꺼내 바쳤다.

"꽃을 하나 꺾어오랬더니 방에 있는 꽃을 가지고 오느냐? 그것이 네 운명이라면 할 수 없는 일이지."

귀곡자가 탄식을 했다.

"이 꽃은 한 번 꺾였지만 선비가 좋아하는 꽃이다. 너는 세상에 나가서 이 꽃과 같은 운명이 된 뒤에야 부귀를 누리고 명성을 얻을 것이다."

귀곡자가 말했다. 귀곡자의 말은 한 번 크게 좌절한 뒤에야 성공하겠다는 뜻이었다. 손빈은 그 말을 대수롭지 않게 듣고 귀곡자에게 절을 올린 뒤 하산했다.

위혜왕은 손빈을 극진하게 대접하면서 많은 이야기를 나누었다. 손빈은 경서에 두루 통달하고 사서에 박식하여 이야기하면 할수록 위혜왕은 마음이 끌렸다. 위혜왕은 손빈을 군사인 방연 밑에 두고 부군사로 삼으려고 했다.

"손빈은 귀곡에서 같이 공부했지만 손무의 후손입니다. 그런 사람을 제가 감히 어떻게 밑에 두겠습니까? 대왕께서는 손빈을 우선 객경客卿에 임명해 그의 재능을 알아본 뒤 군사로 쓰십시오. 그때가 되면 신이 부군사가 되어 그를 군사로 모시겠습니다."

방연이 펄쩍 뛰며 아뢰었다. 위혜왕은 방연의 말이 옳다고 생각하여 손빈을 실권이 전혀 없는 객경에 임명했다. 손빈은 객경이라는 벼슬에 임명되었으나 한직이라 전혀 할 일이 없었다. 손빈은 위나라 명사들과 사귀면서 병법에 대해 논했다. 손빈의 병법은 뛰어나서 위나라 명사들은 모두 무릎을 치고 탄복했다. 손빈은 선조인 손무가 남긴 병서 13편을 자신이 모두 읽었노라고 명사들에게 말했다.

방연은 손빈이 손무의 병서 13편을 완전히 익혔다는 것을 알고 손무의 병서를 빼앗으려고 여러 가지 감언이설로 병서를 보여달라고 졸랐다. 그러나 손빈은 방연이 병서를 탐낸다는 사실을 알고 마음속으로 그를 멀리하기 시작했다.

'네가 병서를 내놓지 않으면 살아날 수 없을 것이다.'

방연은 손빈이 손무의 병서 13편을 내놓지 않자 손빈을 제나라 첩자라고 모함해서 그의 두 다리 무릎 연골을 도려내 앉은뱅이로 만든 뒤 얼굴에 먹칠을 하는 묵형墨刑을 가했다.

'아아, 아우처럼 믿었던 방연에게 이런 일을 당할 줄은 몰랐구나. 내가 살아서 도망칠 수만 있다면 반드시 원수를 갚으리라.'

손빈은 피눈물을 흘리면서 맹세했다.

'스승님께서 화를 당할 것이라고 예측하신 것이 이것이었구나.'

손빈은 스승이 꽃으로 섬을 저준 것이 신묘하게 들어맞았다고 생각했다. 손빈은 무릎 연골을 도려냈기 때문에 앉은뱅이가 되어 다른 사람들의 도움을 받지 않고는 움직일 수조차 없었다. 그는 방연이 병서를 내놓으라고 다그치자 미치광이 흉내를 내면서 비참하게 생활했다.

제나라 재상 전기田忌는 손빈이 병법에 출중하다는 말을 듣고 방연의 감시가 소홀한 틈을 타서 그를 구출하여 제나라로 데리고 왔다.

"선생에게 구명지은求命之恩을 입었습니다. 이 은혜를 어떻게 갚아야 할지 모르겠습니다."

손빈은 눈물을 흘리면서 전기에게 사례했다. 위나라의 방연은 대군을 이끌고 조나라를 공격했다. 조나라는 위기에 빠지자 제나라에 구원을 청했다. 전기는 군사를 이끌고 조나라로 달려가려고 했다.

"장군, 조나라를 돕기 위해 굳이 조나라로 가서 싸울 필요가 없습니다."

손빈이 전기에게 말했다.

"선생에게 좋은 계책이 있으면 하교해주십시오."

전기가 공손하게 손빈에게 말했다.

"우리가 위나라를 공격하는 척하면 조나라를 공격하던 위나라는 군사를 돌릴 것입니다. 한번 군사를 돌리려면 몇 달이 걸리니 다시 침략하기 어렵습니다."

전기는 손빈이 하라는 대로 군사를 이끌고 위나라 국경으로 달려갔다. 방연은 조나라를 맹렬하게 공격하다가 깜짝 놀라 철수했다. 척후병을 국경에 보내 알아보니 제군齊軍에 손빈이 군사軍師로 있다고 보고해왔다.

'손빈이 있는 제나라와 군이 싸울 필요가 없다.'

방연은 제군에 손빈이 있다는 것을 알고는 공격하지 않았다. 손빈은 방연을 함정에 빠뜨리기 위해 죄를 지은 척하고 군사 자리에서 물러났다. 이번에는 위나라가 조나라와 연합하여 한나라를 공격했다. 한나라는 제나라에 다급하게 구원을 청했다. 제나라 왕은 전기를 대장군에 임명하고 손빈을 군사에 임명하여 출정시켰다. 손빈은 자신이 군사에 임명되었다는 사실을 비밀로 하고 위나라 도읍 대량을 향해 진격했다. 방연은 한나라를 공격하다가 제군이 위나라를 공격한다는 보고를 받고 군사를 돌렸다.

'제나라가 번번이 내 일을 방해하다니 용서할 수 없다. 게다가 제나라는 병법가인 손빈을 군사에서 내쫓았으니 충분히 공략할 수 있다. 조나라나 한나라를 공략하려면 제나라부터 쳐야 한다.'

방연은 위혜왕에게 제나라를 공격하게 해달라고 청했다. 위혜왕이 태자를 보내 허락했다.

"손빈이 없는 제나라는 종이호랑이에 지나지 않는다. 전군은 제군을 공격하라!"

방연은 군사를 휘몰아 질풍처럼 제군을 공격했다.

"방연이 맹렬하게 추격해오니 우리는 아궁이 숫자를 절반으로 줄이면서 퇴각하라."

손빈이 군사들에게 영을 내렸다. 제군은 매일같이 아궁이 숫자를 줄이면서 퇴각했다. 방연은 부장들이 만류하는 데도 제군을 맹렬하게 추격했다.

"쉬지 말고 제군을 추격하라. 제군은 우리 위군의 군세에 놀라 절반이 달아났다."

방연은 제군이 진을 치고 있는 들판을 자세히 살핀 뒤 위군 장수들에게 명령을 내렸다.

"제군이 싸우지도 않고 달아났다는 말씀입니까?"

장수들이 의아한 표정으로 방연에게 물었다.

"그대들은 제군의 아궁이 숫자를 세어보고도 모르겠는가? 아궁이 숫자가 절반으로 줄어든 것은 군사들이 달아나서 밥할 필요가 없기 때문이다. 제군의 아궁이는 처음에 10만 개였으나 이제는 불과 3만 개밖에 남지 않았다. 제군이 대오를 잃고 도망칠 때 추격해 몰살시켜라!"

방연이 장수들에게 군령을 내렸다.

"후비병이 미처 따라오지 못하고 있습니다. 너무 급박하게 추격하면 함정에 빠집니다."

장수들이 방연을 만류했다.

"전열이 흐트러진 제군에게 틈을 주어서는 안 된다. 즉시 추격하라!"

방연은 기병을 이끌고 맹렬하게 제군을 추격했다. 손빈은 마릉에 도착한 뒤 척후병을 파견하여 위군의 동태를 살피게 했다. 위군은 보병도 없이 제군을 맹렬하게 추격해왔다. 손빈은 마릉의 지형을 자세히 살핀 뒤 나무를 한 그루만 남기고 모든 나무를 베게 했다. 그리고 나무껍질을 벗긴 뒤 '방연은 이 나무 밑에서 죽으리라'라고 쓰게 했다.

방연은 밤이 왔는데도 쉬지 않고 질풍처럼 달려와 마릉 입구에 이르렀다. 장수들이 매복을 두려워하여 진격하지 말자고 건의했다.

"우리가 사흘이나 추격했는데도 제군은 없었다. 오늘 밤만 지나면 제군을 만날 것이다."

방연은 장수들이 만류했지만 군사들을 이끌고 마릉의 계곡으로 들어갔다.

"장군, 여기 나무에 글자가 쓰여 있습니다."

앞서 달리던 군사가 말을 멈추고 방연에게 보고했다. 방연은 말에서 내려 나무로 가까이 다가갔다.

"횃불을 밝혀라. 어두워서 글자가 보이지 않는다."

방연이 명령을 내리자 군사들이 일제히 횃불을 밝혔다. 그러자 껍질을 벗긴 큰 나무에 '방연은 이 나무 밑에서 죽으리라'라는 글자가 크게 쓰여 있었다. 방연의 얼굴이 하얗게 변했다.

그때 거대한 함성이 들리면서 마릉의 양쪽 계곡에 매복하고 있던 제나라 군사들이 일제히 화살과 쇠뇌를 쏘았다. 화살과 쇠뇌가 빗발치듯이 날아오자 위군은 혼비백산하여 우왕좌왕했다.

'아아, 내가 손빈의 명성만 높여주고 죽는구나!'

방연은 비탄에 잠겨 목을 찔러 자결했다. 제군은 독 안에 든 쥐나 다름없는 위군을 몰살시키고 개선했다.

손빈의 이후 행적은 알려지지 않았다. 손무가 그랬던 것처럼 손빈도 종남산에 올라가 신선이 되었다는 말이 있으나 그것은 이야기일 뿐이다. 방연은 손빈이 같은 스승에게서 공부한 벗인데도 칼을 들이댔다가 최후를 비참하게 마쳤다.

6
부부의 신용

어느덧 해질녘이 되었는데도 남편은 돌아오지 않고 소만 어슬렁거리며 돌아왔다.
부인은 소가 혼자서 돌아온 것을 보고 비로소 무슨 일이 생겼다는 것을 알게 되었다.
그녀는 가슴이 철렁하여 남편을 찾아 산을 올라가기 시작했다.

6장 부부의 신용

부부는 사랑으로 결합한다. 그러나 전혀 다른 생활환경에서 성장한 남녀가 한 집에서 매일같이 생활하게 되면서 서로 이질적인 요소를 발견하게 되고 이상이나 가치관이 달라서 결합이 해체되는 경우가 허다하다. 영원히 변치 않고 검은머리가 파뿌리가 될 때까지 사랑으로 살아갈 것이라는 맹세가 공허하게 된다. 사랑은 떠나고 증오만 남는다.

우리나라에서는 1년에 약 16만 쌍이 이혼하기 때문에 이제는 이혼가정을 결손가정이라고 하지 않는다. 그러나 16만 쌍이 처음부터 이혼하기 위해 결혼하는 것은 아니다. 그들은 생활에 쪼들리고 가치관이 달라 자기도 모르게 서로에 대한 신뢰를 조금씩 잃어간다. 남편이 아내를 신뢰하지 않고 아내가 남편을 신뢰하지 않는 상황에서 사랑은 존재할 수 없다. 결국 작은 불신이 쌓여서 이혼이라는 파국으로 치달린다.

1. 남녀의 결혼은 계약이다

남녀가 결혼할 때 주례는 결혼 서약을 하게 한 뒤 눈이 올 때나 비가 올 때나, 병들었을 때나 고난에 처했을 때나 함께하라고 서약서를 작성하게 한다. 그러나 많은 부부가 결혼할 때의 마음가짐을 잊은 채 서로 비난하고 배신하고 싸우다가 헤어지는 일이 적지 않다. 우리의 고전이나 역사에서는 비록 약혼만 했더라도 신성한 약속을 철저히 지키는 일이 더 많았다.

부부의 신용은 세월이 흐르거나 병들었을 때도 변하지 않고 사랑하고 믿는 것이다. 사랑이 메마른 시대에 죽음까지도 뛰어넘은 부부의 사랑을 보면 감동받는 것은 우리가 언제나 그런 사랑을 꿈꾸기 때문이다.

순찬荀粲은 《세설신어》에 등장하는 진나라 때 인물이다. 그는 절세미인인 표기장군 조홍曹洪의 딸을 죽을 때까지 사랑하겠다고 약속하고 청혼하여 부인으로 맞아들였다. 그들은 혼례를 올린 뒤 몇 년 동안 이웃 사람들이 모두 시샘할 정도로 다정하게 지내며 사랑을 나누었다. 그러나 미인박명이라는 말이 있듯이 부인이 갑자기 열병을 앓게 되었다. 한겨울인데도 온몸에 열이 나서 부인은 옷을 모두 벗고도 고열에 신음해야 했고 순찬에게 고통을 호소했다.

"아아, 내가 어떻게 해야 당신의 고통이 멈추겠소?"

순찬은 사랑하는 부인이 고통스러워하자 괴로웠다.

"창문을 열어주세요."

"알겠소. 조금만 기다리오."

순찬은 아내가 조금이라도 고통을 느끼지 않도록 창문을 활짝 열었다. 때는 한겨울이라 살을 엘 듯한 찬바람이 불어 들어왔다.

"이제 좀 괜찮소?"

"미안해요. 당신은 춥지 않은가요? 너무 추울 텐데요."

"당신 고통에 비하면 아무것도 아니오."

그러나 부인의 열병은 더욱 심해졌다. 순찬은 밤이 되자 옷을 모두 벗고 밖으로 뛰어나가 자신의 몸을 꽁꽁 얼린 뒤 방으로 들어와 부인의 몸을 식혀주었다.

"이렇게 하지 말아요. 나는 어차피 틀린 것 같아요. 당신마저 병에 걸리면 어떻게 해요."

부인이 순찬을 안타까워하며 말했다. 그러나 순찬은 몇 번이나 자신의 몸을 얼려서 부인의 뜨거운 몸을 식혀주었다. 순찬의 이러한 정성에도 부인은 끝내 숨을 거두었다. 순찬은 비통의 눈물을 흘리다가 부인이 죽은 지 채 1년이 되지 않았을 때 지나치게 슬퍼한 까닭에 죽었다. 그때 순찬의 나이는 29세였다.

《세설신어》〈순찬별전〉에 있는 이야기로 당시 사람들은 순찬의 이런 지고지순한 사랑을 어리석었다고 비웃었다. 순찬은 성품이 고결하고 사람들을 잘 사귀지 않아 장례식에 몇몇 지인밖에 참석하지 않았으나 젊은 사람들 중에는 당대에 뛰어난 준걸들이 있었다. 그들의 곡례哭禮는 길가는 사람들까지 감동시켜 눈물을 흘리지 않는 사람이 없었다. 순찬은 부부간의 사랑 때문에 죽었다.

신라 진평왕 때 경주 밤나무골에 설薛씨라는 인물이 살고 있었다. 설씨는 가난한 농사꾼에 지나지 않았으나 행실이 단정하고 용모가 아름다운 설랑薛娘이라는 딸이 하나 있어서 부인은 없었지만 딸과 행복하게 살았다. 그런데 나이가 많은 설씨에게 군역이 돌아왔다.

신라는 농사짓는 백성에게 병역의 의무를 지웠는데, 순서에 따라 먼 변방에 가서 백제나 고구려의 침략에 대비하는 수자리에 종사해야 했다. 설랑은 아버지에게 수자리가 돌아오자 고민에 빠졌다. 아버지는 늙어서 변방에 가서 몇 년 동안 성을 지키는 일에 종사하기 어려웠다. 그때 사량부에 사는 가실嘉實이라는 총각이 설랑을 사랑하고 있었다. 설랑도 가실을 사랑하여 두 선남선녀는 남몰래 만나 장래를 약속한 사이였다. 그러나 설씨가 수자리에 끌려가게 되자 설랑은 가실을 만날 때도 근심이 떠나지 않았다.

가실은 사랑하는 여자가 근심에 잠겨 있자 설씨에게 자신이 대신 수자리를 가겠다고 말했다. 설씨는 가실에게 고맙다고 사례하고 원하는 것이 무엇이냐고 물었다. 가실은 설랑과의 혼례라고 말했다.

"자네가 나를 위해 수자리를 가겠다는데 내 어찌 혼례를 허락하지 않겠는가?"

설씨는 쾌히 설랑과의 혼례를 허락했다. 가실은 설씨의 허락을 받자 설랑에게 달려가 기쁜 소식을 알리고 서둘러 혼례를 올리자고 말했다.

"혼인은 인륜지대사라 조급하게 서두를 것이 아니라 수자리를 다녀온 뒤 차분하게 올리고 싶습니다."

설랑은 기뻤으나 혼인을 조급하게 올리고 싶지 않았다.

"그렇다면 나를 기다리겠소? 나는 3년 안에 반드시 돌아오겠소."

"철석같이 기다리겠습니다. 약속의 정표로 이 거울을 드리겠습니다."

설랑은 가지고 있던 거울을 둘로 쪼개 한 조각을 가실에게 주었다. 가실은 설랑과 굳게 약속하고 키우던 말을 맡긴 뒤 수자리를 떠났다. 그러나 수자리를 떠난 가실은 3년이 지나도 돌아오지 않고 6년이 지나도 돌아오지 않았다. 설랑은 매일같이 동구 밖에서 가실을 기다렸다.

"가실이 3년을 약속하고 떠났는데 6년이 지나도 돌아오지 않았다. 그러니 너는 이제 다른 사람과 혼인해야 한다."

설씨는 설랑에게 가실과의 약속을 잊고 다른 남자와 혼인하라고 말했다.

"가실은 아버지를 위해 수자리를 가서 밤낮으로 고생하고 있습니다. 그런데 약속을 저버리는 것은 신의를 잃는 일입니다."

설랑은 아버지 말을 거절했다. 그러나 설씨는 딸이 나이가 많아지자 처녀로 늙는 것이 안타까워 몰래 마을 사람과 정혼하고 신랑을 맞아들였다. 설랑은 도망치려다가 실패하자 마구간으로 가서 가실이 남기고 간 말을 쓰다듬으면서 슬프게 울었다.

이때 가실이 수자리를 마치고 거지꼴이 되어 돌아왔다. 오랫동안 변방에서 고생한 가실은 얼굴이 몰라볼 정도로 변해 있었다. 설랑이 의문을 표시하자 가실은 거울 한 조각을 꺼내 맞추어보라고 말했다. 설랑이 거울 조각을 자신이 갖고 있던 것과 맞추자 딱 들어맞았다. 설랑은 마침내 가실과 혼례를 올리고 백년해로를 했다. 설랑과 가실의 사랑 이야기는 아름다운 설화다. 《화랑세기》 등에 따르면 신라의 귀족들은 성생활을 방탕하게 했는데 평민들은 설랑처럼 혼약을 끝까지 지켰다.

2. 목숨을 잃더라도 버리지 않은 부부의 신의

부부는 때때로 목숨을 같이 잃기도 한다. 남편이 죽으면 부인이 따라 죽는 일이 종종 있고 부인이 죽으면 남편이 죽는 일도 자주 있다. 스스로 목숨을 끊는 것이 아니라 저절로 죽게 되어서 사람들은 사랑이 지극했기 때문이라고 말한다. 그러나 이런 자연스러운 죽음이 아니라 배우자에게 불가항력인 죽음이 닥쳐왔을 때 부부의 사랑을 배신하지 않으려고 죽음을 불사하는 일도 종종 있다.

도미 부인의 설화에서 보듯이 그녀는 죽음도 두려워하지 않고 남편에게 헌신적인 사랑을 바쳤다.

춘추전국시대 송나라에 한빙이라는 평범한 사인舍人이 부인 식息씨와 함께 봉부 땅에서 살고 있었다. 하루는 송강왕이 사냥을 나왔다가 한빙의 처가 양잠하기 위해 노래를 부르며 뽕을 따러 가는 모습을 보았다. 한빙의 처는 하늘에서 내려온 선녀처럼 아름다웠다. 송강왕은 그 근처에 높은 대臺를 축조하고 매일같이 그 위에 올라가 식씨가 뽕잎 따는 것을 바라보았다.

"저 여인은 누구인가?"

송강왕은 식씨에게 마음이 동하여 신하들에게 물었다.

"사인 한빙의 처입니다."

신하가 대답했다.

"한빙에게 가서 부인을 당장 과인에게 바치라고 일러라!"

포악했던 송강왕은 신하들에게 영을 내렸다. 송강왕의 영을 받은 한빙은 참담했다.

"왕이 당신을 바치라고 하는데 이 일을 어떻게 하면 좋겠소?"

식씨는 남편의 말을 듣고는 시 한 편을 써서 보여주었다.

님쪽 신에 새기 있는데
북쪽 산에 그물을 쳤네.

새가 스스로 높이 나니
　　　그물이 무슨 소용이 있나

　식씨는 시로 거절의 뜻을 분명히 했다.
　"계집이 왕명을 거역한다는 말이냐? 계집을 당장 잡아오너라."
　송강왕이 대노하여 군사들에게 영을 내렸다. 군사들이 한빙의 집으로 우르르 몰려와 식씨를 잡아갔다. 한빙은 아내가 군사들에게 잡혀가는 것을 보고 비통하여 자결했다.
　"나는 이 나라의 임금이다. 내 말을 잘 들으면 너에게 부귀를 누리게 해주겠다. 네 남편은 이미 죽었다. 네가 나를 거절하고 돌아가려 해도 갈 곳이 없다. 그러나 나를 섬긴다면 너를 왕후에 책봉하겠다."
　송강왕이 식씨에게 말했다. 식씨는 아무 대답도 하지 않고 종이에 시를 한 수 썼다.

　　　하늘을 나는 새도 암컷과 수컷이 있어서
　　　봉새나 황새를 따르지 않습니다.
　　　첩은 한낱 백성이지만
　　　왕이라고 해서 좋아하지 않습니다.

　송강왕이 시를 보더니 위협했다.
　"네가 정녕 나를 거부한다면 그냥 두지 않겠다. 너를 끓는 물속에 넣어 삶아 죽이겠다."

춘추전국시대에는 팽살烹殺이라고 해서 끓는 물에 삶아 죽이는 형벌이 있었다.

식씨가 조용히 대답했다.

"대왕께서 첩을 취할 의향이 있으시면 첩은 목욕을 하고 깨끗한 옷으로 갈아입은 뒤 죽은 남편에게 작별이나 고하고 대왕을 모시겠습니다. 대왕은 그때까지 기다려주십시오."

송강왕은 식씨의 말을 듣고 기뻐했다.

"너는 즉시 목욕을 하고 과인의 침실로 들라."

식씨는 송강왕의 영을 받자 목욕을 하고 하얀 소복으로 갈아입었다. 식씨는 아득한 장천을 바라보고 두 번 절한 뒤 까마득한 청릉대 아래로 뛰어내렸다. 송강왕이 깜짝 놀라 대 아래로 달려 내려갔다. 그러나 식씨는 이미 싸늘한 시체가 되어 있었고 그녀의 손에 시를 적은 종이쪽지가 하나 쥐어 있었다.

"대왕께 비천한 첩이 마지막 소원을 아뢰나이다. 제 남편 한빙과 함께 첩을 묻어주십시오. 그렇게 해주신다면 비록 구천에 있더라도 대왕의 은덕이라고 생각하겠나이다."

송강왕은 식씨의 편지를 보고 대노했다.

"군주를 속이다니 참으로 앙큼한 계집이다. 이 계집을 어찌 남편과 함께 묻어주겠느냐? 서로 바라만 보도록 한빙과 이 계집을 동쪽과 서쪽에 따로 묻어라!"

송강왕의 영을 받은 군사들이 식씨의 시체를 한빙의 무덤 서쪽에 묻었다. 시체를 묻은 지 사흘이 지나자 두 무덤에서 가래[樟]나무가 돋아났다. 가래나무는 불과 열흘 만에 3장丈을 자라더니 마치 남녀가 서로 포옹하듯이 가지를 뻗어 뒤엉켰다. 사람들은 그 나무를 보고 한빙과 식씨의 원혼이 서로 잊지 못해 나무로 변해 뒤엉킨 것이라고 말하며 상사수相思樹라고 불렀다.

상사수 또는 연리지連理枝라고 하는 나무에 얽힌 이야기다. 부부의 사랑이 지극하면 죽은 후에도 다른 나무가 되어 가지가 엉킨다. 부부의 사랑은 신뢰가 전제되어야 한다. 처음에는 열렬히 사랑하다 나중에는 원수처럼 미워하게 되는 것은 신뢰가 조금씩 허물어져 회복할 수 없게 되었기 때문이다. 둑이 무너지는 것은 처음부터 구멍이 크게 났기 때문이 아니라 작은 구멍이 점점 커져서 나중에는 막을 수 없게 되었기 때문이다.

3. 결혼은 약속이다

많은 사람이 결혼을 사랑이라고 생각한다. 그러나 결혼은 사랑이 아니라 약속이다. 사랑하는 남자와 여자가 만나 함께 살고, 함께 아이를 낳아서 키우겠다는 약속이다. 그래서 결혼식을 할 때 결혼 서약을 하고 이에 대한 증표로 반지를 교환한다. 결혼식에 참석한 많은 하객은 증인이다. 그러나 많은 부부가 서약을 종종 잊는다. 서약은 약속이고 이에 대한 믿음이 사라지면 파경에 이르게 된다. 그러므로 부부생활을 온전히 하려면 결혼 서약을 성실하게 이행해야 한다.

조선시대에는 아이들이 태어나면 자라기도 전에 사대부끼리 정혼해두는 일이 종종 있었다. 그러나 아이들이 성장하여 결혼 적령기가 되면 집안의 신분이 바뀌어 약속을 지키지 않고 일방적으로 파혼하는 일도 있었다. 한쪽 집안이 역모에 휘말려 멸문을 당하거나 가세가 일시에 기울기도 했다. 사대부들의 혼인이 당사자들이 좋아서 하는 것이 아니라 부모들이 문벌을 보고 정하기 때문에 문벌에 차이가 생기면 파혼하는 것이다. 더구나 문서로 하지 않고 구두로 약속한 경우에는 신뢰가 없기 때문에 자연스럽게 파혼하고는 했다.

박서朴犀는 조선시대 인조 때 과거에 급제하여 정언正言을 시작으로 병조판서까지 지낸 인물이다. 박서는 청렴하고 강직한 인물로 유명하여 인조와 효종의 총애를 받았는데 병조판서에 있을 때 술을 좋아하여 과음하다가 죽었다.

박서가 어릴 때 집안 어른들이 박서를 한 처녀와 정혼했다. 그런데 혼인할 무렵이 되자 뜻밖에 처녀가 눈이 멀어 장님이 되었다는 소문이 들려왔다. 박서의 부친은 이미 사망하여 모친과 형님이 대소사를 관장하고 있었다. 박서와 혼인할 처녀가 장님이 되었다고 하자 집안이 난리가 났다.

"네 동생과 혼인할 규수가 장님이 되었다니 이를 어떻게 하는 것이 좋겠느냐?"

박서의 어머니가 큰아들에게 물었다.

"아우를 장님과 결혼시킬 수는 없습니다. 이는 그쪽 잘못이니 파혼하는 것이 마땅하겠습니다. 그쪽에서도 할 말이 없을 것입니다."

"그렇다고 장님이라서 파혼한다고 할 수는 없지 않느냐?"

"적당히 핑계를 대어 파혼하면 됩니다."

박서의 형이 말했다. 박서는 그 말을 듣고 절대로 파혼하지 않겠다고 선언했다.

"파혼하지 않겠다니 평생 장님과 살겠다는 말이냐. 이건 집안이 가난하고 부귀하지 않은 것과는 다르다."

박서의 형이 박서를 설득했다.

"사람이 태어나서 병이 드는 것은 하늘의 뜻입니다. 장님도 병이 든 것일 뿐인데 파혼하고 다른 데서 혼처를 구한다는 것은 있을 수 없는 일입니다. 불편한 점은 있겠으나 장님이라도 함께 살아갈 수 있습니다. 사람이 신용을 잃으면 사람 행세를 할 수 없습니다."

박서가 단호하게 말하자 형은 어찌할 수 없었다.

박서는 길일을 잡은 뒤 장님이 되었다는 처녀와 혼례를 올렸다. 그런데 막상 혼례를 올리고 보니 처녀는 장님이 아니었고 용모가 빼어날 뿐 아니라 지극히 현숙한 여인이었다. 처녀가 장님이라는 말은 마을에서 그녀의 재색을 탐한 장정이 결혼을 방해하려고 퍼뜨린 거짓 소문이었다. 박서는 신용을 잘 지켰기 때문에 현숙한 여인을 부인으로 얻었고, 부인의 내조를 받아 병조판서까지 될 수 있었다.

후한의 초대 황제 광무제(光武帝). 한고조(漢高祖) 유방(劉邦)의 9세손으로 한왕조를 중흥시킨 인물이다. 과부가 된 누이 호양 공주(湖梁公主)를 대사공 송홍(宋弘)에게 시집보내려고 했으나 송홍이 조강지처(糟糠之妻)를 버릴 수 없다고 하여 성사시키지 못했다.

고사성어에 조강지처糟糠之妻라는 말이 있다. 좁쌀과 쌀겨를 함께 먹으면서 고생한 부인이라는 뜻이다.

중국 한나라의 송홍宋弘은 대학자로 광무제光武帝 때 대사공의 벼슬에 있었다. 송홍의 학문과 정치력이 뛰어났기 때문에 광무제는 청상과부가 된 자신의 누이 호양湖梁 공주를 송홍에게 시집보내고 싶어 했다. 광무제는 어느 날 송홍을 은밀하게 대궐로 불러서 술을 대접한 뒤 슬그머니 의중을 내비쳤다.

"사람이 부富해지면 교제를 바꾸고 귀貴해지면 부인을 바꾼다고 하는데 그대는 어떻게 생각하는가?"

송홍은 광무제가 호양 공주를 자신에게 시집보내려는 의도라는 것을 눈치 챘다.

"신은 그렇게 생각하지 않습니다. 신은 빈천했을 때 친교를 끊지 않을 것이며 조강지처는 당堂에서 내려오게 하지 않을 것입니다. 사람이 가난했을 때 친교를 나누고 벼슬이 없을 때 부인이 고생하며 남편을 받드는 것은 부귀했을 때 그 부귀를 함께 누리기 위한 약속입니다. 그러한 약속은 결코 저버려서는 안 됩니다."

송홍의 말에 호양 공주를 시집보내려던 광무제는 생각을 접고 말았다. 당에서 내려오게 하지 않겠다는 것은 집에서 내보내지 않겠다는 뜻이다. 송홍은 이와 같이 자신과의 약속을 철저하게 지키고 부인과의 약속을 저버리지 않아 후세의 칭송을 받았다.

이양생李陽生은 조선 세조 때부터 성종 때까지 활약한 무인으로 서자 출신이다. 그는 집안이 가난하여 짚신을 만들어 팔아 생계를 연명했다. 저잣거리의 장사꾼들과도 친밀하게 지낸 그는 장성하자 양반의 여종에게 혼인을 청했다.

"나는 얼굴도 못생겼고 천한 계집종입니다. 어찌 저와 같이 미천한 계집과 혼례를 올리려고 하십니까?"

계집종이 이양생에게 물었다.

"사람을 어찌 외모로 평가하겠소? 낭자가 비록 계집종이지만 성품이 따뜻하니 나는 그것으로 족하오."

"혼례는 부부의 약속입니다. 평생 저를 버리지 않겠습니까?"

"나는 신의를 목숨처럼 생각하는 사람이오. 반드시 그대를 저버리지 않을 뿐 아니라 나라에 공을 세워 그대를 부귀하게 살게 해주겠소."

"그럼 저도 평생 주인으로 받들고 여공女工일을 지성으로 하겠습니다."

이양생은 계집종과 굳게 약속하고 혼례를 올렸다. 두 사람은 서로에게 약속한 대로 남편은 짚신을 팔면서 열심히 무예를 연마하고 부인은 바느질과 빨래를 열심히 하고 항상 따뜻한 밥을 지어 남편을 대접했다. 해어진 옷은 바느질해서 입히고 적더라도 술값을 항상 주머니에 넣어주었다.

이양생은 부인의 권유로 장용대壯勇隊에 들어갔다.

"나는 자원하여 전장으로 가겠소."

이시애의 난이 일어나자 이양생이 부인에게 말했다.

"어찌 난을 토벌하는 데 자원하십니까?"

"그대를 부귀하게 해주겠다고 약속하지 않았소?"

"부귀하면 첩을 버리시는 것 아닙니까?"

"그대는 내가 전장에 나가면 어찌하겠소?"

"서방님을 기다리면서 가정을 돌보겠습니다."

부인과 헤어진 이양생은 이시애의 난을 토벌하는 군사로 출정해 큰 공을 세웠다. 그는 적개공신 겸 절충장군이라는 칭호를 받고 계성군에 책봉되었다. 그는 한순간 크게 출세하여 장안의 화제가 되었고 부인을 부귀하게 해주었다. 이양생은 성품이 순진하고 근엄하고 화락해 조금이라도 거짓이 없었다. 일찍이 옛 장터를 지나다가 이전에 미천하였을 때 사귄 친구를 보면 반드시 말에서 내려 얼싸안고 서로 이야기한 뒤 떠났다.

이양생과 부인은 행복하게 살았으나 자식이 없었다.

"그대는 공이 커서 벼슬이 재추(宰樞, 재상)에 이르렀으나 뒤를 이을 자식이 없으니, 어찌 다시 이름 있는 가문의 딸을 부인으로 맞아 자식을 낳지 않는가?"

사람들은 신분이 천한 부인을 버리고 재혼하라고 말했다.

"내가 젊었을 때 빈곤을 같이하였는데 하루아침에 버리는 것은 옳지 못하며, 천인으로서 양가의 딸을 취함은 의리에 해가 되니 옳지 못하다. 내 적형嫡兄이 미약하여 명성을 떨치지 못하니 그 아들로서 대를 삼아 내 음공에 힘입게 하면 이는 곧 우리 가문을 크게 함이 될 것이다."

이양생은 부인을 버리지 않고 일생을 같이했다.

"분수를 아니 장자長者의 풍이 있다."

사람들이 그 말을 듣고 모두 탄복했다. 성품과 국량이 넓고 커서 비록 좋은 비단옷을 남에게 벗어주더라도 조금도 아까워하지 않았다. 또 말달리기와 활쏘기를 잘했으며, 호랑이를 잡는 것은 따를 자가 없을 정도였다.

이양생은 훗날 왕의 호위무사인 겸사복과 포도대장을 겸임했는데 얼굴만 보고도 도둑을 알아보았다. 호랑이를 잡고 도적을 잡을 일이 있으면 조정에서는 이양생에게 위임했다. 이양생은 부인과 함께 평생을 다정하게 살면서 포도대장으로서, 왕의 호위무사로서 명성을 떨쳤다.

부부는 혼례를 올릴 때 평생을 해로하겠다는 서약을 하기 때문에 이도 엄연한 계약이다. 부부간의 계약을 위반하는 것 역시 신뢰를 잃는 것이다.

4. 네 이웃의 여자를 탐하지 마라

부부들은 때때로 싸운다. 누구나 부부싸움을 하지만 좋은 부부는 곧바로 화해하고 서로 사랑한다. 이런 부부의 가정은 항상 평화가 넘치고 남편은 아내를 아내는 남편을, 부모는 자식을 자식은 부모를 사랑한다. 부부의 신뢰는 대부분 외도 때문에 깨진다. 최근에는 여자들도 외도를 하지만 옛날에는 주로 남자들이 외도를 했다. 배우자가 외도를 하게 되면 부부의 신뢰가 깨져서 회복하기 어려워진다. 설사 봉합한다고 해도 미봉彌縫이 되고 마음속 상처는 오랫동안 앙금으로 남는다.

조선시대 공주 출신의 무인 우상중은 어릴 때부터 용력이 출중하여 장사라고 불렸다. 그는 성년이 되자 무과에 급제하여 한양에서 벼슬을 했다. 이때 이괄이 난을 일으켜 인조가 남쪽으로 피난을 가게 되었다. 우상중은 인조를 호위하여 노량진에 이르렀으나 배를 마련하지 못해 당황했다. 그때 건너편에 배가 한 척 있는 것이 보였다.

"이리 오너라."

우상중이 목청껏 소리를 질러 사공을 불렀으나 사공은 노를 저어 오지 않았다. 우상중은 옷을 벗고 물속으로 뛰어들어 강을 건너 사공을 때려죽이고 배를 저어 인조에게 돌아온 뒤 인조가 무사히 노량진을 건너 피난하게 했다.

"선전관이 용력을 발휘하여 과인을 건너게 했다."

인조는 우상중을 가선대부에 가자加資했다. 우상중은 이후 벼슬이 계속 올라 전라수사가 되었다. 우상중은 병선을 모아 훈련을 시키면서 기생들을 배에 싣고 풍류를 즐겼다. 우상중의 종이 이 일을 한양 본가에 있는 부인에게 알렸다. 우상중의 부인은 성질이 포악하기로 유명했다. 그녀는 우상중이 기생놀이에 빠졌다는 이야기를 듣고는 양식을 싸서 등에 지고 짚신에 감발을 매고 하루에 수십 리씩 걸어서 통영에 이르렀다. 과연 우상중은 군사들을 훈련시킨다는 핑계로 기생들을 배 위에 불러놓고 풍악을 울리면서 놀고 있었다. 부인이 나는 듯이 바다로 뛰어들어 배 위로 올라가 상좌에 앉았다. 혼비백산한 우상중은 부인 앞에 무릎을 꿇었다.

"부부가 해로하기로 약조했으면 신의를 지켜야 하는데 이를 어겼으니 벌을 받아야 마땅하다."

부인은 직접 막대기로 우상중에게 30대를 때리고 길게 늘어진 우상중의 수염을 잘랐다. 그러고는 역시 배에서 뛰어내려 바다를 건너 한양으로 돌아왔다.

"장수가 자기 아내 하나 제압하지 못하면서 적과 싸우겠는가?"

통제사 이완 장군이 그 이야기를 듣고 우상중을 수사에서 파면했다.

우상중의 부인 이야기는 고전에 있으나 창작된 것이다. 우상중은 실제로 인조반정에 참여한 공신이고 병자호란 때는 삭녕에서 청나라와 싸우다가 장렬하게 전사한 충신이다. 우상중을 상대로 이러한 설화가 만들어진 것은 그가 용력이 뛰어난 무인이기 때문에 여자들의 포악함을 다루기 위한 것으로 보인다. 그러나 우상중은 부부의 약속을 깨고 외간 여자를 탐했다. 남자도 폭력을 휘두르지만 여자도 폭력을 휘두른다. 부부가 서로 폭력을 휘두르는 것은 신뢰가 없기 때문이다.

사마상여司馬相如는 중국 한나라 때의 저명한 문인이다. 촉군 성도에서 살았는데 쾌활하고 문장이 출중했다. 춘추전국시대 인상여를 좋아하여 이름까지 상여로 바꿀 정도였다. 사마상여는 어느 날 임충현 현령인 왕길의 집에 머물다가 그 지방의 부호 탁왕손卓王孫에게 탁문군卓文君이라는 절세미인인 딸이 있다는 말을 들었다. 탁문군은 20세밖에 되지 않았으나 이미 시집갔다가 과부가 되어 친가에 돌아와 있었다.

탁왕손의 집에서 잔치가 크게 열리자 사마상여는 왕길을 졸라 잔치에 갔다. 그러나 좀처럼 탁문군의 얼굴을 볼 수 없었다. 사마상여는 탁문군이 음률에 조예가 깊다는 말을 들었기 때문에 거문고를 타면서 노래를 부르기 시작했다.

봉이여 봉이여, 고향에 돌아왔구나.
사해를 돌아다니면서 너를 찾았는데
지금까지는 만날 수 없었으나
오늘 밤에야 이 집에서 만나는구나.
아름다운 숙녀는 규방에 있으니
방은 가까우나 사람이 멀어 애통하도다.
그대와 한 쌍 원앙이 될 수 있다면
저 하늘을 날 수 있을 텐데
봉이여 봉이여, 내 품속에 머물라.
그대를 위하여 오랫동안 뒤를 밀어
몸과 마음이 하나 되어 정을 나누면
깊은 밤 서로 사랑하는 것을 누가 알랴.
두 날개 활짝 펴고 창천으로 날아오르니
나는 더 이상 슬퍼하지 않노라.

　중국의 전설에 봉은 여자를 말하고 황은 남자를 말한다. 그러므로 사마상여의 노래는 탁문군에 대한 애절한 구애의 시였다.
　'저 남자가 나를 좋아하는구나.'
　탁문군은 뛰어난 시인이었기 때문에 사마상여가 읊은 시를 이해하고 그를 사랑하기 시작했다. 그러나 사마상여가 가난했기 때문에 탁문군 아버지 탁왕손은 만약 탁문군이 그와 결혼하면 재산을 한 푼

중국화가 서조(徐操)의 〈탄금도(彈琴圖)〉. 사마상여가 녹기금(綠綺琴)으로 봉구황(鳳求凰)을 연주하며 탁문군(卓文君)을 유혹하는 그림이다.

도 나누어주지 않겠다고 선언했다.

'아버지가 반대해도 나는 그 사람을 따라갈 것이다.'

탁문군은 아버지가 반대했는데도 그 밤에 집을 나와 사마상여를 찾아가 연인이 되었다. 탁문군이 사마상여의 집에 가보니 기둥이 네 개뿐인 너무나 가난한 집이었다.

사마상여와 탁문군은 결혼을 허락하지 않는 탁왕손을 골탕 먹이려고 술집을 열었다. 탁문군이 술을 팔고 사마상여는 부엌에서 안주를 만들었다. 탁왕손은 딸과 사위가 집 앞에서 술장사를 하여 체면을 깎자 할 수 없이 많은 재산을 나눠주었고, 사마상여는 풍요롭게 살게 되었다.

그때 황제인 한무제가 사마상여의 글을 읽고 문장이 도도하다며 중랑장에 명하고 경성으로 올라오게 했다. 사마상여와 탁문군은 경성에 올라가 부유하게 살게 되었다. 그러나 벼슬이 높아지면서 사마상여는 젊은 여자에게 빠져 탁문군을 돌보지 않았다.

'옛날에는 나를 그렇게 사랑하더니 이제는 배신하는구나.'

탁문군은 사마상여의 마음이 변했다는 것을 알고는 '백두음白頭吟'이라는 시 한 편을 써서 보냈다.

> 하얗기는 높은 산 위의 흰눈 같고,
> 깨끗하기는 구름 사이의 달과 같습니다.
> 듣기에 임에게 두 마음이 있다고 하는군요.
> 옛날의 약속을 버렸으니 옛 정을 끊어요.
> 오늘 술자리가 물 위에 있어,
> 내일 아침 그 물 위의 다리 위에서 헤어져,
> 물길 따라 동서로 걸어갑시다.
> 처량하고 또 처량하군요.
> 여자가 시집을 간 뒤에는 울면 안 되는데
> 나만을 마음속에 두는 사람을 만나
> 백발이 되도록 이별 없이 사는 것이 여자의 소원이지요.
> 대나무는 어찌 이다지도 하늘거리며,

탁문군(卓文君)은 부호인 탁왕손(卓王孫)의 딸로 가난한 문인 사마상여(司馬相如)의 '봉구황(鳳求凰)'을 듣고 그의 아내가 되었다. 그러나 세월이 흘러 남편 사마상여가 무릉(武陵)의 딸을 첩으로 맞으려 하자 이번에는 '백두음(白頭吟)'이란 시를 지어 단념케 하였다.

물고기 꼬리는 어찌 이토록 날렵한가요.

장부는 의기를 중하게 여기건만,

하필이면 다른 여자를 위하나요.

탁문군의 시를 받아 읽은 사마상여는 젊었을 때 탁문군을 열렬하게 사랑했던 일을 떠올리고 미인과의 관계를 청산한 뒤 그녀에게 돌아왔다. 사마상여는 여러 해가 지난 뒤 자기를 사랑하는 탁문군의 품에서 죽었다.

백년해로百年偕老라는 말이 있다. 오랜 세월 함께하면서 늙어간다는 뜻으로 부부는 검은머리가 파뿌리가 될 때까지 사랑하고 신뢰하면서 같이 산다는 뜻이다.

5. 한 번 쏟아진 물은 다시 주워 담을 수 없다

부부는 평생을 같이해야 하는 동반자다. 그런데 때때로 능력이 없다는 이유로 평생 함께하기로 약속해놓고 갈라서는 일이 있다. 어렵게 고생하다가 복권이 맞자 달아난 부인이 있어서 실소를 자아내게 하는가 하면 복권에 당첨되어 돈을 서로 갖겠다고 싸우는 부부도 있다.

고금동서를 막론하고 어려울 때 고생을 견디지 못하고 헤어졌다가 후회하는 부부가 많다. 제나라를 세운 강태공 역시 그런 인물이다. 부부는 어려운 길이나 힘든 길을 같이 가기 때문에 인생의 동반자, 반려자라고도 한다. 반려자伴侶者라는 말에는 짝이라는 뜻과 벗이라는 뜻이 함께 들어 있다.

강태공 여상은 제나라를 창업한 인물이다. 여상은 동해에서 태어나 오랫동안 위수에서 낚시로 소일했다. 젊었을 때는 학문에 정진했으나 나이가 들자 일도 하지 않고 빈둥거리기만 했다. 그는 젊었을 때 혼례를 올려 마씨라는 여자를 아내로 얻었다. 여상과 마씨는 혼례를 올린 얼마 동안은 서로 존경하고 사랑하면서 살았다. 그러나 강태공 여상이 돈을 벌지 못했기 때문에 그들은 항상 가난했다.

주(周)나라 문왕(文王)의 스승 태공망(太公望) 여상(呂尙). 본명은 강상(姜尙)이었으나 문왕의 조부 고공단보(古公亶父)가 나라를 위해 바라던 사람이라는 뜻으로 태공망이라고 이름 붙였다. 강태공(姜太公)이라고도 불린다.

    여상의 아내 마씨는 삯일을 하고 품을 팔아서 가족을 부양했으나 강태공은 마당의 멍석이 빗물에 떠내려가도 눈 하나 깜짝하지 않을 정도로 게으른 위인이었다. 여상은 매일같이 위수에서 낚시를 했다. 물고기는 입질조차 하지 않았다. 여상은 마침내 의관을 벗어 던지며 화를 냈다.

    "그렇게 화를 내지 말고 좀 더 해보시오."

    그때 밭을 갈던 노인이 허허 웃으며 말했다. 이에 여상이 마음을 차분하게 가라앉히고 다시 낚시를 했다. 그러자 처음에는 붕어가 걸리고 다음에는 잉어가 물렸다. 여상이 잉어의 배를 가르니 글자가 나왔다.

"여상은 장차 제나라의 제후가 될 것이다. 다만 오래 기다려야 할 터이니 때를 기다려야 한다."

여상은 기이하게 생각하여 밭을 갈던 노인을 살폈으나 노인은 어디로 갔는지 그림자조차 보이지 않았다. 여상은 기다리는 일밖에 달리 할 일이 없었다. 여상은 강가에서 낚시질을 하지 않으면 책을 읽는 것으로 소일했다.

"어찌하여 낚시를 하지 않으면 책만 읽는 것입니까? 집안에 양식이 떨어진 지 오래되었습니다."

여상의 아내 마씨는 눈을 치뜨고 바가지를 긁었다. 평범한 여인인 마씨가 장차 제나라 임금이 될 여상을 알아볼 리가 없었다.

"그렇다면 고기를 낚아오지."

여상은 배알이 없는 사람처럼 히죽거리고 웃었다.

"낚시에 미끼도 달지 않으면서 무슨 고기를 낚습니까?"

마씨가 샐쭉하여 쏘아붙였다.

"낚시는 세월도 낚지."

"그럴 바에야 땔나무라도 한 짐 해서 저자에 팔아 양식으로 바꿔 오십시오. 부탁입니다."

마씨는 바가지를 긁어도 여상이 일을 하지 않자 숫제 애원을 했다. 그러나 여상은 요지부동, 마씨는 결국 가난을 견디지 못하고 도망가고 말았다

서백 희창은 어느 날 사냥하러 나가려고 사편史編에게 점을 치게

했다. 사편이 점을 치고 나서 크게 기뻐했다.

"위수 북쪽으로 사냥을 나가신다면 반드시 큰 수확을 얻게 될 것입니다. 용도 아니고 이무기도 아니며, 큰 곰도 아니지만 장차 공후公侯가 될 인물을 얻을 길조입니다. 하늘이 주공께 스승이 될 사람을 보내 나라를 빛나게 할 것이며 삼황에 열列하는 사람을 얻게 할 것입니다."

삼황은 중국 전설의 인물로 역사서마다 각기 다르게 등장한다. 삼황에 열한다는 것은 삼황과 어깨를 견줄 정도로 훌륭한 인물이라는 뜻이다.

"점괘가 그처럼 길한가?"

서백이 의아하여 물었다.

"지난날 신의 조상인 사주史疇는 순임금을 위하여 점을 친 끝에 고요皐陶를 얻었는데 이 점괘는 그보다 더욱 좋습니다. 그분은 상제께 죄를 지은 신선이 잠시 지상에 현신한 것이라 극진히 모셔야 합니다."

사편이 말했다. 강태공은 《봉신연의封神演義》에서는 신으로 등장한다.

"그렇다면 성인이 아닌가?"

"그러하옵니다."

서백은 사흘 동안 목욕재계한 뒤 위수로 사냥을 나갔다. 그러나 군사들을 휘몰아 사냥을 계속했으나 잡히는 것은 없고 어느덧 위수의 한 강가에 이르고 밀았다. 서백이 풀숲이 우거진 위수의 강기슭을 바라보니 한 노인이 앉아서 낚시를 하는데 기인의 풍모가 여실했다.

"노인장은 낚시를 좋아하십니까?"

서백이 여상에게 다가가 조용히 공수拱手하고 물었다.

"군자는 그 뜻을 얻는 것을 좋아하며 소인은 그 일을 얻는 것을 좋아합니다. 내가 낚시질을 하는 것은 그와 같은 것입니다."

여상이 잔잔한 수면을 보면서 대답했다.

"낚시질하는 것이 그와 같은 것이라고 했는데 그 뜻이 무엇입니까?"

"낚시질에는 세 가지 권도權道가 있습니다. 미끼로 고기를 낚는 것은 녹祿을 주어 사람을 얻는 것과 같고 좋은 미끼를 주면 큰 고기가 물리는 것은 후한 녹을 주는 것과 같습니다. 낚은 고기를 대소大小에 따라 요리하는 것은 인재를 어떻게 쓰느냐와 다를 바 없습니다. 따라서 낚시질하는 일에서도 천하의 대사를 관찰할 수 있습니다."

서백은 노인과 몇 마디 대화가 오가는 중 그의 인품과 박식함에 감탄하고 말았다.

"지금 패왕의 길에 대해 말씀하시는 것 아닙니까?"

"그렇습니다. 패도에는 육도삼략六韜三略이 있습니다."

서백이 절하며 말했다.

"육도삼략이 있다는 고명하신 선생님 말씀을 들었습니다. 육도란 무엇을 일컫는 것입니까?"

"육도란 병법입니다. 백만대군의 통솔에서부터 천시, 지리, 인화를 바탕으로 기변백출機變百出과 천변만화千變萬化의 묘계妙計를 일컫는 것입니다. 하오나 반드시 명심할 것은 권모술수를 다하여 전쟁에서 이기되 전쟁의 목적은 반드시 의義와 인仁에 합치해야 합니다. 다시 말씀드리면 순천지자順天之者는 창昌하고 역천지자逆天之者는 망亡한다는 법에 대해 가르치고 있습니다."

"선생께 부탁드립니다. 육도를 알려주십시오."

"육도에는 문도文韜, 무도武韜, 용도龍韜, 호도虎韜, 표도豹韜, 견도犬韜가 있습니다."

"그럼 문도를 설명해주십시오."

"문도의 요체는 덕이 있는 자가 천하를 얻는다는 것으로 열한 가지 세목이 있습니다. 먼저 치란성쇠治亂盛衰는 지도자의 현우賢愚에 달려 있고 현명한 지도자는 백성을 사랑합니다. 임금은 하늘과 같은 존재이고 신하는 땅이라고 할 수 있습니다. 하늘과 땅이 직분을 다할 때 비로소 천하는 안정될 것이며……."

여상은 서백에게 육도의 문도편에 대해 상세하게 설명했다. 서백은 여상의 말을 들으면 들을수록 고개가 숙여졌다.

《육도삼략六韜三略》은 중국 역사에 최초로 등장하는 병서로 나중에 무경武經이라고까지 불렸다. 강태공이 죽은 뒤 오랜 세월이 흘렀으나 오늘에 이르기까지 군에서 간성干城이 되고자 하는 사람들의 필독서로 읽힌다.

여상의 강講은 해가 질 때까지 계속되었다.

서백이 다시 절하며 말했다.

"저의 조부께서 일찍이 말씀하시기를 언젠가 성인 한 분이 주나라에 오실 것이다. 주나라는 그를 스승으로 삼아야 번창할 것이라고 하셨습니다. 선생이야말로 성인이 분명하니 삼가 가르침을 받고자 합니다."

서백은 여상을 상부(上父, 아버지와 같은 스승)로 받들었다. 여상은 서백의 조상 태공이 기다린 인물이라고 하여 태공망太公望이라는 호가 붙여졌고 훗날 낚시하는 사람들을 일컬어 강태공姜太公이라고 부르게 된다.

서백이 비렴의 모함으로 주왕에 의해 유리의 옥에 갇혔을 때 신의생과 굉요가 여상에게 대책을 물었다.

"주왕은 여자를 좋아하니 천하의 미인을 뽑아 바치면 반드시 용서를 받을 수 있을 것이오. 육도의 무도편武韜編에 뇌물과 이권, 여색으로 침투하는 내용이 있는데 이를 응용하면 됩니다."

굉요와 신의생은 강태공의 계략대로 주왕에게 미인을 바쳐 서백이 풀려나게 했다. 무왕이 주왕을 몰아내고 천자가 되자 강태공 여상은 제나라의 제후가 되어 금의환향하게 되었다. 그의 화려한 행차가 위수 근처에 이르렀을 무렵 한 여인이 길에 엎드려 슬피 울며 행차를 막았다.

"무슨 일이냐?"

여상이 허연 수염을 쓰다듬으며 수하들에게 물었다.

"웬 노파가 주군을 뵙기를 청하며 길을 막고 있습니다."

수하들이 대답했다. 여상이 수하들에게 여인을 데려오라고 하여 살피니 옛날에 자기를 버리고 달아났던 부인 마씨였다.

"내 행차를 막는 이유가 무엇이오?"

여상이 마씨의 초라한 행색을 살피며 물었다.

"나리께서는 첩을 모르시나이까?"

마씨가 울면서 말했다.

"그대는 나를 버리고 간 여인이 아니오?"

"첩은 다시 부군을 모시고자 하오니 옛정을 생각해서 첩의 뜻을 헤아려주소서."

마씨가 가련하게 울면서 여상에게 애원했다. 여상은 측은한 듯이 마씨를 내려다보다가 수하를 시켜 물동이에 물을 가득 담아 가져오라고 지시했다. 그러고는 마씨에게 물동이의 물을 땅바닥에 쏟으라고 하였다. 마씨는 의아한 얼굴로 시키는 대로 했다.

"이제 쏟아진 물을 주워 담아보시오. 그 물을 담을 수 있다면 내가 그대를 다시 부인으로 삼겠소."

마씨는 땅에 쏟아진 물을 담을 수 없어서 망연히 여상을 쳐다보았다.

"한번 엎지른 물은 다시 주워 담을 수 없듯이 한 번 끊어진 인연은 다시 이을 수 없소."

여상은 차갑게 말하고 행차를 재촉했다. 마씨는 여상의 행차가 멀어지는 것을 바라보며 하염없이 눈물을 흘릴 뿐이었다.

복수불반분覆水不返盆이라는 고사성어는 이때부터 쓰였다. 복수불

반분은 쏟아진 물은 다시 주워 담을 수 없다는 말이지만 나중에는 헤어진 부부가 다시 만나 살 수 없다는 뜻으로 쓰이게 되었다. 강태공의 아내 마씨는 평생의 반려자인 부부이면서도 스스로 그 길을 포기했다. 강태공이 부유하게 되자 옛정으로 부귀를 함께 누리게 해달라고 청했으나 한 번 신뢰가 깨진 부부관계는 엎질러진 물처럼 다시 주워 담을 수 없었다.

6. 죽음도 부부를 갈라놓지 못했다

부부의 신의란 무엇인가. 강태공의 부인 마씨처럼 어려울 때 달아나는 것은 부부가 아니다. 좁쌀과 쌀겨를 먹으면서 함께 고생한 뒤 부귀하게 되면 부귀도 함께 누리는 것이 진정한 부부다.

최근 일본에는 황혼이혼이 많아졌다. 젊었을 때 아이들을 낳고 키우면서 고생한 뒤 남자가 정년퇴직하게 되면 부인 쪽에서 자유를 누리기 위해 이혼을 원하는 일이 부쩍 많아졌다는 것이다. 부인으로서의 책임, 부모로서의 의무를 다한 뒤 자기 인생을 찾겠다는 심리를 탓하기는 어려우나 진정한 부부의 신뢰가 깨졌다는 점에서 씁쓸한 일이 아닐 수 없다.

조선시대 강원도 통천군에서 농사를 지으며 가난하게 사는 천민부부가 있었다. 천민부부는 가난했으나 부부로서 서로 사랑하고 아끼며 여러 해를 살았다. 한겨울이던 어느 날 남편이 근처에 있는 산에 나무를 하러 올라갔다. 부인이 겨울에 산을 오르려면 조심해야 한다고 했으나 남편은 땔나무를 마련하기 위해 소를 끌고 산으로 올라갔다.

'날이 왜 이래?'

남편이 산에 올라간 뒤 날씨가 끄물끄물해지더니 점심때가 지나자 함박눈이 쏟아지기 시작했다. 아이들은 누렁이를 데리고 눈 속을 뛰어다니며 놀았다. 눈은 점점 자욱하게 내려서 온 세상이 하얀 은세계로 변했다.

'눈이 이렇게 많이 오는데 남편은 괜찮을까?'

부인은 남편이 올라간 산을 바라보면서 근심에 잠겼다. 그러나 남편이 평소에 건강했기 때문에 눈이 온다고 해서 무슨 일이 있으리라고는 생각하지 않았다.

어느덧 해질녘이 되었는데도 남편은 돌아오지 않고 소만 어슬렁거리며 돌아왔다. 부인은 소가 혼자서 돌아온 것을 보고 비로소 무슨 일이 생겼다는 것을 알게 되었다. 부인은 가슴이 철렁하여 남편을 찾아 산을 올라가기 시작했다. 남편이 어느 산에서 나무하는지 대충 짐작하기 때문에 눈에 덮여 길이 보이지 않아도 산으로 올라갔다.

'날이 어두워지면 찾을 수 없는데 어떻게 하지?'

점점 많이 쌓이는 눈을 헤치고 산중턱에 이른 부인은 비탈길에 쓰러져 정신을 잃고 있는 남편을 발견했다. 남편은 눈이 오자 산을 내려오다가 발을 잘못 디뎌 골짜기로 굴러 떨어져 발목이 부러진 것이다. 남편은 다리가 부러졌기 때문에 걸을 수 없어 눈 속에서 죽어가고 있었다.

"여보!"

부인은 황급히 달려내려가 와락 남편을 끌어안았다. 남편은 온몸이 꽁꽁 얼어붙어 정신을 잃고 있었다. 부인은 울부짖으면서 남편의 전신을 주무르기 시작했다. 그러나 남편은 그녀가 한 시간을 족히 주물러도 깨어나지 않았다. 사방은 이미 캄캄하게 어두워졌다. 그녀는 입고 있던 옷을 벗어 남편에게 덮어주고 자신의 가슴에 남편의 가슴을 맞대고 녹이기 시작했다. 남편의 몸은 얼음장처럼 차가웠다.

"여보!"

부인은 정신없이 소리를 지르며 남편의 전신을 주물렀다. 남편은 한참만에야 눈을 떴다.

"정신이 들었군요. 정신이 들었어!"

부인이 감격에 넘쳐 소리를 질렀다.

"당신이 어떻게 여기에……?"

남편이 기운 없는 눈빛으로 부인을 쳐다보았다.

"소가 혼자 돌아와서 당신이 짐승에게 해를 당한 줄 알았어요. 그래서 달려온 거예요."

"당신까지 여기에 오면 어떻게 해?"

남편은 입까지 얼어붙어 말을 잘 알아들을 수 없었다. 부인도 온몸이 얼어붙는 듯하여 남편을 꼭 끌어안았다.

"이제 정신을 차렸으니 마을로 내려가요."

"눈길에 미끄러져서 다리가 부러졌어. 나는 내려갈 수 없으니 당신이나 내려가."

"무슨 소리예요? 여기에 있으면 얼어죽어요."

부인은 일어나서 남편을 골짜기에서 끌어올리려고 기를 썼다. 그러나 깊은 골짜기에서 도저히 남편을 끌어올릴 수 없었다. 부인은 탈진하여 남편 옆에 주저앉았다. 산중턱이라 더욱 풍설이 차고 매웠다.

"여보…… 당신까지 얼어죽으면 안 돼. 나를 그냥 두고 내려가."

남편이 턱을 덜덜 떨면서 말했다.

"싫어요. 나는 절대로 당신을 두고 내려가지 않겠어요. 당신을 이 산속에 그냥 두면 얼어죽어요."

"당신 몸이 벌써 차가워지고 있어. 조금만 지체하면 당신도 얼어죽게 될 거야. 그러니 어서 내려가."

남편은 눈물을 글썽이면서 부인에게 산을 내려가라고 애원했다. 그러나 부인은 오히려 남편을 더욱 바짝 끌어안았다.

"여보, 제발 부탁이니 내려가. 당신이라도 살아야 해. 밤이 깊어지면 추워져서 당신까지 죽게 돼."

"안 돼요."

"당신까지 죽으면 어떻게 하려고 그래?"

"당신과 함께 죽는 것은 두렵지 않아요."

부인은 남편 가슴에 자신의 알몸 가슴을 비짝 밀착시키고 몸을 녹여주려고 했다.

"졸려……."

남편의 목소리가 희미해졌다. 부인도 벌써 손발이 얼어오는 것을 느낄 수 있었다. 손발의 감각이 마비되면서 정신이 혼미해졌다.

남편은 몇 번이나 그녀에게 말하려고 입술을 달싹거리다가 시간이 흘러가자 말을 할 수 없게 되고 말았다. 부인도 점점 몸이 굳어서 말을 할 수 없었다. 남편을 더욱 바짝 끌어안으려고 해도 손발이 움직여지지 않았다. 두 사람은 겨우 눈동자만 움직이면서 바라보았다.

두 사람 눈에는 서로에 대한 사랑의 빛이 가득했다. 부인은 점점 몸이 따뜻해지는 듯한 기분을 느꼈다. 그와 함께 졸음이 밀려왔다.

'눈이 오고 있어…….'

어둠 속에서 목화송이 같은 눈이 내리고 있었다. 눈은 이제 차갑지 않고 꽃잎처럼 부드러우면서 포근했다.

눈은 밤새도록 쉬지 않고 내렸다. 이튿날 꼭 끌어안고 있는 두 사람 시체가 마을 사람들에게 발견되었다. 마을 사람들은 남편이 죽어가는 것을 보고 부인이 구출하려다 힘이 다하여 함께 죽은 것을 보고 감동하여 눈물을 흘렸다.

통천 군수 이응린李應麟이 추지령까지 달려와 그들의 시신을 확인했다.

"열녀로다!"

이응린은 깊이 탄식하고 감영에 보고서를 올려 열부로 표창하게 했다. 이어서 이응린은 부부의 아이들을 구휼하고 자신이 호상이 되어

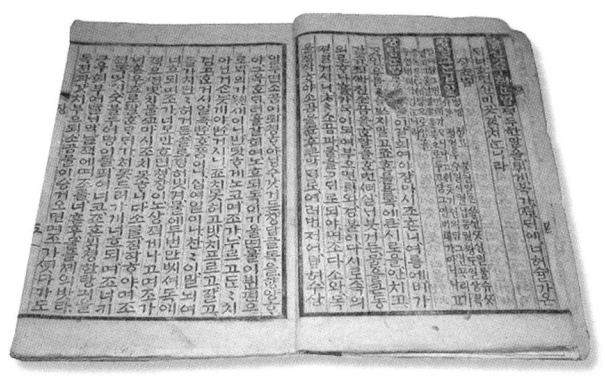

빙허각(憑虛閣) 이씨(李氏)가 펴낸 《규합총서(閨閤叢書)》. 장 담그는 법부터 옷 만드는 법, 청소하는 법까지 가정살림 전반을 담고 있는 책이다.

두 사람 장례를 성대하게 치렀다. 조선 선조 16년에 있었던 일이다.

통천군에서 눈 속에서 얼어죽은 부부 이름은 기록에 남아 있지 않다. 그러나 천민 부부라는 기록은 남아 있어서 눈 속에서 죽음까지 함께한 그들의 감동적인 신의와 사랑에 후세 사람들이 눈물을 흘리게 한다.

죽음까지 같이한 부부들은 많다. 사랑이 메마르고 신의가 잘 지켜지지 않는 현대적 관점에서 보면 어리석다고 할 수도 있으나 사랑과 신뢰 때문에 함께 죽는 것은 숭고하다. 부부는 오랫동안 함께 살면 친구가 된다고 하는데 조선시대 여성백과사전이라고 할 수 있는 《규합총서閨閤叢書》를 펴낸 빙허각憑虛閣 이李씨는 남편 서유본徐有本을 언제나 지우라고 불렀다. 이들은 남녀차별이 유난히 심했던 조선시대에 서로 깊이 사랑하고 공경했다.

6장 부부의 신용 | 259

"아내는 해마다 백 가지 꽃으로 술을 빚어 나에게 주었다."

서유본의 고백에서는 아내 빙허각 이씨에 대한 사랑과 존경이 그대로 묻어난다. 빙허각 이씨는 여성백과사전을 펴냈지만 남편에 대한 사랑이 지극했다. 그는 남편을 지극히 받들고 철마다 꽃잎을 따서 술을 담가 남편을 대접했다. 남편과 함께 책을 읽고 시를 지었다. 서유본은 그런 부인을 칭송하는 시를 남겼다.

> 북두성이 동쪽을 가리키니 영롱한 이슬이 서늘하고
> 푸른 대지는 봄빛이 가득하여 이미 별처럼 빛나네.
> 새벽닭 울 때 날아오르려던 스승에게 예를 올리고,
> 우의를 입고 흐느끼던 왕소군을 비웃노라.
> 때마다 양잠을 하니 청빈한 3후三候요,
> 술맛은 백 가지 꽃이 무르익은 향기라네.
> 가난한 규방이라 괴롭다고 탄식하지 마오.
> 깨끗한 마음이야말로 진정한 신선일 것이오.

서유본은 시를 잘 짓고 미인으로 유명한 왕소군보다 빙허각 이씨가 더 훌륭하고 청빈한 삶을 살았다며 현모양처로서 중국인의 칭송을 받는 3후와 비교했다. 그러면서도 가난하게 사는 것을 달래고 위로했다.

빙허각 이씨도 남편 서유본을 항상 지우라고 표현하는가 하면

지기知己라고 표현하여 부부로뿐만 아니라 벗으로서 평생을 살았다고 회고했다. 그녀가 남편을 지기나 지우로 표현한 것은 함께 글을 쓰고 마음을 나누었다는 뜻이다. 빙허각 이씨는 남편 서유본이 병이 들자 안타까워하면서 곡기를 끊고 손가락을 베어 피를 먹이기도 했으나 끝내 남편이 죽자 자신도 절명시絶命時를 남겼다.

> 사는 것은 취한 것이요 죽는 것 또한 꿈이리니,
> 생사는 본래 참이 아니라네.
> 몸을 부모께 받았거늘, 무슨 이유로 티끌처럼 여기는가?
> 태산과 홍해는, 의를 따라 변하는 것이라네.
> 내 혼인할 적 마음 생각하니, 시속에 비할 바가 아니었네.
> 아름다운 우리 짝 금란지교 겸한 지
> 이미 오십 년을 가꾸었네.
> 자기를 좋아해주는 이를 위해 단장함은 알지 못하나,
> 지기의 은혜는 보답할 수 있으리.
> 이제 죽을 자리를 얻었으니,
> 일편단심 신에게 질정 받으리.
> 생을 버려 지우에게 사례하리니,
> 어찌 내 몸을 온전히 하리오.

빙허각 이씨는 서유본의 죽음을 안타까워하며 부부생활이 금란

지교를 겸하고 50년을 살았다고 토로하면서 남편이 사랑해준 것을 은혜라고까지 말했다. 이제 목숨을 다하여 지기에게 사례한다고 했으니 가장 아름다운 부부의 삶을 보여준 것이라고 할 수 있다. 강태공의 부인 마씨의 삶과 전혀 다르고 아름답기까지 하다.

7

여러 나라의 신용

신객은 사람들에게서 비단을 훼손했다는 비난을 받고 변명할 여지가 없었다.
그는 마을 사람들에게 신객으로서 믿음을 잃었다는 고민을 하다가
비단을 자른 가위로 자신의 손가락을 잘랐다.

7장
여러 나라의 신용

어느 나라나 신용은 사람이 살아가는 데 가장 중요한 것이다. 우리가 흔히 말하는 '믿을 수 있는 사람'은 신용이 있는 사람을 말한다. 신용은 단순하게 약속만을 말하는 것이 아니라 믿을 신信자와 쓰일 용用자가 함께 어우러진 단어로 쓰임도 중요하다.

신용이 있는 사람은 약속이나 계약을 잘 지키는 사람이라는 뜻만 포함하는 것이 아니라 성실하게 일하는 사람, 좋은 제품을 생산하거나 파는 사람, 법을 잘 지키는 사람, 예를 잘 지키는 사람 등 다양한 의미를 내포하고 있다. 어떻게 보면 신용이 있는 사람은 훌륭한 인성을 갖춘 사람이라는 사실을 의미한다고도 할 수 있다.

환경에 따라 신용도도 달라지고 있다. 비가 와도 결코 뛰지 않는 양반 문화를 가지고 있는 우리나라는 시간 약속에 비교적 관대하여 코리언타임이라는 말이 있을 정도로 약속 시간을 잘 지키지 않지만 일본인은 10분 이상 기다리지 않고, 유대인은 몇 시 몇 분까지 약속한다. 각 나라의 신용을 살피는 것은 건전한 신용관리를 하는 데 크게 도움이 될 것이다.

1. 유대인의 신용

장사하려는 사람들이나 사업하려는 사람들은 유대인의 상술을 매우 궁금해 한다. 사람들은 대부분 세계의 부를 유대인이 지배하는 이면에는 신비로운 비결이라도 있는 것으로 생각하기 때문이다.

물론 부자가 되려면 특별한 상술이 필요하다. 음식점을 하려면 맛을 내는 비결이 필요하고, 의류를 팔려면 유행을 창조하는 비결이 필요하다. 보험 세일즈를 하려면 설득의 기술이 필요하다. 그러나 유대인이 이러한 다방면의 비결을 모두 알고 있는 것은 결코 아니다.

유대인이 세계적인 부자가 되고, 세계 경제를 좌우하는 비결은 계약에 있다. 유대인을 계약의 백성이라고 말하는 것은 성서에서 시작된다. 《구약성서》에 따르면 하나님은 모세에게 십계명을 준 뒤 철저하게 지키라고 요구한다.

계약을 지키는 것은 믿음, 즉 신용의 문제다. 계약(신용, 약속)을 지키는 것은 인간의 문제가 아니라 신과의 문제인 것이다. 이들의 약속은 천지창조 이후 에덴동산에서 시작된다. 하느님은 아담과 이브에게 에덴동산의 모든 것을 주었으나 선악과만은 따먹지 말라고 했다. 그러나 이브는 뱀의 유혹에 넘어가 선악과를 따먹고 결국 출산의 고통을 겪게 된다. 이브가 신과 한 약속을 버린 것은 계약을 파기한 것이니 이로써 혹독한 고난을 당한 것이다. 그러므로 유대인은 어릴 때부터 계약을 철저하게 지켜야 한다고 배운다. 유대인의 신용은 사소한 것에서 시작된다. 그다지 중요하지 않은 시간 약속, 아주 작은 금전 거래로 신용도를 측정한다.

신발을 판매하는 소규모 K상사 사원 J씨는 러닝화를 수입하기 위해 이스라엘에서 온 바이어와 호텔 커피숍에서 만나기로 약속했다. 바이어가 대단한 물량을 수입하려는 것도 아니고 샘플 열 켤레 정도를 사가려는 것이어서 J씨는 부담 없이 생각하고 약속된 날 커피숍으로 나갔다. 그런데 차가 밀려 약속 시간보다 7분 정도 늦게 도착했다. 하지만 바이어는 그와 좀처럼 상담하려고 하지 않았다. 이런저런 이야기만 할 뿐 샘플 러닝화를 구입하려는 의도를 전혀 내비치지 않았다.

J씨는 오랫동안 설득하여 간신히 샘플을 팔았다. 몇 달 뒤 J씨는 이스라엘에서 온 바이어가 다른 신발업체인 M상사와 10만 달러에 이르는 대규모 러닝화 수입 계약을 체결했다는 사실을 알게 되자 뒤통수를 한 대 맞은 듯한 기분이 들었다. K상사와 M상사 모두 국내 굴지의 신발제조 업체의 러닝화를 수출하는 곳인데 J씨는 이스라엘인

바이어에게서 제외된 것이다.

'도대체 내가 미역국을 먹은 이유가 뭘까?'

J씨는 1년이 지난 뒤에야 그 이유를 알게 되고는 무릎을 쳤다. 이스라엘인 바이어는 J씨가 시간 약속을 지키지 않았기 때문에 신용이 없는 사람이라고 판단한 것이다. 불과 7분의 지각이, 그것도 서울의 교통체증 때문에 약속 시간보다 7분 늦었을 뿐인데 약속을 지키지 않았다고 해서 신용이 없는 사람, 거래해서는 안 되는 사람으로 낙인찍힌 것이다. 그때부터 J씨는 유대인과 약속이라면 아무리 사소한 것이라도 철저하게 지키게 되었다.

유대인은 계약을 철저하게 한다. 우리나라 사람들은 모월 모일 점심때나 저녁때 등으로 만나자고 약속하는 것이 비일비재하고, 언제 한잔하자는 식으로 두루뭉술하게 약속하는 일이 많다. 그러나 유대인과의 시간 약속은 반드시 모월 모일 몇 시 몇 분까지 정확하게 해야 한다.

유대인의 계약은 얼핏 정확하고 상도에 철저한 것으로 보이지만 이 계약의 함정은 유대인에게 유리하다는 것이다. 유대인은 언제나 계약을 지키지 않을 때 손해배상을 청구해서 더 막대한 이익을 챙긴다.

유대인의 상술은 철저히 계약에 따라 폭리를 취하는 것이다. 유대인의 계약에는 피도 눈물도 없다. 론스타가 외환은행을 헐값에 사들였다가 막대한 이익을 남기고 팔면서 세금을 납부하지 않는다고 해서 국민적인 비난 대상이 되었다. 론스타는 우리나라에서뿐 아니라 많은 나라에서 합법적으로 세금을 내지 않는 방법을 찾았는데, 일본을 비롯하여 여러 나라가 이러한 함정에 빠졌다. 그러나 국제자본을 들여오려면 선진 금융기법을 갖고 있는 그들의 룰을 따르지 않을 수 없다. 이러한 룰에 따르지 않으면 국제 금융시장에서 도태되기 때문에 어쩔 수 없이 따라야 하는 경향이 많다.

이들은 법을 자기들 쪽에 유리하게 만들고, 투자 명목으로 국제자금을 유입시킨 뒤 막대한 이익을 챙겨 떠나고는 했다. 유대인이 만들어놓은 피도 눈물도 없는 이익 챙기기에 따른 것이다.

유대인은 전 세계에서 활약하기 때문에 정보를 빠르게 취합한다. 그러고는 자신의 민족이나 형제들 사이에 긴밀하게 연락해서 이익을 취한다. 세계에서 가장 빠른 것이 유대인의 정보망이다. 특히 전쟁이 일어났을 때 그들의 정보망은 미국중앙정보국CIA을 능가한다. 전쟁은 많은 사람을 재앙 속으로 몰아넣기도 하지만 부자로 만들어주기도 한다. 나폴레옹 최후의 전투인 워털루전투도 영국과 프랑스 두 나라 국민이 전쟁으로 막대한 희생을 치렀으나 유대인은 그 기회를 이용해서 돈을 많이 벌었다.

워털루에서 영국의 웰링턴 장군이 대승을 거둔 사실을 영국 정부보다 더 빠르게 안 이들은 유대인인 로스차일드가家 사람들과 그 형제들이었다. 그들은 영국이 승리했기 때문에 주식과 정부에서 발행한 각종 공채가 몇 배씩 폭등할 것이라고 생각했다. 유대인은 기회가 오면 재빨리 포착한다.

유대인 메이어 암셀 로스차일드 (Mayer Amschel Rothschild). 독일 프랑크푸르트 출신의 국제적 금융업자로 로스차일드은행을 창설한 인물이다. 거대한 자금을 축적한 로스차일드가는 정치와 경제뿐만 아니라 산업계에까지 전 세계에서 막강한 영향력을 가진 가문이다.

유대인은 주식과 공채를 헐값으로 사들이려고 통신원들을 매수하여 영국이 패했다는 소문을 런던에 퍼뜨렸다. 이들이 퍼뜨린 소문 중에는 나폴레옹이 영국에 상륙했다는 것까지 있었다. 런던 금융시장은 순식간에 아비규환에 빠졌고 주식과 공채를 팔려는 사람들로 아우성이 일어났다. 로스차일드가는 폭락한 주식과 공채를 헐값으로 사들여 영국 주식과 공채의 62퍼센트를 확보했다.

마침내 웰링턴 장군이 워털루전투에서 승리했다는 사실을 영국 정부에서 공식적으로 발표하자 런던 금융시장은 또 한바탕 요동을 쳤다. 주식과 공채를 팔았던 사람들은 다시 주식과 공채를 사들이려 아우성쳤고 주식과 공채 값이 2,500배에 이를 정도로 폭등했다. 로스차일드가는 막대한 이익을 남기고 공채를 팔았다.

이 상황은 우리나라의 IMF 사태 때와 유사하다. IMF 사태가 일어나자 주식이 폭락하여 휴지가 되었으나 외국인은 대량 매수하여 막대한 돈을 벌었다. 그림자정부라고 불리는 유대인은 금융후진국인 우리나라에서도 막대한 돈을 벌어들인 것이다. 유대인은 세계의 금융시장을 장악했다. 미국 상위 재벌그룹의 40퍼센트는 유대인이 경영하는 다국적기업이다.

수에즈 운하는 아프리카와 아시아를 연결하는 통로로 프랑스인 페르디낭 드 레셉스Ferdinand de Lesseps가 프랑스 자본가들과 이집트 국왕의 투자를 받아 건설했다.

수에즈 운하가 건설되면 무역선들이 아프리카를 한 바퀴 돌지 않아도 되었기 때문에 영국, 프랑스, 베니스의 상인들이 눈독을 들이고 있었다. 하지만 이집트 국왕이 프랑스에서 유학한 인연으로 프랑스 쪽에 건설이 넘어갔고, 레셉스가 우여곡절 끝에 건설하게 된 것이다. 그러나 여러 가지 이유로 레셉스는 파산했고 공동소유권을 갖고 있던 이집트 국왕도 재정적 압박에 시달리다가 주식을 팔지 않으면 안 되었다.

이집트 국왕은 자기 소유 주식을 국제시장에 400만 프랑에 내놓았고 이 사실이 긴급 무전으로 영국 정부에도 알려졌다.

1875년 11월 14일 일요일, 영국 수상 벤저민 디즈레일리Benjamin Disraeli는 유대인 부호 로스차일드가 저택에서 식사하다가 이러한 보고를 받았다.

"수에즈 운하는 우리 영국에 막대한 이익을 가져올 것이오. 우리가 삽시다. 당신이 돈을 투자하시오."

디즈레일리가 네이선 로스차일드Nathan Rothschild에게 말했다.

"수에즈 운하를 사면 나에게는 어떤 이익이 있습니까?"

"당신에게 수익을 배분하겠소. 지금은 국회가 휴회 중이라 국가 돈으로 수에즈 운하를 살 수 없소. 그러나 당신이 돈을 투자하면 당신에게도 막대한 이익이 돌아가게 하겠소."

수상 디즈레일리가 말했다.

로스차일드는 수에즈 운하가 영국 소유로 있는 한 통행료 일부를 해마다 챙기기로 계약하고 영국 정부에 400만 프랑을 대여해주었다. 이로써 로스차일드 가문은 장장 81년 동안이나 막대한 이익을 챙길 수 있었다.

유대인의 신용은 신용이 지켜지지 않았을 때 엄청난 불이익으로 돌아온다. 예수가 탄생했을 때 이미 환전상으로 이름이 높았던 유대인은 중세 유럽에서 고리대금업으로 돈을 벌었는데, 고리대금업은 철저하게 신용을 지켜야만 압류 등 불행한 일을 당하지 않는다.

유대인의 신용이 상술과 관련된 것만은 아니다.

유대인은 타인에게 철저한 신용을 요구하기 위해 자신에게도 엄격하게 신용을 지켰다. 유대인 야누슈 코르차크Janusz Korczak는 1878년 폴란드의 부유한 유대인 부모 사이에서 태어나 의학을 공부한 뒤 의사가 되었다. 그는 공부할 때 어머니에게 커서 의사가 되면 반드시 가난한 고아들을 돕겠다고 약속했다. 그는 대학을 졸업한 뒤 가족의 축복 속에서 병원을 개업하여 명성을 떨치고 돈도 많이 벌었다. 그는 바르샤바에서 돈을 벌게 되자 어머니와 한 약속을 지키려고 가난한 사람들을 위하여 헌신적으로 봉사했다. 바르샤바는 폴란드 수도였으나 가난한 사람들이 많이 살았다. 그는 가난한 환자가 치료를 받으러 오면 돈을 받지 않고 오히려 약이나 빵을 살 수 있도록 자신의 돈을 주기도 했다.

전 세계를 떠돌던 유대인은 일부 부유한 사람도 있었으나 가난한 사람들이 더 많았다. 그는 의사로 일하면서 동족들이 가난 때문에 고통받는 것을 보고 그들을 도울 방법을 골똘히 생각했다. 제1차 세계대전이 일어나자 고아가 많이 생겼다.

코르차크는 부모가 없거나 돈이 없어서 공부하지 못하는 유대인 아이들을 위한 고아원을 세우고 아이들 교육에 전념했다. 또한 자신들 조상이 있는 땅 이스라엘을 방문했다. 비록 나라는 건국되지 않았으나 그곳에는 많은 유대인이 키부츠에서 일하고 있었다. 그는 키부츠에 깊은 관심을 갖게 되었다. 키부츠는 가난한 사람들을 구제할 수 있는 대안으로 여겨졌다.

'나도 이스라엘로 돌아와 아이들을 가르치면서 말년을 보내면 좋겠구나.'

코르차크는 선조들의 땅 이스라엘에서 교사가 될 꿈을 꾸었다. 이스라엘 방문을 마치고 폴란드로 돌아온 그는 이스라엘로 돌아가려고 했으나 때마침 제2차 세계대전이 일어났다.

제2차 세계대전은 전 세계를 전쟁의 소용돌이에 휘몰아넣었다. 폴란드도 독일의 탱크에 짓밟혀 고통스러운 나날을 보내야 했다. 이 무렵 코르차크는 유대인 아이들을 가르치는 고아원에서 아이들을 돌보고 있었다. 제2차 세계대전을 일으킨 히틀러는 전 유럽에서 유대인을 말살하라는 명령을 내렸다.

폴란드를 비롯하여 유럽 여러 곳에 유대인 수용소가 건설되고 수많은 유대인이 수용소에 끌려가 강제노동을 하다가 학살되었다. 특히 폴란드에는 아스윗을 비롯하여 여러 곳에 수용소가 건설되어 유럽의 수많은 유대인이 폴란드로 끌려왔다. 폴란드에서도 유대인이 독일군에 체포되어 수용소로 보내졌다.

'히틀러는 완전히 미치광이야.'

바르샤바에 있던 코르차크는 유대인의 비참한 이야기를 들었다. 재산을 몰수당하고 강제로 수용소로 끌려가는 유대인들도 목격되었다. 독일군을 피해 다른 나라로 도피하는 유대인들도 있었다.

코르차크에게도 스위스나 미국으로 떠나자는 제안이 들어왔으나 거절했다.

"내 고아원에는 고아가 200명 있습니다."

코르차크는 고아들을 두고 도피할 수 없었다. 히틀러는 유대인을 가스로 학살하기 시작했다. 1942년, 바르샤바에 있는 코르차크 고아원의 유대인 아이들을 트럭에 태워 수용소로 보내라는 명령이 독일군에 떨어졌다. 바르샤바에 주둔하고 있던 독일군은 즉시 코르차크의

야누슈 코르차크(Janusz Korczak). 폴란드 바르샤바의 부유한 집안에서 태어난 코르차크는 교육자이자 아동문학가였다. 1942년 제2차 세계대전 중 나치에 의해 트레블링카 수용소 가스실에서 200여 명의 아이와 함께 학살되었다.

고아원으로 달려갔다. 코르차크는 비록 유대인이었으나 의사이자 교육자로 저명인사였기 때문에 수용소로 끌고 가는 명단에서 제외되었다. 독일군은 200명에 이르는 유대인 고아를 트럭에 태웠다. 아이들은 공포에 떨면서 울부짖기 시작했다.

"울지 마라. 이것이 하느님의 뜻이라면 즐겁게 가자."

코르차크는 아이들을 위로하면서 자발적으로 트럭에 올라탔다.

"선생, 선생은 명단에서 빠져 있소. 수용소로 가지 않아도 좋소."

독일군 장교가 코르차크에게 말했다.

"나는 아이들과 함께 가겠소."

코르차크는 담담하게 말했다.

"선생, 선생은 수용소가 무엇을 하는 곳인지 잘 알지 않소?"

"나는 학교에 다닐 때 어머니와 약속했소. 어머니와 한 약속을 지키기 위해서라도 내 아이들만 보낼 수 없소."

독일군 장교가 코르차크에게 특별한 혜택을 주려고 했으나 코르차크는 아이들과 함께 트럭에 올라탔다. 아이들은 울기도 하고 무서워하기도 했다. 코르차크는 두려움에 떠는 아이들에게 소풍 가는 것이라고 달래면서 노래를 부르자고 말했다. 아이들은 코르차크를 따라 노래를 부르면서 죽음의 유대인 수용소 트레블링카를 향해 갔다.

코르차크와 고아 200명은 트레블링카의 수용소에서 가스로 집단학살을 당했다. 그러나 코르차크와 아이들은 울지 않고 이스라엘 민요를 부르면서 가스실로 들어갔다. 살 수 있는 기회가 있었는데도 어린 고아 200명과 함께 가스실로 들어간 코르차크를 기념하기 위하여 이스라엘 '기억의 집'에는 그의 동상이 세워져 있다.

코르차크는 유대인 수용소로 끌려가면 죽는 걸 알면서도 아이들과 함께 수용소로 향하는 트럭에 올라탔다. 이는 공부할 때 가난한 고아들을 돕겠다고 어머니와 약속했기 때문이었고 그 약속은 지켜졌다. 죽음 앞에서도 초연하게 약속을 지킨 것이다.

2. 일본인의 신용

일본인을 말할 때 언뜻 떠오르는 것이 사무라이와 벚꽃이다. 사무라이와 벚꽃은 일본 정신을 대표적으로 상징하는데 제2차 세계대전

후 또 하나 일본을 상징하는 것이 상품에 대한 신뢰와 서비스 정신이다. 일본은 철저하게 고객을 왕으로 생각하고 최선의 서비스를 한다.

일본의 어떤 상점에 가도 일본인은 깍듯이 허리를 숙여서 인사하고 사람과 사람이 만날 때도 정중하게 인사한다. 유대인을 계약의 백성이라고 한다면 일본인은 인사의 백성이라고 할 수 있다. 만날 때나 헤어질 때 번거로울 정도로 몇 번씩 머리를 조아려 인사한다.

일본인 역시 유대인 못지않게 약속을 잘 지킨다. 1, 2분이야 늦을 수 있지만 대개 약속 시간에서 10분이 지나면 더 기다리지 않고 가버린다. 우리나라에는 코리언타임이 있다. 약속 시간에 정확하게 나오는 경우는 드물고 대개 30분에서 길면 한 시간 이상 지각한다. 특히 동창회나 특별한 모임 같은 데는 더욱 시간을 잘 지키지 않는다. 약속할 때도 몇 시 몇 분이 아니라 몇 시쯤으로 하는 경우가 많다. 시간 약속을 지키지 않는 것은 우리 사회에 만연되어 있는 적당주의와 상통한다. 그런데 이 적당주의는 신용을 위험하게 만든다. 물건의 질도 대충, 사람과의 약속도 대충, 말에 대한 신뢰도 대충하게 되어 철저한 약속이 바탕이 되는 신용이 흔들리게 되는 것이다.

일본의 품질제일주의는 장인정신으로 표현된다. 일본의 상업을 대표하는 오사카에는 가업을 이은 점포들이 500개에 이른다. 우리나라에서는 장인을 천하게 생각해 대를 이어 가업을 계속하는 이들이 별로 없다. 그러나 일본은 부친의 대를 이어 떡장사를 하거나 가락국숫집을 수백 년 동안 대를 이어서 하고, 모자 만드는 사람, 신발 만드는 장인도 대를 잇고 있다.

일본의 신용은 기술이 바탕이 된다. 선진국일수록 신용사회가 정착되어 있고 신용사회가 정착되어야 선진국으로 발전한다. 일본이 발전한 것은 우수한 교육과 기술력 덕분인데 그것은 일찍 개화했고 기술을 천시하지 않았기 때문이다. 일본에서 기술이 발전한 것은 손재주가 뛰어나서가 아니라 철저히 도제식으로 기술을 가르치고 배우기 때문이다. 일본인은 전통적으로 장인을 우대해왔는데 한 분야에서 독보적인 존재가 되면 그것이 아무리 하찮은 일이라도 사회의 존경을 받는다.

필자는 젊었을 때 목공 일을 했는데 필자에게 목공 일을 가르친 스승 박송래 씨는 일본인에게서 창호 기술을 배웠다. 창호, 문짝 만드는 일은 밀리미터까지 따져야 할 정도로 정밀한 작업인데, 처음 목공소에 들어가면 3년 동안은 대패조차 만져보지 못하고 허드렛일이나 심부름을 한다. 필자의 스승의 스승은 마츠모토라는 일본 사람이다. 그는 필자의 스승인 박송래 씨가 20년 동안 기술을 배우자 마침내 목공소를 하나 차려주고 공구 일체를 구입해주면서 독립을 도왔다. 일본인에게서 기술을 배운 박송래 씨는 창호 분야에서 상당히 뛰어난 기술자였다. 특히 조선 전통의 한옥문에 남다른 기술을 갖고 있었다.

1950년대와 1960년대 우리나라에 건설 붐이 일어 많은 건물이 들어설 때 그는 전통 한옥문을 짜는 데 전념했고 상당히 명성을 떨쳤

일본 고베의 노포(老鋪). 일본에는 대를 이어 장사하는 작은 가게들이 많다. 우동, 두부, 생선, 야채, 초밥 등을 한 곳에서 오랫동안 신용을 바탕으로 장사하는 가게를 '노포'라고 한다.

다. 그러나 일본과 달리 우리나라에서는 기술자를 대우하지 않았다. 대궐을 보수할 때도 공무원들은 거창한 기념식에 참석하지만 목공들이나 기타 기술자들은 초대받지 못했다. 수입도 인건비 수준이 고작이었다.

필자가 목공 일을 배운 1970년대에 우리나라에는 이미 수많은 빌딩이 들어섰지만 한옥을 짓는 사람은 없었다. 드물게 사찰이나 대궐 같은 문화재를 보수하고 사찰을 지을 때는 전통 한옥 목공들이 동원되었으나 일거리가 많지 않았다.

필자도 오랫동안 창호 기술을 배웠기 때문에 성북구에서 창호 기술이 둘째가라면 서러워한다고 농담을 하고는 했다. 그러나 목공 기술이 아무리 뛰어나도 사회의 시선은 '장이'에 지나지 않았다. 결국 필자는 목공 기술을 버렸다.

일본에는 노포老鋪라는 상점이 있다. 오래된 가게라는 뜻인데 적게는 수십 년에서 수백 년 된 가게들이다. 그렇다고 가게들이 대단한 물건을 파는 것이 아니다. 어묵, 초밥, 소바(국수), 우동, 야채, 술, 약을 파는 등 아주 사소한 가게들이 수백 년씩 대를 이어오고 있다. 이 점포들은 수백 년간 인근 소비자들에게 신용을 쌓아왔고 그 신용을 대를 이어 물려주는 것이다. 우리나라는 이렇게 오랫동안 대를 잇는 가업이 거의 없다. 최근에야 2대째 가업을 잇는 음식점이 늘어나고 있는데 손가락을 꼽을 정도다.

3. 중국인의 신용

중국에서는 오랫동안 상술이 발달했기 때문에 신용을 중요하게 생각한다. 중국인에게 목숨과 바꿀 정도로 중요한 의義와 협俠은 결국 신용 문제다. 군주와 신하의 믿음, 벗과 벗의 믿음이 중국인의 역사와 정신을 관통한다.

상인들도 신용을 가장 중요한 장사 수단으로 삼았고 일반인에게도 신용은 목숨과 같이 소중했다. 중국의 많은 협객이나 자객이 주인을 위해서 기꺼이 목숨을 버리는 것은 의리와 신뢰 때문이다.

옛날에 중국에는 신객(信客)이라는 이름의 우편배달부가 있었다. 우편배달부의 명칭에 신객이라는 이름이 붙은 것은 그만큼 신뢰하지 않으면 존재할 수 없기 때문이었다. 신객은 문자 그대로 믿을 수 있는 사람, 신용이 있는 사람을 뜻한다.

신객은 농촌에서 외지에 나가 있는 사람들에게 보내는 편지나 옷, 음식 따위를 배달하고, 외지에 나가 있는 사람들이 고향으로 보내는 편지나 음식, 옷 따위를 배달하기도 했다. 중국은 워낙 땅덩어리가 넓기 때문에 마땅한 교통수단이 없어서 많은 사람이 신객을 이용했고, 신객이라는 직업을 대를 물리기도 했다. 중국의 농촌이 가난했기 때문에 신객의 배달료는 터무니없이 적었다.

신객들은 어쩔 수 없이 궁핍하게 생활하고 여비를 최대한 절약해야 했다. 그들은 음식을 사 먹을 수 없어서 만두를 싸가지고 다니거나 콩 같은 것을 주머니에 넣어 다니면서 허기를 면했다. 배를 탈 때는 가장 싼 선실에서 새우잠을 잤다. 그래도 비가 오나 눈이 오나 신객들의 여행은 계속되었다. 신객들이 전하는 소식 중에는 부음도 있었고 병들었다는 슬픈 소식도 있었다. 그럴 때면 신객은 슬픈 소식을 전달받은 사람을 위로해주기까지 했다.

중국 저장성의 한 시골에 신객이 한 사람 있었다. 그는 평생 신객을 하면서 한 번도 실수한 적이 없어서 마을 사람들의 신망을 받고 있었다. 하루는 마을에 있는 어떤 부인이 외지에 있는 남편에게 편지를 전달해달라고 이 신객에게 부탁했다.

"제 딸이 시집가게 되었으니 남편에게 알리지 않을 수 없어요. 부디 수고를 아끼지 말아주세요."

부인에게서 편지를 받은 신객은 이미 늙었으나 좋은 일이었기 때문에 쾌히 응낙하고 비용을 약간 받았다. 신객은 집안일을 정리한 뒤 먼 곳에 있는 남자에게 편지를 전달하기 위해 마을을 떠났다. 그는 며칠 동안 여정을 한 끝에 마침내 무사히 편지를 전달할 수 있었다.

"딸이 벌써 커서 시집을 가게 되었습니다."

남자는 편지를 받고 눈물을 글썽이면서 기뻐했다.

"경사입니다. 축하드립니다."

신객은 남자와 함께 진심으로 기뻐했다.

"번거로우시겠지만 돌아가는 길에 제 부탁도 들어주십시오. 저는 딸이 커서 시집가게 되면 주려고 비단을 준비해두었습니다. 딸 결혼식에는 참석하겠지만 미리 예복을 만들어야 하니 비단을 딸에게 전해주십시오."

신객은 쾌히 응하고 비단을 가지고 돌아오다가 발을 그만 잘못 디뎌 발가락을 다치게 되었다. 신객이 발가락을 살펴보니 피가 흘러나오고 있었다.

"피를 멈추게 해야 하는데 헝겊이 없으니 어쩐다? 다행히 비단이 있으니 조금만 잘라서 발가락을 동여매자."

신객은 대수롭지 않게 생각하고 객지의 남자가 맡긴 비단 한 귀퉁이를 가위로 잘라 상처를 동여맸다. 그러고는 고향에 돌아와 처녀에게 비단을 전달해주었다. 비단과 편지를 받은 부인과 처녀는 무척 기뻐했다.

처녀의 결혼식 날이 가까워지자 객지에 있던 남자가 고향으로 돌아와 비단을 잘 받았느냐고 묻자 처녀는 귀퉁이가 찢어진 비단을 보여주었다.

"이것은 신객이 찢었다."

객지에서 돌아온 사람은 신객이 비단을 찢었다는 소문을 널리 퍼뜨렸다. 물론 비단 귀퉁이가 찢겨져나갔을 뿐 비단으로서 크게 손상된 것은 아니었다. 비단은 처녀가 시집갈 때 필요한 옷을 해 입고도 남았다. 그러나 신객은 사람들에게서 비단을 훼손했다는 비난을 받고 변명할 여지가 없었다. 그는 마을 사람들에게 신객으로서 믿음을 잃었다는 고민을 하다가 비단을 자른 가위로 자신의 손가락을 잘랐다.

"나는 신용을 잃었기 때문에 더는 신객 노릇을 할 수 없다. 그러나 우리 마을에 신객이 없으면 안 되니 네가 신객을 해라!"

그는 피가 흐르는 손가락을 들고 마을의 한 젊은이를 찾아가 말했다. 젊은이는 신객의 일이 돈을 벌거나 명예로운 일이 아니었으나 마을에는 반드시 신객이 한 사람 있어야 하기 때문에 노인의 말에 따르기로 하고 신객이 되었다. 노인은 젊은 신객에게 자신이 다니던 곳을 전수해준 뒤 어디론가 사라졌다.

신객은 우편물을 배달하는 사람이다. 눈이 오나 비가 오나 고객이 맡긴 편지나 물건을 목적지까지 무사히 배달하고 일정한 요금을 받는다. 비단 한 귀퉁이를 자른 대가로 평생 일해온 신객의 일을 내놓고 자기 손가락까지 자른 노인에게서 우리는 중국인의 신용 정신을 엿볼 수 있다.

4. 미국인의 신용

우리나라에는 동업은 형제간에도 하지 말라는 속담이 있다. 형제들끼리 동업하게 되면 이익 문제로 갈등이 생기고 결국 등을 돌리게 되는 일이 많기 때문이다. 그러므로 친구들이나 동료들과 동업을 하게 되면 더욱 큰 실패를 하게 된다. 동업이 실패하고 갈등을 일으키게 되는 원인은 서로 믿지 않기 때문이다. 포숙은 관중과 함께 장사할 때 관중이 항상 이익을 많이 가져가도 탓하지 않았다. 관중에 대해서 아주 잘 알고 있고 신뢰했기 때문이다.

신뢰하지 않으면 동업을 하지 말아야 한다. 형제인 K씨와 M씨는 자금을 공동으로 투자하여 음식점을 창업했다. 그들은 형제였기 때문에 처음에는 누가 보아도 형제라고 할 정도로 서로 아끼면서 식당을 같이했다. 그들이 운영하는 식당은 어느 정도 매출을 올렸다. 그러나 여러 날이 흐르면서 형제간에 의심하고 반목하는 일이 생기기 시작했다.

형은 카운터를 맡았기 때문에 장부에 기재하지도 않고 돈을 썼고 동생은 식재료를 구입하면서 돈을 함부로 썼다. 동생은 형이 돈을 빼돌린다고 생각했고, 형은 동생이 공연히 의심하면서 일도 제대로 하지 않고 이익만 가져간다고 불만을 늘어놓았다. 결국 그 형제는 부인들까지 가세하여 크게 싸운 뒤 갈라섰다.

형제가 동업할 때 형이니까 경영을 마음대로 하고 자금을 마구 사용해도 괜찮다고 생각하면 신뢰를 잃게 된다. 아울러 동생이니까 식재료를 산다고 공금이나 다를 바 없는 재료구입비를 타다가 함부로 유용해도 된다고 생각하면 신뢰가 깨진다.

우리나라와 달리 미국은 창업할 때 대부분 동업을 한다. 20세기 최대 발명품의 하나인 질레트 면도기도 기술 개발을 한 질레트와 자금을 투자한 투자자가 함께 이루어낸 쾌거였다. 인텔이나 매킨토시, 마이크로소프트도 동업으로 시작했다. 그러나 그들은 서로 신뢰했기 때문에 사업에 성공해서 세계 최고의 대기업이 되었다. 미국에서 이렇듯 흔히 동업을 하는 것은 사회가 다인종, 다민족 국가로 이루어졌기 때문이다.

안전면도기로 전 세계 최고 갑부 대열에 들어선 킹 질레트King C. Gillette도 투자자와 동업을 하여 부자가 되었다. 1855년 미국에서 태어난 킹 질레트는 생계를 위해 철물회사 영업사원이 되었다. 그는 철물을 팔기 위해 항상 열차를 타고 미국 전역을 누볐는데 샐러리맨으로서 뛰어난 자질을 보이지는 못해서 돈을 벌지 못했다. 그러나 부자가 되려는 꿈을 갖고 있었고 그 꿈을 이루기 위해 제품을 개발하는 일에

세계 최고의 면도기 제조업체 질레트를 설립한 킹 질레트(King C. Gillette). 미국의 평범한 영업자 출신인 질레트는 면도를 하다가 상처를 입은 뒤 1895년 현대식 안전면도기를 최초로 고안해 냈다.

열중했다.

킹 질레트는 세일즈맨으로 일하면서 연구를 많이 했으나 기회가 쉽사리 오지 않았다. 무엇인가 획기적인 제품을 만들고 싶었으나 마땅한 아이디어가 없었다. 킹 질레트는 어느 날 세일즈를 하기 위해 매사추세츠주의 보스턴으로 향했다. 보스턴에서 일을 마치고 피곤한 몸을 쉰 그는 이튿날 아침 면도를 하다가 살을 베고 말았다. 그때 퍼뜩 떠오른 생각이 살을 베지 않는 안전면도기였다.

킹 질레트는 그때부터 면도기 개발에 박차를 가하여 몇 년이 지나자 설계를 마칠 수 있었다. 안전면도기 설계도는 수백 장이나 만들어졌다. 설계도가 만들어지면 기계 전문가들에게 보여주고 제작할 수 질레트사의 초기 면도날 포장지(앞과 뒤). 앞면에는 킹 질레트의 이름과 함께 창업자의 얼굴을 상품의 트레이드 마크로 삼았다.

있는지 타진했다.

킹 질레트는 수많은 실패를 거듭한 끝에 면도기에 1회용 면도날을 끼워서 면도할 수 있는 제품을 개발하는 데 성공했다. 킹 질레트는 즉시 특허를 내고 회사에 사표를 던졌다. 이제는 회사를 설립해야 했다. 킹 질레트의 아내는 회사 설립을 필사적으로 반대했다. 무엇보다도 회사를 설립할 때 들어가는 자금이 문제였다. 그는 안전면도기를 연구하느라 이미 빚을 많이 지고 있었다.

'나는 반드시 회사를 설립할 거야.'

1901년 킹 질레트는 아내가 반대하는데도 동업자 두 사람과 함께 보스턴에서 회사를 설립했다. 그러나 그의 첫 작품은 51개밖에 팔리지 않았다. 킹 질레트는 은행 빚 외에 2만 달러를 빚지고 있어서 부도 위기에 처했다. 채권자들이 질레트를 뒤밀하기 시작했다. 그중 존 조이스라는 사람이 가혹하게 빚을 독촉했다.

"조이스 씨, 아직 내 면도기는 실패하지 않았습니다. 한 번만 더 밀어주시면 반드시 성공할 것입니다."

킹 질레트는 존 조이스를 만나 담판을 지었다. 그에게 2만 달러라는 거금을 빌려준 존 조이스는 지그시 눈을 감고 있었다.

"우리 회사가 부도나면 조이스 씨는 돈을 한 푼도 돌려받을 수 없게 됩니다. 그러니 한 번만 더 밀어주십시오."

킹 질레트는 존 조이스에게 애원했다.

"당신에게는 아무것도 없는데 무엇을 믿고 밀어준다는 말이오? 누가 그까짓 면도기를 산다고."

존 조이스가 차갑게 말했다.

"지금은 이 면도기가 불편하게 생각될 수도 있습니다. 그러나 얼마 지나지 않으면 누구나 이 면도기를 사용하게 될 것입니다. 전 이 면도기에 목숨을 걸었습니다. 사람이 목숨을 걸면 이루지 못할 일이 없습니다."

"정말 성공할 수 있겠소?"

"성공할 수 있습니다. 1년만 더 시간을 주십시오."

"좋소. 당신이 확신을 가지고 있으니 한 번 더 밀어드리겠소. 그 대신 나도 당신 사업 파트너가 되게 해주시오."

존 조이스는 킹 질레트의 설득에 굴복해 빌려준 돈에 자신의 돈을 더 투자했다. 존 조이스에게 돈을 더 빌린 킹 질레트는 좀 더 세련된 디자인에 안전한 면도기를 만들어 1904년부터 시판에 들어갔다.

새로운 안전면도기는 킹 질레트가 예상했던 대로 폭발적인 인기를 끌었다.

1903년에 불과 51개밖에 팔리지 않았던 안전면도기가 1904년 1년 동안 무려 9만 개가 팔렸다. 면도날은 자그마치 1,200만 개나 팔렸다. 킹 질레트는 1904년 한 해에만 500만 달러의 막대한 판매수익을 올렸다.

"조이스 씨, 제가 드디어 성공했습니다!"

킹 질레트는 감격에 벅차서 존 조이스를 부둥켜안고 외쳤다. 그의 눈에서 뜨거운 눈물이 흘러내렸다.

"당신은 의지의 인간이오. 많은 사람이 당신을 비난했는데도 굴하지 않고 사업을 성공시켰소. 축하하오, 백만장자 양반. 나도 당신 덕분에 부자가 되었소."

존 조이스가 킹 질레트의 손을 잡으며 말했다.

"아닙니다. 내가 성공할 수 있었던 것은 당신이 나를 믿어주었기 때문입니다."

킹 질레트는 겸손하게 존 조이스에게 공을 돌렸다. 사실 킹 질레트가 아무리 좋은 아이디어가 있었다 해도 존 조이스가 자금을 투자하지 않았다면 성공하기 어려웠을 것이다. 두 사람은 그 이후 사업 파트너가 되어 돈을 더 많이 벌었다.

미국은 영국의 식민지였다. 초대 대통령 워싱턴과 13개주 지도자들은 연합하여 영국에 대항함으로써 독립을 쟁취했다. 그런데 당시 미국은 13개주에 정부가 따로 있었고 지도자들도 따로 있었다. 그리하여 이들은 오랜 세월 토론을 거듭하여 합중국을 탄생시켰다. 합중국은 신뢰를 바탕으로 탄생한 것이다. 미국은 시민사회가 다인종, 다민족으로 이루어져 무엇을 하든 토론과 의결을 거쳐야 했다. 그리고 의결을 거친 뒤에는 지켜야 했다. 따라서 미국은 약속과 신뢰가 바탕이 되지 않으면 어떤 일도 할 수 없다.

전 세계에서 가장 자유로운 미국의 청소년에게도 귀가 시간이 있다. 자녀들은 대부분 외출할 때 부모들의 허락을 받으면서 몇 시까지 귀가하겠다고 약속한다. 그리고 대부분 약속 시간을 지킨다. 부모들은 자녀들이 약속을 지킨다는 것을 알기 때문에 외출을 허락한다.

우리는 귀가 시간보다 외출의 질에 대해 질문한다. 외출하여 누구를 만나고, 무엇을 하는지 꼬치꼬치 캐물은 뒤 허락한다. 그리고 일찍 들어오라는 한마디로 마무리한다. 그러나 많은 청소년이 밤 12시를 넘겨서 귀가한다.

미국에 살고 있는 마하피라는 14세 소녀는 부모에게 약속한 귀가 시간에 귀가하지 않았다. 우리는 딸이 귀가할 때까지 기다리거나 찾아 나서지만 마하피의 부모는 귀가 시간이 지나자 문을 잠그고 갔다.

마하피는 새벽 2시에 귀가했다가 부모가 문을 열어주지 않자 집 앞에서 배회하다가 살인마에게 걸려들어 능욕을 당한 뒤 살해되었다. 귀가 시간을 지키지 않은 마하피가 살해된 것은 불행한 일이지만 그 일로 그녀 부모가 비난을 받지는 않았다.

청소년이 좋아하는 《호밀밭의 파수꾼》이라는 소설에는 주인공이 술집에 들어가려고 하는데 술집 주인이 신분증을 보여달라고 하더니 미성년자라면서 출입시키지 않는 장면이 나온다. 그런데 우리나라에서는 오히려 청소년에게 금지된 술과 담배를 팔고 그들을 유인하기까지 한다. 사회적 약속이 전혀 지켜지지 않는 것이다.

5. 한국인의 신용

우리나라 사람도 신용을 잘 지키는 것이 하나의 철학이었다. 《허생전許生傳》의 허생은 과거를 공부하던 평범한 선비인데 집안 살림이 궁핍해지자 부자인 변씨를 찾아가 10만 냥이라는 거금을 빌려 장사에 성공한다. 여기서 허생에게 10만 냥이라는 거금을 변씨가 선뜻 빌려준 것은 소설적 구성이라 해도 당위성이 있어야 하기 때문에 쉬운 일이 아니다.

조선시대에 변씨들은 대대로 역관을 지냈기 때문에 부자들이 많았다. 허생에게 돈을 빌려준 변씨 역시 당대의 유명한 역관이었을 것으로 추정되고, 《허생전》을 쓴 박지원은 그 역관에게서 모티브를 얻어 책을 집필했을 것으로 보인다.

조선시대 여산 출신 김대갑은 부모와 가족을 잃고 걸인이 되어 유리걸식하다가 한양에 이르렀다. 그는 어느 추운 겨울날 대갓집 앞에 쓰러져 있다가 구원을 받았다. 그 집 주인인 민백상閔百祥 대감이

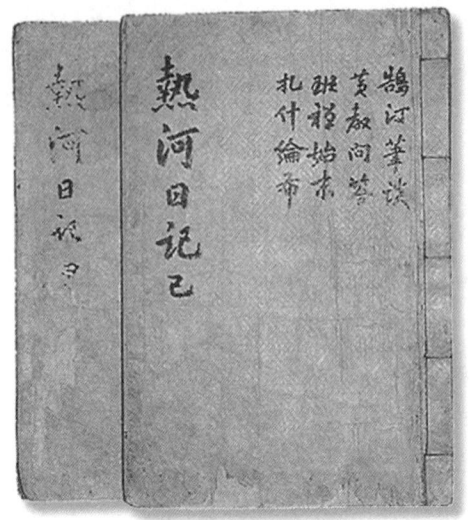

연암 박지원(朴趾源)의 《허생전(許生傳)》은 《열하일기(熱河日記)》 중 〈옥갑야화(玉匣夜話)〉에 한문으로 수록되어 있는 단편소설로 《호질(虎叱)》, 《양반전(兩班傳)》과 함께 박지원의 대표작으로 손꼽힌다.

그를 집 안으로 들여 밥을 먹이고 따뜻한 방에 재운 뒤 불렀다.

"저는 오갈 곳이 없는 천민입니다. 나리께서 거두어주시면 목숨을 바쳐 보은하겠습니다."

김대갑이 절을 하고 말했다.

"사람은 서로 신의를 지켜야 한다. 신의만 지킨다면 어찌 너를 받아들이지 않겠는가?"

민백상 대감은 김대갑을 쾌히 받아들였다. 김대갑은 의식주가 해결되자 누구보다도 성실하게 일했다. 그는 민 대감 집의 일을 잘 처리하여 칭찬을 받으면서 시간이 있을 때면 민 대감 아이들이 글 읽는 소리를 듣고 따라 외웠다. 김대갑이 총명하다는 것을 안 민 대감은 식객을 시켜 그에게 글까지 가르쳐 집사 일을 맡겼다.

오랜 세월이 지나 민 대감은 평안감사로 나가게 되었다. 김대갑은 민 대감을 따라 평양에 가서 회계 일을 모두 처리했다.

민 대감이 평안감사 일을 마치고 한양으로 돌아올 때 계산하니 1만 냥이라는 큰돈이 남아 있었다.

"이는 관청 재산도 아니고 내 재산도 아니다. 네가 알아서 처리해라."

"하오면 소인이 평양에 남아서 장사를 해도 되겠습니까?"

"너도 독립할 때가 되었으니 좋도록 하라. 그동안 나를 위해 매사를 빈틈없이 처리해주었으니 신의는 충분히 지킨 것이다."

민 대감은 1만 냥을 김대갑에게 주었다. 김대갑은 민 대감과 작별하고 평양에서 장사를 하여 돈을 많이 벌었다. 그는 혼례도 올리고 아이들을 낳고 부유하게 살았다. 어느 날 그는 문득 자신이 굶주렸을 때 돌봐준 민 대감이 생각났다. 그가 한양에 올라와 민 대감 집을 찾아가보니 민 대감은 이미 죽고 없었고 집안이 망해 자식들이 궁색하게 살고 있었다.

"사람이 신의를 안다는 것은 어려울 때 돕는 것이다."

김대갑은 민 대감 자식들에게 양식을 대주고 혼례와 제사 비용을 모두 부담했다. 그는 85세까지 살면서 민 대감 자식들을 끝까지 돌보았다.

김대갑은 자신에게 은혜를 베풀어준 민백상이 죽었는데도 그 자식들에게 은혜를 갚았다. 이 이야기가 어느 정도 실화인지 알 수 없으나 민백상은 조선 후기에 우의정까지 지낸 인물로 평안도 관찰사를 지낼 때 밀무역의 폐단을 거론하는 등 상인들에게도 관심이 많았다. 민백상은 우의정이 되고 나서 1년 뒤 죽었는데 사도세자가 평양에 몰래 다녀온 일에 책임을 지고 자살했다는 풍문이 있었다.

8

말의 신용

제갈공명은 군량수송로를 확보하지 못하게 되자
군사를 철수시키고 마속을 참형에 처할 준비를 했다.
그러자 많은 사람이 패전은 병가지상사니 그를 살려줄 것을 청했다.

8장
말의 신용

모든 화(禍, 재앙)의 근원은 입에 있다고 말한다. 한마디 말이 복을 부르기도 하고 화를 부르기도 한다. 그래서 우리나라에는 '말 한마디로 천 냥 빚을 갚는다'라는 속담이 있다.

프랑스의 철학자이자 노벨문학상을 수상한 작가인 장 폴 사르트르Jean Paul Sartre가 쓴 《말Les Mots》이라는 소설이 있다. 필자는 수사학의 최고 소설이라고 여겨지는 《말》을 읽고 충격을 받았다. 소설 《말》은 인간의 인생을 '듣기, 말하기, 읽기, 쓰기, 생각하기'로 이어가면서 철학적으로 설명했다.

우리는 인생을 살아가면서 말을 많이 하게 된다. 말 한마디로 상대방을 기쁘게 하기도 하고 슬프게 하기도 한다. 말로 상대방을 분노하게 만들거나 절망에 빠뜨리기도 한다. 상담도 말로 성공과 실패가 좌우된다. 상대방의 말을 잘 들어주기만 해도 대화는 부드럽게 이어지고 상담은 성공한 것이나 다름없다. 상담의 첫 번째 조건이 상대방 말을 들어주는 것이다.

말에는 진정성이 있어야 한다. 진정성이 없으면 말은 신뢰를 잃게 된다.

사람들은 말로 약속하고 말로 신뢰한다. 말은 단순한 소리가 아니라 인격의 결정結晶이다. 그래서 옛사람들은 진실한 말은 황금과 같고 교묘한 말은 독毒과 같다고 했다.

1. 말에는 책임이 따른다

남녀 간에는 숱한 사랑의 약속을 한다. 그것은 고려시대에도 비슷했고 조선시대나 현대도 다를 바 없다. 우리는 지키지도 못할 말을 하고, 말한 뒤 실천하지 않는 사람을 자주 보게 된다. 그러나 자기가 한 말에 책임을 지지 않으면 실없는 사람이 되고 신망을 잃는다. 이런 사람은 큰일을 할 수 없고 큰일을 맡기지도 않는다.

조선시대에 정읍 현감으로 김씨 성을 가진 사람이 와 있었다. 그 아들인 김 선비가 정읍에 가서 아버지에게 인사하고 한양으로 올라가다가 날이 저물어 어느 마을의 향교에서 일하는 사람 집에 머물게 되었다. 밤에 옆방에 촛불이 켜져 있고 간간이 나직하게 말소리가 들리자 김 선비는 그가 누구인지 몹시 궁금하여 잠이 오지 않았다. 시간이 흐르자 말소리는 들리지 않고 촛불만 켜져 있었다.

잠이 오지 않자 김 선비는 손가락에 침을 묻혀 창호지에 구멍을 뚫고 안을 들여다보았다. 한 처녀가 바느질을 하고 있는데 선녀처럼 아름다웠다. 밤이 깊어지자 처녀는 불을 끄고 누웠다. 김 선비는 춘정을 이기지 못하고 몰래 처녀 방으로 침입하여 강제로 정을 통하려고 덤벼들었다. 그러나 김 선비는 처녀가 완강하게 저항하여 뜻을 이룰 수 없었다.

"사내의 정을 이렇게 몰라주다니 섭섭하구려."

김 선비는 일을 성사시키지 못하게 되자 서운한 표정으로 말했다.

"저는 혼례를 올리지 않은 규수이고 선비께서는 이미 혼례하신 몸 아닙니까?"

처녀가 야무지게 물었다.

"그렇소."

"그런데 어찌 규중 처녀를 탐할 수 있습니까?"

"그대가 무척 아름다워 첩으로라도 맞이하고 싶소."

김 선비 말에 처녀가 나직하게 한숨을 내쉬었다.

"사내에게는 일시적 춘정일 수 있으나 여자에게는 지조가 걸린 문제입니다. 하지만 외간 남자와 살이 닿았으니 어찌 제가 온전하다고 할 수 있겠습니까? 선비께서 내일 아침 우리 부모에게 말씀드려 허락을 받으면 첩이라도 상관없으니 동침을 허락하겠습니다."

처녀가 낭랑한 목소리로 말했다. 김 선비는 내일 아침 반드시 처녀의 부모에게 허락을 받겠다고 약속하고 방에서 나왔다. 그러나 이튿날 아침이 되자 김 선비는 처녀의 부모에게 자초지종을 말하기가 부끄러워 처녀가 애타게 바라보는데도 말을 하지 못했다. 처녀가 나서서 부모에게 선비의 첩이 되겠다고 말할 수는 없었다. 결국 김 선비는 말을 하지 못하고 상경했다. 처녀는 김 선비가 그냥 한양으로 올라가자 섭섭했다.

몇 달 후 김 선비는 다시 정읍에 가기 위해 처녀가 살고 있는 마을을 지나가게 되어 그 집에 유숙했다. 처녀 아버지도 반가워했고 처녀는 자신을 첩으로 데려가려는 남자가 왔기 때문에 말은 하지 못했으나 은근하게 반가운 눈짓을 나타냈다.

그날 밤 김 선비는 또다시 처녀 방에 침입하여 처녀를 껴안았다. 그러나 처녀는 여전히 부친에게 먼저 허락을 받아야 한다면서 거절했다. 김 선비는 내일 아침에 반드시 부친에게 허락을 받겠다고 약속하고 처녀의 방을 나왔다. 그러나 이튿날 아침이 되자 김 선비는 아무 말도 못하고 정읍으로 떠났다. 떠날 때 집 모퉁이에 숨어 있는 처녀를 보니 치맛자락으로 눈물을 찍어내고 있었다.

김 선비는 정읍에서 아버지에게 문안인사를 드린 뒤 다시 한양으로 올라가다가 처녀의 집에 들렀다.

김 선비는 이번에도 처녀의 방에 숨어 들어가 처녀를 껴안았다.

"대체 몇 번이나 저와 약속하고 지키지 않는 것입니까? 부친에게 허락만 받으면 저는 선비님 여자가 될 터인데 어찌 이렇게 우유부단하신 것입니까? 부친께서 제 혼처를 정해놓고 혼인을 서두르려 하니 내일 아침에 허락을 받지 못하면 다른 사람에게 시집을 가야 합니다. 제가 다른 사람에게 시집가도 좋습니까?"

"나는 도저히 부친에게 허락을 받지 못하겠으니 낭자가 허락을 받으면 안 되겠소?"

"남자가 말하지 않는데 여자가 어찌 첩이 되겠다는 말을 꺼낸다는 말입니까?"

처녀는 김 선비를 원망하면서 울었다. 김 선비는 일이 다급하게 되었는데도 주변머리가 없어서 이튿날 아침에도 여전히 말을 꺼내지 못하고 한양으로 올라갔다. 처녀는 그날 밤 눈이 붓도록 울었.

김 선비는 한양에서 여러 달 머물다 다시 정읍으로 내려가는 길에 처녀 집에 들렀다. 처녀는 김 선비를 원망어린 눈으로 바라보면서 다른 남자에게 시집갈 수 없으니 내일 아침에 허락을 받지 못하면 죽는 수밖에 없다고 최후 통고를 했다.

김 선비는 여전히 아무 말도 하지 못하고 정읍으로 내려갔다. 김 선비는 부친에게 인사하고 정읍에서 글공부를 하려고 했으나 처녀의 원망어린 얼굴이 눈에 선하게 떠올라 공부가 되지 않았다. 김 선비는 부친에게 한양에 올라가 공부하겠다고 말했다.

"할 일 없이 한양만 오르락내리락하다가 언제 과거를 본다는 말이냐?"

부친이 야단을 치자 김 선비는 정읍을 떠날 수 없었다. 날이 지날수록 김 선비는 처녀 얼굴이 자꾸 머릿속에 떠올라 안절부절못했다. 김 선비의 부친은 아들이 전전반측하면서 애태우는 것을 보고 무슨 사정이 있는 것이라고 판단하여 한양으로 올라가라고 허락했다.

김 선비는 부친의 허락을 받자 나는 듯이 걸음을 하여 처녀의 집에 이르렀다. 그러나 때는 이미 늦어 처녀는 목을 매어 자진한 뒤였다. 김 선비는 그때서야 우유부단한 성격을 탓하면서 처녀 부모에게 자초지종을 설명했다.

"이 못난 사람아, 내 딸이 죽기 전에 말했어야지 이제 말하면 무슨 소용이 있는가?"

처녀의 부모는 김 선비의 멱살을 잡아 흔들면서 매를 때렸다. 김 선비는 아리따운 처녀도 얻지 못하고 매만 실컷 얻어맞았.

김 선비는 상당히 우유부단한 성격이었던 모양이다. 말은 필요할 때는 해야 한다. 머릿속에 아무리 좋은 아이디어를 갖고 있거나 훌륭한 계획이 있어도 말을 해서 사람에게 알리지 않으면 소용없다. 김 선비가 자신의 말을 행동으로 옮기지 못했기 때문에 처녀가 억울하게 죽었고 그는 실없는 사람이 되었다.

2. 말 한마디가 심장을 수술하게 했다

사람들은 때때로 흰소리를 한다. 흰소리는 터무니없이 자랑하거나 희떱게 지껄이는 소리다. 속된 말로는 '뻥친다'는 것과 같은 뜻이다. 그러나 이러한 소리가 뜻 없이 중얼거린 말에 지나지 않아도 장난으로 던진 돌멩이에 개구리가 맞아 죽는 것처럼 엄청난 파장을 몰고 오는 경우가 종종 있다.

중국에서 아주 유명한 의원은 삼국시대의 화타華佗와 춘추전국시대의 편작扁鵲이다. 화타는 인류 최초로 마취제를 개발하고 《삼국지》의 영웅 조조의 뇌수술을 하려다가 억울하게 사형된 인물이다.

편작은 소아과, 부인과, 노인과 등을 개업하고 죽은 사람까지 살렸다는 중국 역사상 가장 뛰어난 의원이다. 편작은 진완秦緩이라는 이름으로 불렸다. 편작 진완이 살고 있던 시대에 이혜李醯라는 명의가 있었으나 진완에게는 미치지 못했다.

이혜가 진완을 찾아온 것은 진완이 진秦나라에 있을 때의 일이다. 진완은 이혜를 보자 깜짝 놀랐다. 이혜는 진완이 주나라에 있을 때 주양왕의 부인인 왕후를 치료하다가 진완과 격렬하게 다툰 뒤 슬그머니 달아났던 인물이다. 이혜는 고관의 관복을 입고 있었다. 진완은 이혜를 만난 것이 상서롭지 않다고 생각했다.

"이공을 여기서 다시 만나게 될 줄은 몰랐습니다."

진완은 이혜와 인사를 나누고 마주앉았다. 이혜가 찾아온 것은 뜻밖의 일이었다. 진완이 이혜의 옷차림을 살피며 말했다.

"불초한 사람이 진목공의 분에 넘치는 사랑을 입어 진나라 태의령(太醫令, 어의)으로 있소."

전국시대 초기 제(齊)나라의 명의 편작(編鵲). 급환으로 다 죽어가는 사람을 살려내고 제환공(齊桓公)의 안색만 보고 병의 원인을 알아내는 등 전설적인 의술로 유명하다.

"아무튼 축하드립니다."

"하하하! 별말씀을…… 진월인께서는 편작이라는 명성과 함께 죽은 사람도 살린다는 소문이 파다하오."

"당치 않은 말씀입니다."

"내가 진목공에게 말씀을 올렸더니 어전에 들라는 영을 내렸소. 내일 준비를 한 뒤 어전에 드시오."

이혜가 냉랭하게 말했다. 진완은 이혜가 자신을 진목공에게 천거했다는 말을 믿을 수 없었다. 그러나 진나라에서 살려면 대궐에 들라는 진목공의 명을 거역할 수 없었다. 이튿날 진완은 의관을 정제하고 대궐로 들어갔다.

대궐에서는 이미 진목공이 많은 대부와 함께 진완을 기다리고 있었다. 백리해, 건숙, 백을병, 맹명시, 공손지 같은 중원에 쟁쟁한 명성을 떨치고 있는 대부들이 시립해 있었다. 진목공을 서쪽의 패자가 되게 만든 진나라 현신들이었다.

"태의령에게 선생 말씀은 여러 차례 들었소. 죽은 괵나라 태자를 살렸다는데 그것이 사실이오?"

진목공이 검은 수염을 쓰다듬으며 진완에게 물었다.

"소인에게 어찌 그런 재주가 있겠습니까? 죽은 것으로 보이는 태자를 치료했을 뿐입니다."

진완이 공손히 대답했다.

"주공, 편작 선생은 수술까지 하는 신의라고 합니다. 한 번 그의 재주를 시험해보시기 바랍니다."

이혜가 교활한 눈빛으로 진목공을 쳐다보며 말했다. 백리해와 건숙이 놀란 눈으로 진완을 살폈다.

"수술이라니 그게 무엇이오?"

"수술이란 손의 재주를 말하는 것으로 사람의 피부를 갈라 오장을 바꾸는 것입니다. 몸속에 있는 악창을 잘라내기도 하고 끊어진 혈맥을 잇기도 한답니다."

이혜의 말에 진완은 깜짝 놀랐다. 이혜의 말은 터무니없었다.

"노나라의 공호라는 자와 조나라의 제영이라는 자가 병이 들어 다 같이 편작 선생에게 병을 고쳐달라고 청했습니다. 편작 선생은 그들의 병을 치료했습니다."

이혜가 말했다.

"그런 일이 있었소?"

"예."

진완은 이혜가 공호와 제영을 거론하는 이유를 알 수 없었다. 그들은 얼마 전 진완에게 치료를 받은 인물들이었다.

"편작 선생이 공호와 제영에게 말하기를, 그대들이 앓았던 병은 밖으로부터 내장에 침범해 생긴 것이었기에 처음부터 약과 침으로 고칠 수 있었소. 그런데 지금 그대들에게 타고난 지병이 있는데 몸뚱이와 함께 자라고 있소. 이제 그대들을 위해 그 병을 다스리려는데 어떻소? 하고 물었다고 합니다. 그러자 공호와 제영이 원컨대 먼저 증상을 듣고 싶습니다 하고 말했습니다. 이에 편작 선생이 말했다고 합니다. 공호, 그대는 의지는 강한데 기가 약하기 때문에 결단력이 없고 제영, 그대는 의지가 약한데 기가 강하기 때문에 생각은 모자라고 독선을 부릴 폐해가 있소. 만약 그대들의 심장을 바꾼다면 좋은 점을 갖게 되어 균등해질 것이오. 내가 그대들을 수술하여 심장을 바꾸어 줄까 하는데 어떻소? 그러자 공호와 제영이 얼굴이 하얗게 변해 달아났다고 합니다. 편작 선생에게 이들의 심장을 바꾸는 수술을 하게 하심이 어떠합니까? 편작 선생이 성공하면 신의라는 말이 결코 헛소문이 아니라는 사실을 알 수 있을 것입니다."

이혜의 말에 진완의 얼굴이 하얗게 변했다. 진목공 앞에 도열해 있던 대부들도 너무나 놀라운 일이라 일제히 웅성거렸다.

"선생, 태의령의 말이 사실이오?"

진목공이 싸늘한 눈으로 진완을 쏘아보았다.

"주공, 신이 공호와 제영에게 그러한 말을 한 것은 의지와 기의 균형을 이루는 것이 중요하다는 것을 일깨우기 위해서입니다. 신에게는 사람의 배를 가를 만한 의술이 없습니다."

진완이 온몸을 부들부들 떨면서 말했다. 일이 이상한 방향으로 흘러갔다.

"편작 선생은 지나치게 겸손합니다. 시중에 물어보면 편작 선생이 죽은 사람을 살리고 수술을 하여 사람의 몸을 바꾼다는 것을 누구나 알고 있습니다. 한번 시험해보소서."

태의령 이혜가 거듭 말했다. 진완은 눈앞이 캄캄해졌다.

"나도 우리 진나라에 신의가 있다는 것을 눈으로 보고 싶소. 선생은 수술을 하시오."

진목공이 영을 내렸다. 진완은 수술을 할 수 없다고 몇 번이나 아뢰었으나 진목공은 짜증까지 내면서 명을 거역하면 처자와 제자들을 모조리 죽이겠다고 선언했다. 진완은 겨우 닷새의 말미를 얻어 자신이 설립한 병원인 보활원으로 돌아왔다. 교활한 이혜는 진완이 일가를 거느리고 달아나지 못하게 하려고 군사들까지 보내 보활원을 삼엄하게 감시했다.

'아아, 내가 어떻게 산 사람 가슴을 가르고 심장을 바꾼다는 말인가?'

모든 것은 교활한 이혜의 술책이었다. 이혜가 자신을 죽이려는 것이었다. 공호와 제영의 심장을 바꾸는 것은 거의 불가능한 일이었다.

진완이 공호와 제영의 심장을 바꾼다는 말은 순식간에 함양에 퍼졌다. 함양은 발칵 뒤집혔다. 수많은 사람이 진완이 심장이식수술을 하는 모습을 구경하기 위해 대궐로 몰려들었다. 그러나 대궐은 아무나 들어갈 수 있는 곳이 아니었다. 진목공은 의원들과 명망이 있는 사람들에게만 임석을 허락했다.

진완은 수술하는 날이 되자 의관을 정제한 뒤 제자들을 거느리고 대궐로 들어갔다. 이혜는 이미 공호와 제영을 잡아서 대령해놓고 있었다. 진목공은 어좌를 준비하고 앉아 있었고 많은 대부가 시립해 있었다.

진완은 준비가 모두 끝나자 공호와 제영에게 독주(毒酒, 마취성의 술)를 마시게 하여 잠이 들게 했다. 진완은 심호흡을 한 뒤 잠시 명상에 잠기면서 마음을 가라앉혔다. 무아지경에 이르러야 했다. 장내는 팽팽한 긴장감이 감돌았다.

이내 진완이 눈을 떴다. 그의 눈은 명경지수처럼 고요했다. 많은 사람이 지켜보는 가운데 편작은 공호와 제영의 가슴을 갈랐다. 숫돌에 예리하게 연마한 파침이 공호와 제영의 가슴을 파고들자 피가 분수처럼 뿜어졌다. 사람들이 일제히 탄성을 내뱉었다.

진완은 손이 보이지 않을 정도로 빠르게 침을 사용하여 피를 멎게 하고 두 사람의 심장을 도려내 바꾸었다. 그것은 분초를 다투는 일이면서 세밀한 일이기도 했다. 시간이 얼마나 흘렀을까. 진완의 이마에서 구슬 같은 땀방울이 흘러내렸다.

제자 자표와 자양은 공호와 제영의 맥을 잡고 있었다. 맥이 멎으면 수술은 실패하고 그들은 죽는다. 자표와 자양의 얼굴이 어두워졌다가 밝아지기를 몇 번이나 되풀이됐다. 진완은 혈관을 명주실로 잇고 힘줄과 신경선을 모두 연결한 뒤 가슴을 봉합했다. 공호와 제영은 피를 많이 흘려서 얼굴이 창백했다.

장내는 무거운 침묵이 감돌았다. 진완이 파침을 씻어서 침랑에 넣고 이마의 땀을 훔쳤다. 제자 자표와 자양에게서도 굵은 땀방울이 흘러내렸다.

"끝났습니다."

진완이 진목공을 향해 고개를 숙여 말했다.

"선생, 저자들이 살 수 있겠소?"

진목공이 진완을 살피며 물었다.

"맥이 뛰고 기가 움직입니다. 조섭을 잘하면 살 수 있을 것 같습니다."

구경하던 사람들 입에서 일제히 탄성이 흘러나왔다.

진목공이 태의령 이혜를 쳐다보았다. 이혜는 월대에서 내려와 공호와 제영의 맥을 잡아보았다. 공호와 제영의 맥이 불규칙하게 뛰고 있었다.

"아직까지 살아 있사옵니다."

이혜가 진목공을 향해 머리를 조아렸다. 그의 목소리가 표 나게 떨렸다.

"하늘이 보고 땅이 보고 여러 대부가 보았다. 편작 진완은 공호와 제영의 심장을 바꾸는 수술에 성공했다. 나는 그를 신의神醫라고 부를 것이다. 그에게 황금 100일鎰을 하사하라!"

진목공이 감탄한 표정으로 말하고 내궁으로 돌아갔다. 진나라 대부들은 일제히 공호와 제영에게 다가와 살피며 탄성을 내뱉었다. 많은 의원도 공호와 제영의 맥을 잡아보고 경악을 금치 못했다.

진완은 제자들을 시켜 공호와 제영에게 사람들이 접근하지 못하게 하고 안정을 취하게 했다. 공호와 제영은 사흘 동안이나 의식이 돌아오지 않았다. 진완은 사흘 동안 내내 공호와 제영 옆에서 멎으려는 맥을 되살리고 양기가 빠져나가는 것을 막았다. 공호와 제영의 명이 경각에 달린 일은 여러 번 있었다. 그러나 그때마다 진완이 침으로 되살리고는 했다.

사흘이 지나자 공호와 제영은 의식이 돌아오고 이레가 지나자 팔다리를 움직일 수 있었으며 두 달이 지나자 간신히 걸을 수 있었다. 석 달이 지났을 때는 병이 완전히 나은 것 같았다.

'이 사람들은 1년을 살지 못할 것이다.'

진완은 공호와 제영의 맥을 잡아보고 비감했다. 심장을 바꾸는 일은 아직 그의 의술로 이룰 수 없었다.

이혜의 얼굴은 사색이 되었다. 인간이 결코 이룰 수 없는 경지,

심장을 바꾸는 것으로 진완의 명성에 흠집을 내려던 이혜의 계책이 완전히 실패로 돌아간 것이다.

'무서운 놈이다. 저놈은 이미 득도의 경지에 이르렀다는 말인가?'

이혜는 진완의 신기에 가까운 의술에 몸서리를 쳤다.

편작 진완이 공호와 제영의 심장이식수술을 했다는 것은 《열자列子》의 기록에 있다. 그러나 그 기록은 과장된 것으로 보인다. 다만 편작이 그런 상황에 몰린 것은 말을 실수했기 때문이다. 편작은 중국 역사에서 가장 훌륭한 명의로 기록되었으나 말실수를 한 것이다. 편작은 춘추전국시대 병색이 전혀 없는 제환공의 병을 미리 간파한 것으로도 유명하다.

3. 헛된 말이 반란을 일어나게 하다

말은 입 밖으로 나오면 무서운 파괴력을 가질 때가 종종 있다. 말 때문에 분쟁이 일어나고 말 때문에 패가망신하는 경우가 많다. 교만한 사람은 말을 함부로 하고 겸손한 사람은 말을 조심스럽게 한다. 말이 허황하면 결코 신뢰를 얻을 수 없다.

위나라 헌공獻供은 포악한 임금이었다. 그는 위나라에서 명망이 높은 상경 손림부孫林父를 희롱하여 화를 자초했다. 하루는 위헌공이 손림부와 대부 영식甯殖에게 점심을 같이하자고 물렀다.

점심때가 되자 손림부와 대부 영식은 예복을 갖추어 입고 대궐로 들어갔다. 그러나 손림부와 영식이 객청에서 아무리 기다려도 위헌공이 부르지 않았다. 어느덧 점심때가 지나 손림부와 영식은 몹시 시장하게 되었다. 그러나 위헌공은 해가 기울기 시작할 때까지도 손림부와 영식을 부르지 않았다.

"허허, 대체 이게 어찌된 일입니까?"

영식이 탄식하며 물었다. 손림부는 아무 말도 하지 않고 쓰디쓴 미소만 지었다.

"아무래도 사인들을 불러 물어보아야 하겠소이다."

영식은 대궐의 사인舍人을 불러 위헌공이 무엇을 하느냐고 물었다.

"주공께서는 점심을 마치고 뒤뜰에서 활을 쏘고 계십니다."

사인이 대답했다.

"이런 변괴가 있나? 대신들을 청해놓고 활쏘기를 하시다니!"

영식이 부르르 몸을 떨었다.

"궁중 뒤뜰로 가보십시다."

"그럽시다. 주공께서 무엇이라고 변명하는지 들어나 봅시다."

손림부도 은은하게 노기가 서린 얼굴로 대꾸했다. 그들은 사인을 따라 위헌공이 활을 쏘는 뒤뜰을 찾아갔다. 위헌공은 공손정公孫丁이라는 간신과 함께 기러기를 활로 쏘고 있었다.

"주공을 뵈옵니다."

두 대부는 위헌공 앞에 가서 포권을 하고 예를 올렸다.

"경들이 어쩐 일이오?"

위헌공이 손림부와 영식에게 물었다.

"신들은 주공께서 오찬을 내려주신다고 하여 객청에서 기다렸습니다. 점심때가 지나 그냥 돌아갈까 하다가 주공의 분부가 계신 일이라 여쭈어보려고 왔습니다. 주공께서는 신들에게 언제 오찬을 내려주실 것이온지요?"

손림부가 냉랭하게 말했다. 이미 점심때는 지났고 저녁 시간이 가까워져 있었다. 손림부의 말에는 위헌공을 비난하는 뜻이 숨어 있었다. 그것을 모를 리 없는 위헌공의 눈빛이 싸늘하게 변했다.

"과인이 활쏘기를 즐기다가 깜박 잊었소. 다음 날 다시 부를 테니 그만 돌아들 가시오."

위헌공은 등을 돌리더니 다시 활을 쏘기 시작했다. 손림부는 집으로 돌아오자 즉시 척읍으로 달려갔다. 그는 가신들인 윤공타尹公佗와 유공차庾公差에게 가병들을 동원하도록 지시하고 아들 손괴孫蒯를 불러 위헌공을 염탐하게 했다. 손괴는 위헌공의 일거수일투족을 손림부에게 보고했다.

"손림부는 무엇을 하고 있는가?"

하루는 위헌공이 술을 마시다 말고 손괴에게 물었다.

"부친께서는 연로하여 하상河上에서 쉬고 계시옵니다."

"네 아비의 병은 배가 고파서 생긴 것이다."

위헌공이 유쾌하게 웃으며 말했다. 지난번 점심을 주겠다고 말한 뒤 굶긴 일을 통쾌하게 생각하여 비웃은 것이다. 손괴는 얼굴이 붉게 달아올랐으나 아무 말도 하지 못했다. 위헌공은 사인들에게 술을 내오라고 한 뒤 악공을 부르고 궁녀들을 불러들였다. 그 자리에는 태사와 악공을 가르치는 사조飼鳥도 있었다. 위헌공은 궁녀들을 희롱하면서 유쾌하게 술을 마셨다. 손괴는 조심스럽게 술을 마셨다.

"악공은 교언巧言의 끝장을 노래하여라. 그 노래가 시의에 적절하지 않은가?"

위헌공이 태사에게 지시했다.

"교언의 끝 구절은 불길하옵니다."

태사가 위헌공에게 아뢰었다.

"주공께서 명을 내리셨는데 네가 어찌하여 반발하느냐? 네가 부르지 못하겠다면 내가 부르겠다."

사조는 태사를 나무란 뒤 목청을 뽑아 노래를 부르기 시작했다.

저기 저 강가에 있는 놈은
무엇을 하는 놈이냐.
권세나 용기도 없는 놈이
직위로 조정을 어지럽히도다.
처음부터 자질구레한 놈아
네가 날쌔기는 하지만 무엇을 하랴.
장차 모략을 꾀하려 하지만
너를 따르는 자가 얼마나 되겠느냐.

사조의 노래를 들은 손괴는 얼굴이 더욱 붉어졌다. 위헌공은 사조의 노래로 손림부를 조롱한 것이다. 태사가 반대하는 노래를 사조가 부른 것은 까닭이 있었다. 사조는 궁궐에서 궁녀들에게 노래를 가르쳤는데 위헌공의 애첩도 그에게서 노래를 배운 적이 있다. 그러나 위헌공의 애첩은 재주가 천박했다. 사조는 위헌공의 애첩이 아무리 가르쳐도 노래를 하지 못할 뿐 아니라 교만하여 연습을 하지 않자 회초리로 손바닥을 몇 대 때린 일이 있다.

"놈이 감히 임금의 애첩을 때렸다는 말이냐?"

위헌공은 사조를 잡아다가 매를 300대나 때리게 했다. 사조는 그 일로 위헌공에게 원한을 갖고 있었다. 노래로 손림부를 경동하게 하여 모반이 일어나게 하려는 꿍꿍이속으로 태사가 반대한 노래를 부른 것이다.

"군사를 구궁邱宮으로 집결시켜라! 무도한 혼군을 치고 난국을 바로잡으리라!"

손림부의 영이 떨어지자 위헌공을 반대하는 군사들이 벌 떼처럼 구궁으로 몰려들었다. 위헌공 밑에서 폭정에 시달리던 대부들과 백성은 기다렸다는 듯이 함성을 지르며 구궁으로 몰려왔다. 위나라의 대궐과 조정은 텅텅 비었다. 위헌공은 혼비백산하여 위성衛城을 탈출해 제나라로 달아나 망명생활을 했다.

포악하고 교만한 위헌공은 당대의 충신들인 손림부와 영식을 신의로서 대우하지 않고 하인 취급을 했다. 손림부와 영식은 위나라의 대들보라고 할 정도로 명망이 높았고 이웃 나라에서도 그들 때문에 위나라를 침략할 수 없다고 할 정도로 경륜과 학문이 뛰어난 사람들이었다.

대대로 위나라에 충성을 바쳐왔는데 군주인 위헌공은 그들을 하인 취급하고 멸시하여 화를 자초했다. 위헌공은 손림부와 영식에게 점심을 대접하겠다고 식언한 뒤 굶주리게 만들었고, 손림부를 강가에 있는 촌놈이라고 멸시했다.

4. 말의 신뢰는 진실에 있다

말에는 책임이 따른다. 말에 신뢰가 없으면 어떠한 약속이나 계약도 이루어지지 않는다. 말은 한 번 신뢰를 잃으면 다시는 회복할 수 없다. 아무리 선의의 거짓말이라 해도 진실이 아닌 말은 신용을 얻을 수 없다.

양치는 소년의 거짓말은 악의가 없었어도 마을 사람들이 늑대의 습격을 받게 하는 결과를 만들고 말았다. 사람들은 양치는 소년이 무료하고 따분하여 늑대가 나타났다고 소리 지르자 모두 도망갔으나 거짓말이 반복되자 진짜 늑대가 나타나도 도망가지 않고 대비하지 않았다.

임진왜란이 발발하기 전에 조선은 일본의 적정을 탐지하기 위해 조선통신사 정사에 황윤길黃允吉, 부사에 김성일金誠一을 임명하여 파견

조선통신사(朝鮮通信使) 행렬도. 1404년(태종 1) 조선과 일본 사이에 교린관계가 성립되면서 양국의 외교적인 현안을 해결하기 위하여 사절을 각각 파견하기 시작했다.

했다. 이들은 일본에 사신으로 갔다가 선조 임금 앞에 부복한 뒤 상반되는 보고를 올려 조정을 혼란에 빠뜨렸다.

"필시 일본이 조선을 침략하여 병화(兵禍)가 있을 것입니다."

정사 황윤길의 보고였다.

"그러한 정상은 발견하지 못하였는데 황윤길이 장황하게 아뢰어 인심이 동요하니 옳지 않습니다."

김성일은 황윤길의 보고와 정반대 보고를 올렸다. 황윤길과 김성일은 어전에서 한바탕 설전을 벌였다. 그러나 황윤길의 신망이 김성일보다 높지 않았기 때문에 황윤길이 밀렸다.

"도요토미 히데요시가 어떻게 생겼던가?"

선조가 답답하다는 듯 가슴을 두드리다가 통신사들에게 물었다.

"히데요시는 눈빛이 반짝빈짝히어 담과 지략이 있는 사람인 듯하였습니다."

8장 말의 신용 | 317

황윤길이 대답했다.

"그의 눈은 쥐새끼 같으니 족히 두려워할 위인이 못 됩니다."

김성일은 이번에도 반대의 말을 했다.

그때 조헌趙憲이 화의和議를 극력 공격하면서 왜적이 기필코 나올 것이라고 주장하였기 때문에 대체로 황윤길의 말을 동조하는 이들에 대해 모두 서인이 세력을 잃었기에 인심을 동요시키는 것이라면서 황윤길의 말을 배척했다.

"그대가 황윤길의 말과 일부러 다르게 말하는데, 만일 병화가 있게 되면 어떻게 하려고 그러시오?"

류성룡이 미심쩍어하면서 김성일에게 물었다.

"나도 어찌 왜적이 침략하지 않을 것이라고 단정하겠습니까? 다만 온 나라가 놀라고 의혹될까 두려워 그것을 풀어주려 한 것입니다."

김성일은 류성룡 앞에서야 진실을 토로했다. 이 일은 실록에도 기록되어 있다. 류성룡과 김성일은 퇴계 이황 문하에서 공부한 적이 있기 때문에 친분이 두터웠다. 그러나 사신으로 일본에 갔던 김성일이 일본이 침략하지 않을 거라고 한 말 때문에 그의 문중은 400년 동안이나 식자들의 비난을 받았다.

조선은 이미 일본의 동향에 촉각을 곤두세우고 있었고 나름대로 전쟁 준비를 하고 있었다. 류성룡은 일개 현감에 지나지 않는 이순신을 발탁하여 전라좌수사에 임명하고 권율을 발탁하여 도원수에 임명했다. 이들은 임진왜란 초기에 맹렬히 활동하여 일본을 격파함으로써 조선이 일본 수중에 넘어가는 것을 막았다.

　김성일은 학문이 도도한 인물이었으나 역사적으로 매우 불행한 사람이었다. 그는 일본이 침략하지 않을 것이라고 어전에서 보고한 일 때문에 임진왜란이 발발하자 선조에게 소환되어 죽음에 처할 운명에 놓였으나 류성룡의 구원으로 경상도 군사가 되어 혼신의 힘을 다해 왜적을 맞아 싸우다가 병에 걸려 순국했다.

　김성일은 류성룡에게 구원받지 않았으면 임진왜란이 발발하자마자 사약을 받았을 것이다. 그러나 류성룡에게 구원되어 경상도 지방에서 군사를 모아 일본과 대적하려다 불의의 병으로 죽었기 때문에 죄인이 되지는 않았다.

　사실 난리가 일어났다는 파발이 도성으로 날아오면 사대부들이 먼저 도망가고 다음에 백성이 줄줄이 도망치기 때문에 도성이 텅텅 비어 전쟁에 대비할 수 없었다. 김성일은 좋은 뜻으로 왜적이 침입하지 않을 것이라고 말했으나 진실이 아니었기 때문에 오랫동안 역사의 죄인이 되어야 했다.

5. 어리석은 자는 식언으로 목숨을 잃는다

　영웅호걸이 많이 등장하는 《삼국지》는 우리나라 사람들이 좋아하는 중국 고전의 하나다. 이 《삼국지》에도 말 때문에 생사를 넘나드는 사람들이 적지 않은데 말에 신용이 없으면 특히 군사를 거느릴 수

촉한(蜀漢)의 군사(軍師) 제갈량(諸葛亮). 와룡선생(臥龍先生)이라 불렸던 제갈량을 얻기 위해 유비는 삼고초려(三顧草廬)한 것으로 유명하다. 뛰어난 전략과 지략으로 유비를 촉한의 황제에 오르게 한 인물이다.

없다. 중국의 유명한 병법가들은 항상 군령을 삼엄하게 세웠는데 군령이 얼마나 잘 지켜지느냐에 따라 전쟁의 승패가 달라졌다.

삼국시대 유비가 삼고초려를 하여 군사軍師로 모셔온 제갈량(諸葛亮, 제갈공명)은 천하를 삼분하는 데 성공하여 유비를 황제로 받들고 조조·손권과 치열하게 패권을 다투었다. 제갈공명은 대군을 이끌고 성도를 출발하여 신출귀몰하는 전략으로 한중을 휩쓸고 기산으로 진격하여 위나라 군사를 대파했다.

"유비의 제갈량이 우리 군사를 대파했으니 그대가 가서 적을 격파하라!"

위나라 황제 조조는 탁월한 병략가인 명장 사마의司馬懿에게 20만 군사를 주어 제갈공명을 막게 했다. 사마의는 제갈공명과 부딪칠 때마다 연전연패했으나 기산의 산기슭에 부채꼴 모양 진을 치고 제갈공명의 촉나라 군사와 대치했다.

'사마의가 대군을 이끌고 왔으니 그자만 격파하면 우리 촉군은 중원으로 진출할 수 있다.'

제갈공명은 장수들을 모아놓고 전략회의를 열었다. 사마의를 격파하는 것은 문제가 아니었으나 촉나라 군량을 저장하고 있는 가정을 방어하는 것이 가장 큰 근심거리였다. 가정이 기산에서 멀리 떨어져 있었기 때문에 제갈공명이 가정까지 방어하면서 사마의와 싸울 수는 없었다.

"제군들, 사마의를 격파하는 것은 어려운 일이 아니나 한 가지 걱정되는 점이 있소. 사마의를 격파하려면 우리 군량을 저장하고 수송하는 가정을 철저하게 방어하지 않을 수 없소. 가정을 빼앗기면 우리의 많은 군사가 굶주리게 되어 중원으로 진출할 수 없소."

제갈공명이 한가롭게 부채를 부치면서 제장들을 돌아보았다.

"소장이 가서 가정을 지키겠습니다."

장수들 몇이 자원하고 나왔다. 자원한 장수들을 살핀 제갈공명은 썩 마음에 들지 않아 선뜻 허락하지 않았다.

"군사, 소장이 가정을 지키겠습니다."

그때 마속馬謖이 우렁찬 목소리로 외치고 앞으로 나섰다. 마속은 제갈공명이 마음을 수고받는 병상 마량馬良의 동생으로, 무예도 출중하고 병략도 있는 젊은 장수였다. 제갈공명은 마속이 뛰어난 장수임에는 틀림없었으나 연소했기 때문에 망설였다. 백전노장인 사마의와 대적하기에는 공명심이 커보였다.

"그대는 아직 어리다."

"군사는 어찌 소장을 어리다고 하십니까?"

"가정은 워낙 중요하여 함부로 맡길 수 없다."

제갈공명은 속으로는 마속을 보내도 병략이나 무예에서 하자가 없었으나 공명심이 승한 것을 알고 그를 억누르기 위해 허락하지 않았다.

"소장은 다년간 전쟁터를 돌아다니면서 병략을 익혔는데 어찌 가정 하나 지켜내지 못하겠습니까? 만약 위나라군에 패하면 참형을 당해도 결코 원망하지 않겠습니다."

마속이 눈을 부릅뜨고 소리를 질렀다.

"군령에는 용서가 없다. 위나라군에 패하면 참수해도 원망하지 않겠는가?"

"남자가 어찌 한 입으로 두말을 하겠습니까? 군령을 어기면 참수를 당해도 추호도 원망하지 않겠습니다."

"그렇다면 군령을 받으라."

제갈공명은 비로소 정색을 하고 군령을 내렸다.

제갈공명에게서 군령을 받은 마속은 군사들을 이끌고 가정으로 달려가 지형을 살폈다. 제갈공명은 마속에게 산기슭에 있는 군량수송로를 사수하라고 했으나 마속은 공명심 때문에 제갈량의 군령을 따르지 않고 산 위에 진을 친 뒤 위나라 군사를 유인하여 섬멸할 계획을 세웠다.

"하하하! 마속이 산 위에 진을 쳤으니 그를 잡는 것은 시간문제다. 가정의 산은 산세가 험해서 위에는 물이 없다. 장합張郃은 군사를 이끌고 가서 마속을 포위한 뒤 기다렸다가 섬멸하라."

사마의가 위나라 맹장 장합에게 영을 내렸다. 장합은 대군을 이끌고 가정으로 달려가 마속이 진을 친 가정의 산을 포위하고 식수로를 차단했다. 마속은 식수가 끊기자 당황하여 위나라군을 유인하려는 작전을 포기하고 전 병력으로 포위망을 돌파하려고 산을 달려 내려왔다. 그러나 장합의 매복에 걸려들어 대패하고 자신과 몇몇 군사만 간신히 살아서 제갈공명에게 돌아오고 말았다.

'마속이 기어이 군령을 어겨 중원 진공을 막는구나.'

제갈공명은 군량수송로를 확보하지 못하게 되자 군사를 철수시키고 마속을 참형에 처할 준비를 했다. 그러자 많은 사람이 패전은 병가지상사니 그를 살려줄 것을 청했다. 촉나라 도읍인 성도에 있던 장완蔣琬도 마속은 유능한 장수니 살려달라고 청했다.

"나도 마속이 유능한 장수라는 것은 잘 알고 있소. 그러나 그의 입으로 스스로 한 말에 신용이 없다면 어떻게 군령이 바로 서겠소? 내 말에도 신의가 없어지기 때문에 군사를 이끌 수 없소."

제갈공명은 울면서 마속을 참형에 처했다. 이를 읍참마속泣斬馬謖이라고 한다. 이때는 《삼국지》의 주인공들인 관우, 장비, 유비가 모두 죽은 뒤로, 제갈공명이 출사표를 올리고 위나라를 공격했으나 마속 때문에 패하고 만 것이다.

6. 더러운 말과 착한 말

말[言]에는 착한 말과 더러운 말이 있다. 착한 말에는 바른 말과 좋은 말이 있고, 더러운 말에는 유혹하는 말과 욕하는 말이 있다. 유혹하는 말은 달콤하고 욕하는 말은 귀에 거슬린다.

동양의 이상향은 요순시대다. 요임금과 순임금이 정치를 잘했기 때문에 수천 년이 지나도록 그들을 성군으로 받들었고 모든 제왕과 신하가 요순시대의 태평성대를 꿈꾸었다. 임금이 어질고 현명하니 백성 또한 정직하고 욕심을 부리지 않았다.

요임금은 천자의 지위에 있으면서도 쓰러져가는 움막에서 살았다. 음식은 백성과 같이 거친 쌀과 푸성귀만 먹고, 여름에는 누더기 같은 옷을 걸치고, 겨울에는 녹피鹿皮 한 장을 입고 지냈다. 의복이 해어져 너덜너덜해질 때까지는 결코 새 옷으로 갈아입지 않았다.

백성은 요임금 대하기를 하늘의 일월처럼 하고, 그를 우러러보기를 파종한 씨앗이 단비를 기다리는 것처럼 했다. 요는 부유해도 교만하지 않았으며 고귀해도 천한 사람을 업신여기지 않았다. 백성 중 한 사람이라도 굶주리면 자신도 굶었고 죄를 범한 백성이 있으면 자기 탓이라며 괴로워하였다.

요임금이 이처럼 검소하고 근면하여 나라를 덕으로 다스리자 중국은 태평성대가 계속되었다. 백성은 격양가擊壤歌를 부르며 즐거워했다. 강구연월康衢煙月로 곳곳에서 요임금의 덕을 칭송하고 태평성대를 노래하는 소리가 그치지 않았다.

해 뜨면 들에 나가 일하고
해 지면 집에 돌아와 쉰다.
우물을 파서 물을 마시고
밭을 갈아 곡식을 먹으니
내가 살아가는 데 임금의 힘이
무슨 필요가 있으리.

격양가는 세상이 태평하여 임금이 있으나마나라는 것이니 요임금 시대가 얼마나 평화롭고 백성이 풍요로운 삶을 살았는지 짐작할 수 있다.

우리 모두 먹을 것이 가득하여
배를 두드리며 잘살고 있네.

요임금의 덕치德治는 함포고복含哺鼓腹이라는 고사성어까지 유래시켰다. 함포고복은 먹을 것이 가득하여 배를 두드리며 산다는 뜻이다.

태평성대를 상징하는 중국 고대의 성왕(聖王) 요(堯)임금과 순(舜)임금. 요임금은 왕위를 친족에게 물려주는 세습을 따르지 않고 덕망 있는 순에게 물려주어 '선양(禪讓)'을 실천했다.

요임금은 치자는 반드시 덕이 있어야 백성이 태평하게 살 수 있다고 굳게 믿은 성군이었다. 그는 중국을 다스리는 천자 자리를 아들에게 물려주지 않고 덕과 능력이 있는 사람에게 물려주기 위해 중국 전역에서 현자를 찾으라고 지시했다. 중신들이 어진 사람을 두루 찾아다니다가 시골에 숨어사는 선비 허유許由를 요임금에게 추천했다. 이에 요임금이 그에게 천자 자리를 물려주려고 했다. 그 소문을 들은 허유는 펄쩍 뛰더니 영수 뒤의 기산에 숨어버렸다. 그 후 허유는 요임금이 구주(九州, 전국)의 장長에 임명하려 한다는 말을 듣자마자 영수에 내려가서 귀를 씻었다. 그때 소부巢父가 소를 몰고 오다가 허유가 귀를 씻는 것을 발견했다.

"자네는 무엇을 하고 있는가?"

소부가 허유에게 물었다.

"더러운 말을 들었기에 귀를 씻고 있네."

허유가 대답했다.

"더러운 말이 무엇인가?"

"임금께서 전에는 나에게 천하를 넘겨준다고 하더니 이번에는 구주의 장으로 삼는다고 하셨네."

허유의 말을 들은 소부는 소에게 물을 먹이려다 말고 상류로 거슬러 올라갔다. 허유가 어리둥절하여 소부에게 물었다.

"자네는 어디로 가는가? 소에게 물을 먹이러 온 것 같은데 여기면 족하지 않은가?"

"더러워진 자네의 귀를 씻은 물을 내 소에게 먹일 수 없지 않은가? 그래서 상류로 올라가 깨끗한 물을 먹이려고 하네."

소부는 소를 몰고 상류로 올라갔다. 허유와 소부가 얼마나 권력에 욕심이 없고 깨끗한 인물인지 말해주는 일화다.

후계자를 찾는 요임금 귀에 순이라는 사람이 효에 바르고 지극히 어질다는 소문이 들려왔다. 순은 오제의 하나인 전욱의 6세 손으로 아버지는 고수瞽叟라는 인물이었다. 고수는 어리석고 흉악한 자였다. 고수의 고瞽는 눈이 보이지 않는 자를 일컫는 말이고 수叟는 장자를 일컫는 말이기도 하지만 역시 눈이 없는 자를 뜻하는 말이다. 그러므로 고수는 선악을 구별하지 못하였기 때문에 붙여진 이름이었다.

고수는 순의 생모가 죽자 후처를 얻어 상象이 태어났다. 고수와 계모는 상만 귀여워하고 온화한 순을 미워하여 기회만 있으면 죽이려고 했다. 이복동생인 상도 오만하고 탐욕스러웠다. 그러나 순은 부모에게 순종하여 오로지 자식의 도리를 묵묵히 다할 뿐이었다. 순이 지극한 효성으로 고수와 계모를 받들고 아우인 상을 사랑했기 때문에 그들은 순을 죽이고 싶어도 좀처럼 기회가 오지 않았다.

기주에서 태어난 순은 역산에서는 농사를 짓고, 뇌택에서는 물고기를 잡았으며, 하빈에서는 질그릇을 굽고, 부하에서는 장사를 하여 크게 이익을 얻었다. 역산에서 농사를 지을 때는 사람들이 좋은 땅을 서로 양보하였고 뇌택에서 물고기를 잡을 때는 좋은 자리를 알려주었다. 질그릇을 구우면 깨지거나 못 쓰게 되는 것이 하나도 없었다.

요임금이 순을 불러놓고 이야기를 나누어보니 과연 효와 덕이 출중하여 성인이라고 할 만했다. 요임금은 순을 시험하기 위해 두 딸인 아황娥皇과 여영女英을 시집보낸 뒤 집안에서의 행실을 관찰했다. 순은 두 아내를 잘 거느리고 화목하게 살아 주위의 칭송을 한 몸에 받았다. 그가 머무는 마을은 1년이 지나면 촌락을 이루고, 2년이 지나면 읍을 이루고, 3년이 지나면 도회都會가 되었다. 백성이 효와 덕이 출중한 순을 본받기 위해 구름같이 몰려든 까닭이었다. 천자의 딸들인 아황과 여영도 부도婦道를 다해 순을 받드니 집안이 언제나 화목했다.

요임금은 순에게 오전五典을 가르치는 벼슬을 주고 백관을 통솔하는 자리에 임명했다. 순은 그 일을 모두 훌륭하게 해냈다.

상과 순의 계모는 어떻게 하든 순을 죽이려고 했다. 순의 신망이 높아지면 높아질수록 그들은 질투와 시기로 몸이 달았다. 상은 아버지 고수를 꾀어 순에게 곳간 지붕에 올라가 비가 새는 곳을 수리하도록 했다. 순이 아내들인 아황과 여영에게 말했다.

"아버지가 나에게 지붕을 수리하라고 하시는구려."

"이것은 당신을 죽이려는 거예요. 당신을 불태워 죽이려는 것이니 삿갓을 준비해 가지고 올라가세요."

두 아내가 말했다.

순은 고수가 재촉을 하자 연장을 들고 지붕으로 올라가 지붕을 수리하기 시작했다. 상은 기회를 엿보고 있다가 재빨리 사다리를 치우고 불을 질렀다. 불길이 순식간에 지붕으로 솟아올라 화염이 충천했다. 순은 미리 준비한 삿갓 두 개를 펴들고 새가 날듯 가볍게 날아서 지붕에서 내려왔다.

'어째서 저 보기 싫은 순이 불에 타죽지 않고 살아서 내려온다는 말인가?'

상은 순이 조화를 부려 지붕에서 내려오자 얼굴에 핏기가 가셨다. 그는 다시 꾀를 내어 상에게 우물을 파게 만들었다. 순은 이 일을 다시 두 아내에게 말했다.

"아버지가 나에게 우물을 파라고 하는구려."

"이것은 당신을 죽이려는 음모예요. 당신을 생매장하려는 것이니 옆에 통로를 하나 더 파세요."

이번에도 두 아내가 말했다.

순은 상이 흉계를 꾸미고 있다는 것을 알고 우물을 파면서 몰래 옆으로 통로를 팠다. 상은 순이 우물을 깊이 파내려가자 기다렸다는 듯이 흙으로 우물을 메우기 시작했다.

"흐흐……. 이번에야말로 너는 우물 속에서 생매장되어 죽을 것이다."

상은 열 길이 넘는 우물에 낄낄대며 흙을 쏟아부었다. 그러나 순은 미리 파두었던 통로로 무사히 빠져나왔다.

"이제 보기 싫은 순은 틀림없이 죽었겠지. 아리따운 두 형수는 내 잠자리 시중을 들어야 하리라."

상은 그것도 모르고 의기양양하여 집으로 돌아왔으나 순은 집에 앉아서 생황을 타고 있었다. 순의 아리따운 두 부인, 아황과 여영이 순이 연주하는 생황 가락에 맞춰 노래를 부르고 춤을 추니 마치 신선이 노니는 것 같았다.

"형님을 걱정하느라고 몹시 속을 태웠습니다."

상은 한편으로 몹시 놀라고 한편으로 부끄러워 얼굴을 들지 못했다.

순은 계모와 이복동생인 상이 언제나 해칠 음모만 꾸몄는데도 착한 말만 하고 계모를 봉양하며 상을 우애 있게 대해주었다. 결국 그의 어진 행실이 요임금까지 감동시켜 중국의 천자가 된 것이다.

에필로그

신용이란 무엇인가

신용은 덕이다

　신용을 이야기할 때 우리는 흔히 계약이나 약속을 먼저 떠올리게 된다. 그러나 신용의 진정한 의미를 찾다보면 신용은 예의와 덕이라는 사실로 귀결된다. 동양의 이상향이라고 평가되는 요순시대에는 법이나 약속이 없어도 천하가 태평하고 안정되어 있었다.

　임금들이 검소하여 움막과 같은 집에서 살고 겨울에는 녹피 한 장을 두르고 살면서 굶주리는 백성이 있으면 자기 탓이라고 자책하던 시대였으니 관리들도 법령을 잘 지키고 백성을 위해 봉직했다. 이러한 시대에 신용을 지키지 않는다는 것은 있을 수 없는 일이었다.

　순임금의 두 부인 아황과 여영은 현숙하기로 유명한 왕비들이다. 그녀들도 남편을 받들어 집안을 화목하게 하고 가정을 잘 이끌었다. 순임금은 몇 년에 한 번씩 굶주리는 백성이 없는지, 병들어 고통받는 백성이 없는지 살피기 위해 중국 전역을 순시했다.

이때 천자인 순임금이 머무르는 곳을 하늘의 빛이 있는 곳이라고 하여 명당明堂이라고 불렀다. 밝을 명明자는 해[日]와 달[月]이 합쳐져 만들어진 글자요, 해와 달은 하늘[天]이다. 풍수에서 말하는 명당도 실은 천자가 계신 곳이라는 뜻의 명당에서 유래했다.

천자가 하룻밤을 쉬면 인근의 많은 제후가 찾아와서 조회에 참석하고 제후국 사이의 분쟁을 해결해줄 것을 천자에게 청한다. 천자는 제후들이 백성을 잘 다스리는지 살피고 제후들의 분쟁을 조정해준다.

순임금은 중국의 남방 지역을 순시하다가 창오 지방에서 갑자기 병사했다. 멀리서 순임금을 따르던 순임금의 어질고 정숙한 부인 아황과 여영은 그 이야기를 듣고 슬픔에 잠겨 울다가 소상강에 몸을 던져 자살했다. 훗날 소상강 주위에서 자라는 대나무 잎사귀에 얼룩 반점이 돋아났는데 사람들은 이를 순임금의 죽음을 슬퍼하는 아황과 여영의 눈물이라고 했다.

요순시대에 현숙한 여인들이었던 그녀들을 기리는 시와 그림들이 지금도 많이 남아 있다. 대개 상강이비湘江二妃라는 제목의 시와 그림인데 애달픈 이야기와 함께 중국인의 가슴속에 남아 있다.

요순의 뒤를 이어 등극한 임금은 우禹임금이다. 우임금은 등극하기 전에 황허의 홍수를 다스리기 위해 치수를 맡았다. 그는 9년 동안 황허를 오르내리면서 홍수를 다스리기 위해 혼신의 노력을 기울였다. 눈이 오나 비가 오나 둑을 쌓고 물길을 뚫느라 수천리 길을 수십 번

왕래한 그는 걸음조차 제대로 떼어놓지 못할 정도로 비틀대면서 걸어 훗날 이런 걸음을 우보禹步라고 하게 되었다.

오늘날 과연 이런 지도자가 있는가.

청나라를 가장 융성하게 했던 강희대제와 옹정제는 황제인데도 일을 했다. 강희대제는 부정부패를 척결하기 위해 혼신의 노력을 기울였고 옹정제는 각 지방에서 올라오는 보고서를 검토하고 지시하느라고 밤을 새우기 일쑤였다. 중국 역사상 또는 세계 역사상 옹정제처럼 관리들이 올린 보고서를 밤을 새워 읽고 일일이 붉은색으로 밑줄 치면서 국가와 백성을 위해서 일한 황제는 없을 것이다.

우임금은 홍수 때면 집을 지나면서도 들르지 않고 빗속으로 달려가 홍수에 무너지는 둑을 막기 위해 혼신의 힘을 다했다. 하루는 장마철이라 비가 억수같이 쏟아져 황허의 제방이 무너질 위기에 처했다. 우임금은 무너지려는 둑을 막기 위해 집 곁을 지나면서도 들르지 않고 둑으로 달려가고 있었다. 그때 우임금 부인이 집에서 달려나오려고 했다. 그러자 우임금의 말소리가 들려왔다.

"어떤 일이 있어도 나를 돌아보려고 하지 말라."

그러나 너무나 오랫동안 헤어져 있던 우임금 부인은 경고를 무시하고 돌아보고 말았다. 그러자 집채처럼 커다란 곰 한 마리가 빗줄기 속에서 바윗돌을 들어 범람하는 황허의 둑을 막고 있었다. 그 순간 천둥번개가 치면서 우임금 부인은 돌로 변하고 말았다. 부인이 돌로 변하는 것을 본 우임금은 비통한 눈물을 흘리면서 소리를 질렀다.

"부인이여, 내 아이만이라도 돌려주오."

그러자 돌이 깨어지면서 우임금의 아들인 계啓가 태어났다. 물론 신화에 있는 이야기다. 삼황오제 이야기는 중국 신화라고 하지만 가장 훌륭한 군주의 예로 거론된다. 백성은 이들이 나라를 다스리는 동안 전란이나 도탄에 시달리지 않았다. 요·순·우 임금이 중국을 다스리면서 백성은 군주를 전폭적으로 신뢰했다. 임금이 정책을 펴면 백성은 불평 없이 따랐다. 그러므로 군주의 덕이야말로 천하를 안정시키는 신용이라고 할 수 있다.

신용은 법이다

신용사회가 붕괴되면서 우리 사회에 많은 문제점이 속속 드러나고 있다. 가장 큰 문제는 당장 우리 눈앞에 떨어져 있는, 신용카드와 대출로 인한 신용불량자가 400만 명을 육박했다는 사실이고 이에 따른 각종 범죄의 증가와 청년들의 경제활동 위축을 들 수 있다. 그러나 이는 지엽적인 문제에 지나지 않는다.

신용문제는 우리 사회의 도덕성 결여와 밀접하게 관련되어 있으며 도덕성 결여는 정치, 경제, 사회, 문화 전반에 걸쳐 국제적으로 우리의 신인도를 떨어뜨리면서 국가 장래와 개인의 발전에 큰 장애 요소가 되고 있다. 우리 사회의 화두인 개혁의 전제 조건 역시 신용의 회복에서 비롯되어야 한다.

외국 자본의 투자 요건 중 신인도라는 것이 있다. 신인도에는 여러 가지가 포함되지만 가장 중요한 것이 믿음이다. 투자를 해도 사업이 성공할 수 있다는 믿음이 첫 번째 척도가 된다. 금융, 정부의 정책, 노사문제 등 포괄적인 믿음을 주어야 외국 자본이 우리나라에 투자하게 된다.

신용은 정치적으로도 중요하다. 국가 정책이 아무리 훌륭하다 하더라도 국민의 신뢰를 받으면 효과적으로 실시되고 신뢰를 받지 못하면 효과를 얻지 못한다. 그러므로 법이 공정하게 집행되어야 한다. 춘추전국시대 진秦나라가 천하를 통일한 것은 국가 정책이 국민에게 신뢰를 주었기 때문이다.

형명학形名學으로 유명한 상군商君은 위나라에서 진나라로 건너가 진효공에게 발탁되어 변법을 실시하려고 했다. 변법은 새로운 법으로, 요즘으로 말하면 파격적인 개혁법이다. 이에 대해서 많은 대신이 반대했고 백성도 믿으려고 하지 않았다. 군주나 나라의 정책은 항상 조령모개식이었고 백성을 위하여 개혁하는 것이 아니라 군주가 백성을 효과적으로 다스리기 위해 멋대로 실시하는 조치에 지나지 않는다고 생각했기 때문이다. 상군은 변법을 공포하기 전에 백성의 믿음을 얻는 일이 중요하다고 생각했다. 아무리 좋은 개혁이나 법률도 백성이 따르지 않으면 소용없다.

"누구든지 이 나무를 남문에서 북문으로 옮기는 자에게는 황금 10일鎰을 주겠다."

상군은 변법을 선포하기 전에 백성이 믿지 않을 것을 우려하여 성문에 방문을 써 붙이고 커다란 나무토막 하나를 남문 앞에 눕혀놓았다. 그러나 진나라 백성은 나라에서 또다시 백성에게 거짓말을 한다고 생각하여 아무도 따르지 않았다. 며칠이 지나도 백성이 나무를 옮기려고 하지 않자 상군은 다시 포고령을 내걸었다.

"나무를 옮기는 자에게 황금 50일을 주겠다."

상군의 포고령을 본 젊은 장정 하나가 헛일하는 셈치고 나무를 남문에서 북문으로 옮겼다. 그러자 상군은 두말하지 않고 황금 50일을 지급했다. 진나라 백성은 비로소 나라에서 백성에게 거짓말을 하지 않는다는 사실을 알게 되었다.

상군은 백성이 나라 정책을 믿게 되자 변법을 공포했다. 그의 변법은 너무나 엄격하여 기득권층의 반발을 불러왔다. 상군은 설사 태자가 법을 위반해도 처벌했고 왕족과 고위 관리를 가리지 않고 법을 위반하는 자는 가차 없이 처벌했다.

진나라는 상군의 변법에 따른 법치주의가 완벽하게 실시되어 가장 강대한 국가가 되었다. 상군은 훗날 진나라 왕에게 버림을 받았을 때 여행증명서가 없어서 여관에 숙박을 할 수 없었다. 상군은 자신이 만든 법에 따라 추방당했으니 진나라 법은 그처럼 완벽하고 공정하게 실시된 것이다.

신용은 약속이다

법에 믿음, 신용이 없으면 국가와 사회가 붕괴된다. 동서고금을 막론하고 어떤 나라든 위기에 빠지게 되는 것은 법이 공정하게 지켜지지 않았기 때문이다. 유전무죄, 무전유죄라는 말이 횡행하는 우리나라는 법이 공정하게 시행되지 않아 결과적으로 신용사회가 붕괴되어 신용불량자를 양산하게 되었다.

이것을 단순하게 경제의 논리라고만 볼 수 없다. 수단과 방법을 가리지 않고 부를 축적하고 자기 이익을 위해 신용불량자를 양산한 우리 사회는 도덕불감증 사회다. 이는 신용불량자들 잘못도 있지만 법이나 규칙이 지켜지지 않는 우리 사회의 비극이다.

법은 사회의 규범이고 약속이다. 그러나 많은 사람은 규범과 약속을 파괴하고 자신의 이익을 추구하여 신용불량사회를 만들어가고 있다. 우리나라는 대부분 금융권이 담보 없는 대출을 해주지 않는다. 금융권에서 자금을 빌리려는 사람들을 금융권이 믿지 못하기 때문이다.

금융권 역시 신용을 잃고 있다. 우리나라 금융권은 대부분 정치권력자들의 지시를 받고 기업에 막대한 대출을 해주었고, 대기업 위주로 대출하고 있다. 그러나 신용은 약속이다. 담보보다 신용으로 대출이 이루어져야 하는데 우리 현실은 그렇지 못하다.

중국의 고전 《세설신어》에는 진원방이라는 일곱 살짜리 소년이 등장한다. 원방의 아버지 진태구는 친구와 이튿날 정오에 만나 같이 출타하기로 원방이 보는 앞에서 약속을 했다. 그런데 이튿날 정오가 지나도 약속한 친구는 오지 않았다. 진태구는 친구가 약속을 지키지 않자 기다리다가 혼자서 가버렸다. 진태구의 아들 원방은 외출하는 부친을 배웅한 뒤 집 앞에서 놀았다. 원방의 부친이 출타한 지 얼마 되지 않아서 약속한 친구가 수레를 타고 와서 원방을 불렀다.

"네 부친은 어디에 계시느냐?"

원방은 아버지 친구에게 공손히 인사했다.

"손님을 오랫동안 기다리다가 출타하셨습니다."

원방이 또렷한 목소리로 대답했다.

"이는 사람도 아니다. 나하고 약속해놓고 혼자 가버리니 신의라고는 없구나!"

손님이 벌컥 화를 내면서 진태구에게 욕설을 퍼부었다.

"그렇지가 않습니다. 손님이 제 부친과 정오에 만나기로 약속하고 정오가 지나도록 오지 않은 것은 손님께서 신의가 없는 것입니다. 또한 자식 앞에서 부친을 욕하는 것은 예의가 아닙니다."

원방이 당차게 말하자 손님은 비로소 얼굴이 붉어졌다. 그는 수레에서 내려 원방을 불렀지만 원방은 대문 안으로 들어가 쾅 하고 문을 닫아버렸다. 손님은 일곱 살짜리 소년에게 톡톡히 망신을 당하고 말았다. 상대방이 약속을 지키게 하려면 내가 먼저 약속을 지켜야 한다. 진태구의 손님은 자신이 약속을 지키지 않고 오히려 진태구를 비난하다가 어린 소년인 진원방에게 망신을 당했다.

신용은 사람이다

때때로 사람들은 계약을 철저하게 지키고, 약속을 잘 지키고, 이자 등을 기한을 넘기지 않고 납부하는 것만을 신용으로 생각한다. 그러나 신용에는 우리가 살아가는 모든 분야에 걸쳐서 반드시 지켜야 하는 법률, 약속, 계약, 기한, 규범, 신뢰, 사회적인 도덕과 윤리까지 포함된다. 그런데 이 신용 중에서 가장 중요한 것이 사람이다.

사람이 시간을 약속하고, 금전 거래를 약속하고, 계약을 하고, 천하의 정세를 좌우하기로 약속한다. 국가 간의 동맹까지 신용이 전제된다.

춘추전국시대에 세객으로 가장 유명했던 소진과 장의는 합종연횡合從連衡의 고사성어를 남기면서 중국 천하의 운명을 좌우했다. 그러나 그들의 말로가 비참했던 것은 반복무상했기 때문이다. 반복무상反覆無常은 약속을 밥 먹듯이 지키지 않는다는 뜻이다.

'사람이 신용이다' 라고 말하는 것은 신뢰를 의미한다. 신뢰할 수 있는 사람이냐, 아니냐도 넓은 의미로 신용할 수 있느냐 없느냐는 뜻이다.

미국의 16대 대통령 에이브러햄 링컨Abraham Lincoln은 남자가 40세가 되면 자기 얼굴에 책임을 져야 한다고 설파했다. 링컨은 미국의 16대 대통령에 출마할 무렵 수염을 기르지 않고 있었다. 그는 대통령 선거가 실시되자 전국을 돌아다니며 선거유세를 했다. 어느 날 초등학교 여자어린이에게서 편지가 한 통 날아왔다.

"친애하는 링컨 씨, 우리 마을 어른들이 하시는 말씀을 들었는데 링컨 씨가 수염을 기른다면 더욱 중후해 보일 것이고 국민의 신뢰를 얻을 것이라고 합니다. 링컨 씨를 만난 일은 없지만 신문에 나온 얼굴이 국가를 통솔하기에는 너무 젊어 보여서 신뢰가 가지 않는답니다. 링컨 씨, 우리 마을 어른들 말씀대로 수염을 기르는 것이 어떻겠어요?"

링컨은 여론조사에서 상대편 후보에게 뒤지고 있었다. 미국 유권자들은 링컨을 미국의 대통령으로 선택하는 것에 불안감을 느끼고 있었다. 링컨도 국민이 자신을 선택하는 것을 불안해한다는 사실을 잘 알고 있었다. 링컨은 초등학교 꼬마의 편지에 감명을 받아 수염을 길렀고 대통령에 당선되었다. 물론 미국 국민의 링컨에 대한 신뢰는 이미지에 지나지 않는다. 그러나 그는 자기 이미지를 신뢰할 수 있게 바꾸어 성공했다.

사람이 신뢰를 얻으려면 이미지도 중요하지만 능력이 중요한 평가 기준이 된다. 대통령이 국무총리나 각료들을 임명할 때 이러한 능력을 검토하고 기업가들이 직원들을 승진시킬 때도 능력을 중시한다.

"그 사람은 믿을 수 없어."

조직에서는 때때로 사람들을 평가한다. 여기서 믿을 수 없다는 말은 단순한 계약이나 약속의 의미가 아니라 행적과 능력을 의미한다. 일을 추진하고 집행하는 능력을 지니고 사람들에게 신뢰를 얻지 못하면 출세하거나 성공할 수 없다.

다다익선多多益善이라는 말이 있다. 많으면 많을수록 좋다는 말이다. 한고조 유방이 어느 날 당대의 명장 한신을 불러 주연을 베풀었다. 한신은 천하를 통일한 뒤 초왕에 책봉되었으나 반란을 일으킬까 봐 두려워한 유방에 의해 한나라 도읍 장안에 억류되어 있었다.

"짐이 몇 만의 군사를 통솔할 수 있는 장수라고 생각하는가?"

유방이 술을 마시다가 한신에게 물었다.

"황공하오나 폐하께서는 10만 정도 군사를 거느릴 수 있는 재목이옵니다."

"그렇다면 그대는 얼마나 거느릴 수 있는가?"

"신은 다다익선이옵니다. 많으면 많을수록 좋습니다."

"다다익선이라면 그대는 어찌하여 10만 군사밖에 거느리지 못하는 짐의 신하가 되었는가?"

"폐하! 폐하께서는 군사를 거느리는 데는 능하지 못하오나 장수를 거느리는 데는 능하시옵니다. 이것이 신이 폐하에게 억류된 까닭입니다. 폐하는 유능한 사람을 알아보는 능력을 가지고 계시옵니다. 폐하의 능력은 하늘이 주신 것으로 사람의 힘에 따른 것이 아닙니다."

한신의 말에 유방은 유쾌하게 웃음을 터뜨렸다. 확실히 한신은 군사를 부리는 데는 뛰어난 장수였으나 천하를 경영하는 데는 유방에게 미치지 못하였다. 한신은 스스로 천하를 경영할 만한 인재가 아니라는 사실을 알고 있었다. 유방은 한신이 군사를 부리는 일에 능한 인물이라는 것을 알았고 그를 발탁하여 항우와의 싸움에서 이긴 것이다.

신용은 규범이다

신용은 그 사회의 틀이라고 할 수 있다. 사회가 정한 일정한 틀에서 벗어나지 않는 것이다. 우리가 운전할 때 횡단보도 정지선을 지켜야 하고 차선을 지켜야 하듯이 사회가 정한 규칙을 지키는 것이 규범이다. 차선을 지키지 않고 함부로 난폭운전을 하게 되면 사고를 유발하게 된다.

회사에 출근하는 샐러리맨이 정장에 넥타이를 매는 것은 법률에 정해져 있지 않더라도 지켜야 하는 하나의 룰이다. 효도를 하라는 것이 법률에 정해져 있지 않더라도 이것을 지키지 않으면 사회로부터 지탄을 받고 신뢰를 잃는다. 부부가 서로 신뢰하고 사랑하라는 것은 법률에는 없다. 그러나 부부의 신뢰가 깨지면 가정이 무너지고 부부의 사랑도 식어서 이혼하게 된다.

춘추전국시대 노나라에 오기라는 인물이 살았다. 오기는 원래 위나라 사람이었으나 벼슬을 얻기 위해 천금을 가지고 돌아다니면서 관리들을 매수했지만 뜻대로 되지 않자 방탕하게 유랑하다가 고향으로 돌아왔다. 그러자 고향 사람들이 탕자가 돌아왔다고 오기를 비난했다. 오기는 홧김에 고향의 많은 사람을 죽이고 노나라로 달아나 증자 문하에서 이를 악물고 학문을 했다. 오기는 어머니가 돌아가셨다는 부고가 왔는데도 고향으로 돌아가 장례를 지내지 않고 오로지 학문만 하다가 증자에게 추방당했다.

"오기가 공부를 저토록 열심히 하는데 왜 그대 문하에서 추방하는가?"

증자를 잘 아는 사람이 물었다.

"학문하는 것은 나 자신을 위한 것이 아니라 부모와 나라를 위하고 장차 훌륭한 정치를 하여 백성을 잘 돌보기 위한 것이다. 그런데 자신의 출세에 집착하여 부모조차 돌보지 않는다면 무슨 소용이 있는가?"

증자는 부모에게 효도하지 않는 것이 사회 규범을 깨뜨리는 행위라고 본 것이다. 증자 문하에서 추방당한 오기는 이번에는 병서를 공부하여 뛰어난 병법가가 되었다. 그때 제나라에서 노나라를 침략할 움직임을 보이자 노나라는 널리 장수를 모집했다. 사람들이 오기가 병법에 뛰어나다고 노나라 임금에게 천거했다.

노나라 임금은 오기가 제나라 여자를 부인으로 데리고 있었기 때문에 혹시라도 제나라를 위하여 일할까봐 의심해 그를 발탁하지 않았다. 오기는 그 말을 전해 듣고 집에 돌아와 부인의 머리를 베어 노나라 임금에게 바쳤다.

노나라는 오기가 잔인한 인물이라고 고개를 절레절레 흔들었으나 장수에 임명하여 제나라와 싸우게 했다. 오기는 병법에 뛰어났기 때문에 부하들의 종기까지 빨아주면서 생사고락을 같이하여 제나라 군사를 대파했다.

노나라 임금은 오기를 서하 내수에 임명했으나 재상으로 삼지는 않았다. 오기의 잔인한 행적이 그를 재상에 임명할 만한 재목이 되지 못한다고 판단하게 했기 때문이다. 오기는 능력을 인정받았으나 성품에서는 신뢰받지 못했다. 사회 규범에 어긋난 행동을 하는 사람 역시 넓은 의미에서 신용을 잃었다고 할 수 있다.

상인에 대한 것은 사람에 대한 믿음이기 때문에 오랫동안 거래해왔다면 큰 문제가 없다. 상물 역시 제품에 대한 신뢰이기 때문에 믿을 만한 기업 제품이라면 큰 문제가 없을 것이고 상택은 단순하게 집으로 생각할 것이 아니라 기업을 생각하면 된다.

당신이 별처럼 빛날 수 있도록!

스타리치북스 출간도서

위대한 개츠비

20세기 영미 문학 최고의 걸작

1974년에 이어 2013년 또다시 영화화되어 화제를 불러일으켰던 《위대한 개츠비》는 미국인들이 가장 좋아하는 소설이다. 작품의 배경이 되는 시기는 제1차 세계대전 직후, 이른바 '재즈 시대'라고 불리는 1920년대다. 급격한 산업화와 전쟁의 승리로 물질적인 풍요로움을 얻었지만 전쟁의 참화를 직간접적으로 체험한 젊은이들의 다양한 모습과 현실을 잘 보여주고 있다. 소설 속 주인공 개츠비는 젊은 시절의 순수한 사랑을 이루기 위해 자신을 내던진다. 그의 머릿속에는 아메리칸 드림을 이루어 부의 유혹에 넘어간 사랑하는 여인 데이지를 되찾으려는 생각밖에 없다. 그러나 현실은 그의 꿈을 용납하지 않는데…

F. 스콧 피츠제럴드 지음 | 표상우 옮김 | 316쪽 | 양장본 | 값 12,000원

성과를 지배하는 바인더의 힘

열정만 있고 전략이 없으면 타 죽고 만다

프로가 되려면 성과가 있어야 하고, 성과를 내려면 프로세스를 바꾸거나 강화해야 한다. '시스템'과 '훈련'을 동시에 만족시켜주는 탁월한 자기관리 시스템 다이어리 3P 바인더의 비밀을 전격 공개한다. 바인더는 훌륭한 개인 시스템이며 동시에 조직 시스템이고, 모든 조직원이 바인더를 사용한다면 굉장한 정보와 노하우의 공유가 일어난다. 저자 강규형은 20여 년간 500여 권의 서브바인더를 만들면서 기록관리, 목표관리, 시간관리, 업무관리, 지식관리, 독서경영 등을 꾸준히 실천하여 성과를 지배한 스페셜리스트다. 이 책은 바인더와 책, 세미나를 통해 기적 같은 변화를 체험한 수많은 사람들의 사례와 이미지를 삽입하여 바인더를 활용하는 데 좀 더 이해하기 쉽도록 만들어졌다.

강규형 지음 | 342쪽 | 신국판 | 값 20,000원

잘못된 치아관리가 내 몸을 망친다

치아 건강은 하루아침에 이루어지는 것이 아니다

치아는 아침에 일어나는 순간부터 잠을 자는 순간까지 모든 음식을 맛보는 즐거움을 선사한다. 그만큼 치아 건강은 사람의 행복을 좌우하는 데 큰 영향을 미친다. 현직 치과의사가 말하는 일상생활에서 지켜야 할 치아 건강 관리법은 물론이고 치과 치료의 상세한 과정과 치과 진료에 대해 궁금했던 점까지 설명해주고 있는 이 책은 치아전문 일러스트레이터들이 직접 그린 일러스트를 통해 치료 과정을 쉽게 이해할 수 있도록 도움을 주고 있다. 또한 다양한 증상별로 어떻게 대처해야 하는지를 알려주기 때문에 이나 잇몸이 아플 때 늘 보는 가정상비용 책으로 비치해두면 유용한 책이다.

윤종일 지음 | 312쪽 | 4×6배판 | 값 20,000원

화웨이의 위대한 늑대문화

체계적으로 가장 신뢰할 수 있는 화웨이 이야기

68세의 상업사상가. 마흔을 넘긴 기업 전략가 10여 명, 2040세대 중심의 중간 관리자, 10여만 명에 달하는 2030세대 고급 엘리트와 지식인이 주축이 된 지식형 대군을 이끌고 전 세계 방방곡곡을 누빈다. 지난 20여 년 화웨이가 성공할 수 있었던 비결은 도대체 무엇인가? 어떻게 해서 성공을 계속해서 복제할 수 있는가? 화웨이의 다음 행보는 무엇일까? 전통적인 기업 관리 이론과 경험은 대부분 비(非)지식형 노동자에 의한 관리에서 비롯된다. 런정페이의 기업 관리 철학은 당대 관리학의 발전에 이바지했다. 즉 인터넷 문화 확산이라는 심각한 도전 앞에 지식형 노동자에 대한 관리 이론과 방법을 모색했다.

텐타오 · 우춘보 지음 | 이지은 옮김 | 4×6배판 | 436쪽 | 값 20,000원

스타리치북스 출간도서

당신이 별처럼 빛날 수 있도록!

니들이 결혼을 알아?

심리상담 전문가가 전하는 결혼에 대한 구도의 메시지

결혼은 액션이다! 아무런 행동도 하지 않고 막연히 앉아서 행복하길 기다리는 사람들의 결혼은 그 자체로 불행이다. 이 책은 결혼에 대해서 쉽게 접근할 수 있도록 스토리 형식으로 저자의 상담현장에서 생긴 사례를 토대로 기혼자들과 결혼 판타지에 빠진 청춘들에게 '꼭 해주고 싶은 말'을 담았다. 경고문 수준의 문구들이 대부분이지만 결혼식 준비는 철저하게 하면서, 결혼준비는 소홀히 하는 이들에게 결혼의 중요성을 일깨워준다. 늘 머리에 '살아? 말아?'를 되뇌며 살아가는 이들에게 '까짓 거 살아보지 뭐!'라며 툴툴 털고 일어서게 하는 힘이 되기를 바라고 있다.

이병준·박희진 지음 | 380쪽 | 신국판 | 값 18,000원

어둠의 딸, 태양 앞에 서다

초라한 들러리였던 삶을 행복한 주인공의 삶으로!

세계적인 베스트셀러《시크릿》의 주인공 밥 프로크터의 유일한 한국인 제자인 조성희 대표의 첫 번째 에세이 작품인 이 책은 스스로를 어둠의 딸이었다고 말할 정도로 어려운 환경에서 마인드 교육을 통해 변화된 자신의 이야기들이 담겨 있다. '어둠'을 '얻음'으로 역전시키는 그녀만의 마인드 파워는 걸림돌도 디딤돌로 녹여버리고, 고뇌에 찬 결단과 과감한 도전정신으로 만들어낸 선물이다. 꿈이 없어 짙은 어둠의 터널 속에서 절망을 먹고 사는 사람들뿐만 아니라 심장이 뛰는 새로운 돌파구를 찾으려는 모든 사람들에게 이 책은 중독될 수밖에 없는 필독서이다.

조성희 지음 | 404쪽 | 신국판 | 값 18,900원

송경학 세무사에게 길을 묻다

CEO 및 자산가에게 필요한 상속·증여·금융·기업 세무 지식

중소·중견기업 CEO 및 자산가, 그들은 '세금'만 생각하면 머리가 지끈거린다. CEO의 필수 덕목이라고 일컫는 재무구조 개선과 인력 관리, 기업 문화 창출, 재충전이라는 말들은 중소·중견기업을 경영하는 CEO에게는 딴 세상의 이야기이기 때문이다. 이 책은 CEO와 자산가들의 가장 큰 고민거리인 세금에 대한 이해를 높이고 절세에 대한 다양한 노하우를 알려주고 있다. 회사운영 및 자산 취득, 가업승계 등과 관련된 다양한 문제들과 이에 대한 해결책을 제시하여 기업 CEO 및 자산가들이 현재 자신의 상황에서 가장 적절한 자산관리 및 가업승계 방법을 찾아낼 수 있을 것이다.

송경학 지음 | 272쪽 | 신국판 | 값 20,000원

논어로 리드하라

세상을 움직이는 여성 리더들의 필독서

현대에는 강하고 수직적인 남성적 리더십에서 더 나아가 감성적이며 관계지향적인 여성성이 요구되고 있다. 진취적이고 협력적이며 따뜻함까지 두루 갖춘 여성 리더의 사회 진출이 많아지는 추세다. 이러한 변화를 입증이라도 하듯 한국에서 사상 최초로 여성 대통령이 탄생하였고, 국제적으로는 미국에서 국무부 장관으로 힐러리 클린턴이 있으며, 세계적으로 영향력 있는 여성 방송인으로는 오프라 윈프리를 꼽을 수 있다. 이 세 여성 지도자들의 공통점은 철학서적과 고전 등 많은 책을 통해 인생을 살아가는 데 있어 중요한 가치를 깨닫고, 더 나은 자신이 되기 위해 내면을 수양했다는 점이다. 이 책을 통해 더욱더 많은 여성이《논어》를 쉽게 접근하고 가까이하여 앞으로 더 많은 여성 리더가 배출되는 날이 오기를 희망한다.

저우광위 지음 | 송은진 옮김 | 344쪽 | 신국판 | 값 18,000원

www.facebook.com/starrichbooks

황태옥의 행복콘서트
웃어라!

웃음 컨설턴트 황태옥의 행복 메시지

이 책은 웃음 전도사로 유명한 편앤코리아 황태옥 대표의 인생과 웃음 철학, 삶을 그려내고 있다. 그녀가 어떻게 웃음으로 인생을 다시 되찾게 되었는지에 대한 감동적인 스토리와 그녀를 통해서 변화하게 된 사람들에 대한 여러 사례들, 나아가 지난 10년 동안 웃음과 함께했던 모습들을 소개하여 그녀가 부지런히 달려온 지난날의 발자취를 고스란히 담고 있다.
저자는 《황태옥의 행복콘서트, 웃어라!》를 통해 우리 모두 삶을 웃음으로 업그레이드시켜 생활 속에서 행복콘서트의 주인공이 될 수 있는 힘을 얻기를 바란다. 그래서 자신처럼 웃음으로 새로운 인생을 사는 수많은 행복한 인생이 이어지기를 희망한다.

황태옥 지음 | 260쪽 | 신국판 | 값 17,500원

굿바이, 스트레스

직장인의 성과를 관리하는 스트레스 활용법

흔히들 스트레스라고 하면, 부정적인 인식이 앞서 '나쁜 스트레스'만을 떠올리는 경우가 많다. 많은 이들은 과도한 스트레스 때문에 힘들어 하고 심한 경우 신체 질병까지 얻게 된다. 하지만 적절한 스트레스는 오히려 삶에 동기부여를 해줄 뿐 아니라 스스로에게 자극제가 된다. 이 책은 스트레스를 무조건 줄이라는 메시지를 담고 있는 것이 아닌 스트레스를 어떤 방법으로 관리할 것인가, 성과와 어떻게 연결시킬 수 있을지에 대한 방법을 소개하고 있다. 계속되는 스트레스로 그 안에서 헤매는 것이 아니라 긍정적인 마음의 근육을 키워 스트레스를 통해 새로운 에너지를 얻음으로 성과를 창출해내는 방법을 제시하고 있다.

이동환 지음 | 260쪽 | 4×6배판 | 값 18,000원

거대한 기회

리더를 위한 창조의 한 수 한 수, 연결하고 융합하고 창조하라!

세상이 단기간에 전격적으로 변하고 있다. 난공불락의 요새도, 절대적인 강자도 없다. 유연하게 변화하고 창조해야 한다. 현대의 리더는 큰 흐름의 변화를 읽고 거기서 기회를 포착하는 사람이다. 이 책은 리더들에게 시대의 흐름을 한눈에 보여주겠다는 일념으로 불확실한 미래에 대한 다양한 접근법들을 제시했다. 또한 이 책에는 약 1,500개의 짧은 글이 압축파일처럼 엮여 있다. 두 줄짜리의 초단문이지만 책 한 권의 내용이 압축돼 있는 경우도 있다. 이 책 한 권이면 책 100권을 압축하는 효과를 얻을 수 있다. 그렇기에 남들과 다른 더 넓은 안목의 지혜를 안겨줄 수 있는 책이며, 제시된 패러다임을 각자의 방식으로 삶과 비즈니스에 접목시킴으로써 우수한 대응력을 갖출 수 있다.

김종춘 지음 | 316쪽 | 신국판 | 값 18,500원

부의 얼굴, 신용

대대손손 부(富)를 부르는 사람, 그들의 신용관리 철학으로 앞서가라!

얼굴만 보아도 '부(富)'를 부르는 사람은 분명 무언가 다르다. 눈에 띄는 노력을 하는 것 같지는 않은데 유독 '인복(人福)'이 함께하고 '부'가 따르는 사람이 있다면 한번 자세히 관찰해보라. 단언컨대 단 3일 만에 그 비법을 알아챌 것이다. 막강한 새신 '신용'이 그것이다. 이 책은 역사소설 거장 이수광의 방대한 역사적 지식을 처세술에 접목시켰다. 구한말 조선 최고의 부자이자 무역왕으로 군림했던 '최봉준', 한나라의 전주 '무염', 월나라의 천재 전략가 '범려'를 비롯한 역사 속 실존 인물들의 신용이 낳은 성공 이야기를 담아 현대를 사는 독자들에게 신용의 생활화를 강조하고 있다. 이 책의 메시지를 받아들여 자신만의 신용관리 철학을 세운다면 '인복'이 함께하고 '부'가 따를 것이다.

이수광 지음 | 352쪽 | 신국판 | 값 16,500원

성과를 지배하는 힘 시리즈 **1**

성과를 지배하는
바인더의 힘

강규형 지음

기적의 노트! 3P 바인더의 비밀

기록하지 않는 자,
성공할 수 없다.
남과 다른 성공을 꿈꾼다면
삶을 기록하라!

342쪽 | 신국판 | 올컬러 | 값 20,000원

한 권으로 배우는 대한민국 유통 마케팅 바이블

성과를 지배하는 힘 시리즈 **2**

성과를 지배하는
유통 마케팅의 힘

양승식 지음

탁상 위 유통 지식만으로는 부족하다

열정만 있고 전략이 없으면 타 죽고 만다.
유통 영업의 성공 여부는
경험과 인적 네트워크로 결정된다!

352쪽 | 4×6배판 | 올컬러 | 값 20,000원

스타리치 어드바이져는
기업을 위한 최상의 플랫폼을 제공합니다!

1 전문가 자문 그룹 지원
   세무사 / 회계사 / 변호사 / 노무사 / 법인 현장 실무 전문가 / 교육 전문가

2 조세일보 기업지원센터 운영
   기업의 성장과 연속성을 위한 컨설팅 전문 조세일보 기업지원센터 설립

3 CEO 포럼 개최
   기업의 성장과 연속성을 위한 CEO 포럼 개최

4 좋은 책을 만드는 스타리치북스 출판사
   스타리치 어드바이져의 계열사로, 경제·경영, 자기계발, 문학서적 등을 출판하는 종합 출판사

5 100년 기업을 위한 CEO의 경영 철학 계승 전략, CEO 자서전 플랜
   기업의 DNA와 핵심가치를 유지하는 질적 성장의 힘! 세상을 움직이는 리더십, 자서전은 또 다른 이름의 리더십

StarRich Advisor / StarRich Books   서울 강남구 강남대로62길 3 한진빌딩 5층 전화 02-2051-8477 팩스 02-578-8470   www.starrich.co.kr

www.starrich.co.kr

기업 컨설팅 전문 그룹 스타리치 어드바이져

CEO FORUM

기업 컨설팅 전문 그룹 스타리치 어드바이져 & 스타리치북스가
CEO 포럼을 운영합니다.
기업에 도움이 되는 실질적인 강의를 마련하여 초대하고자 하오니
꼭 참석하시어 새로운 도약의 기회를 잡으시길 바랍니다.

기업의 성장과 연속성을 위한 〈스타리치 CEO 포럼〉이 찾아갑니다

 StarRich Advisor / StarRich Books

문의 | 스타리치 어드바이져 경영 지원실   대표전화 | 02-2051-8477 | 서울특별시 강남구 강남대로62길 3 한진빌딩 5층

100년 기업을 위한 CEO의 경영 철학 계승 전략
CEO 자서전 플랜

 문의) 스타리치 어드바이져 & 북스 02) 6969-8903 / starrichbooks@starrich.co.kr

청소년에서 성인까지
말하기·듣기·읽기·쓰기를 한 방에! 총체적 언어 접근법

Why choose SES English?

No need for native speaker.
No worry for your pronunciation.

SES
Self-study English with SAYPEN

케임브리지대학교에서 인정한 강의! 원어민 발음! 해석까지! 대한민국 첫 출시 작품

 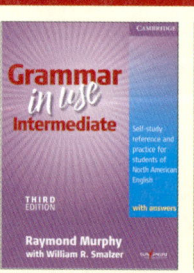 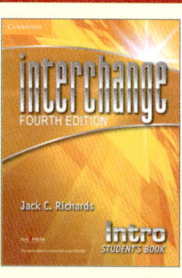 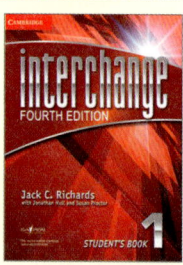 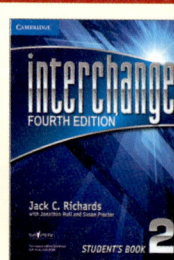

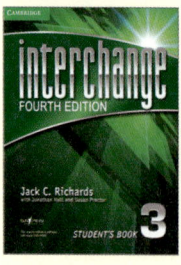   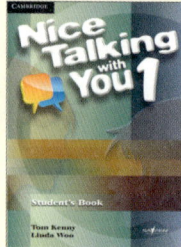 

SES에 대한 자세한 정보 및 구매는 스타리치몰(www.starrichmall.co.kr)에서 도움을 받을 수 있습니다.

StarRich Advisor / StarRich Books 서울시 강남구 강남대로62길 3 한진빌딩 5층 전화 02-2051-8477 www.starrichmall.co

우편엽서

StarRich Advisor / StarRich Books

135-937

서울시 강남구 강남대로62길 3 은남빌딩 5층
(주) 스타리치 어드바이저 & 북스 담당자 앞

받는 사람

대대손손 부(富)를 부르는 사람은 다르다!

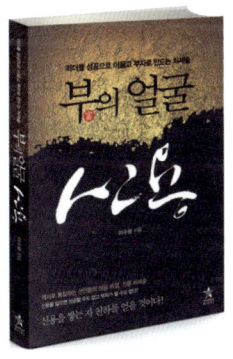

역사로 통찰하는 선인들의 성공비결, 신용처세술

역사소설의 거장 이수광의
동서양을 아우르는
신용관리 철학으로 앞서가라!

이수광 지음 | 348쪽 | 신국판 | 값 16,500원

 StarRich Advisor / StarRich Books

스타리치 패밀리 회원이란?

하나의 아이디로 스타리치에서 운영하는 사이트(스타리치 어드바이져, 스타리치북스, 스타리치몰 등)와의 모든 거래 및 서비스 이용을 편리하고 안전하게 사용할 수 있는 스타리치 통합 회원제 서비스입니다.

스타리치 패밀리 회원 혜택

- 스타리치 어드바이져에서 제공하는 재무 관련 정보 제공
- 스타리치 어드바이져/북스에서 주최하는 포럼 및 세미나 정보 제공
- 스타리치북스에서 주최하는 북콘서트 사전 초대
- 스타리치북스 신간 도서 메일 서비스 제공
- 스타리치몰에서 사용 가능한 적립 포인트 제공

스타리치 패밀리 회원 등록

이름	연락처
주소	생년월일
이메일 주소	구매 도서명 부富의 얼굴, 신용
패밀리 회원 ID	소속(회사/학교)

사용하실 패밀리 회원 ID를 적어주시면 문자로 임시 비밀번호를 발송해드립니다.

접는 선

개인정보 사용 동의서

스타리치 패밀리 홈페이지는 수집한 개인정보를 다음의 목적을 위해 활용합니다. 이용자가 제공한 모든 정보는 하기 목적에 필요한 용도 이외로는 사용되지 않으며, 이용 목적이 변경될 시에는 사전동의를 구할 것입니다.

1) 회원관리
① 회원제 서비스 이용 및 제한적 본인 확인제에 따른 본인확인, 개인 식별
② 불량회원의 부정 이용방지와 비인가 사용방지
③ 가입의사 확인, 가입 및 가입횟수 제한
④ 분쟁 조정을 위한 기록보존, 불만처리 등 민원처리, 고지사항 전달

2) 신규 서비스 개발 및 마케팅·광고에의 활용
① 신규 서비스 개발 및 맞춤 서비스 제공
② 통계학적 특성에 따른 서비스 제공 및 광고 게재, 서비스의 유효성 확인
③ 이벤트 및 광고성 정보 제공 및 참여기회 제공
④ 접속빈도 파악 등에 대한 통계

상위 내용에 동의합니다.

년   월   일   서명   (인)

스타리치 패밀리 회원 비밀번호 변경은 www.starrichmall.co.kr에서 하실 수 있습니다.
엽서를 보내주시는 분들에 한하여 스타리치몰에서 사용 가능한 포인트(도서 정가의 5%)를 지급해 드립니다.
앞으로 더욱 다양한 혜택을 드리고자 노력하는 스타리치가 되겠습니다. **문의** 02-6969-8903 starrichbooks@starrich.co.kr